Gustav Emil Ferdinand von Glasenapp

Militärische Biographien des Offizierskorps der Preußischen Armee

Gustav Emil Ferdinand von Glasenapp

Militärische Biographien des Offizierskorps der Preußischen Armee

ISBN/EAN: 9783743385825

Hergestellt in Europa, USA, Kanada, Australien, Japan

Cover: Foto ©ninafisch / pixelio.de

Manufactured and distributed by brebook publishing software (www.brebook.com)

Gustav Emil Ferdinand von Glasenapp

Militärische Biographien des Offizierskorps der Preußischen Armee

Militärische Biographien

des

Offizier-Corps

der

Preussischen Armee.

Redigirt

von

G. von Glasenapp.

Berlin 1868.

Wilhelm
König von Preussen.
Chef der Armee und Marine.

🎖 🎖1 ✠3 ✠3 🎖1 ☀ ♣ ✠ ✠2Ebr.-S. ✠ (ΠΕΚ1 m. Schw.) (AAB1) (BV1) (BdT) (BZL1) (BH) (BMJ1) (BL1) (BrHL1) (DE) (FEL1) (GE1) (GB1) (HStG) (HG1) (GHL) (GHL1) (GHVP1 m. Schw.) (JgTM) (MMV) (NgL) (NL1) (NMW1) (ÖSt1) (OV1) (PT1) (RAd u. s. w.) (RG4) (RW1) (SR) (GSF1) (HSEH1) (SAn) (SSer) (Sic J) (Sic F1) (SGV) (WK1)

Tag.	Mon.	Jahr.	
22	3	1797	geboren.
22	3	1807	Fähnrich in der Garde z. F.
24	12	1807	Seconde-Lieutenant.
15	5	1813	Prem.-Lieutenant.
30	10	1813	Capitain.
1	1	1814	Gefecht v. Mannheim.
27	2	1814	„ „ Bar sur Aube.
			St. Georgen Ord. 4 Kl. (5. März). Eisernes Kreuz (10. März).
			(Arcis sur Aube, La Fère Champenoise, Paris).
30	5	1814	Major.
3	8	14	Kriegsdenkmünze für 1814.
4	6	15	m. d. Führung d. Füs.-Bat. 1. Garde-R. z. F. beauftr.
3	9	15	„ „ „ „ 1. und dann 2. Bat. 1. G.-R. z. F. beauftragt.
1	1	16	z. 1. Com. d. Stettiner Garde-Landw. B. ern.
			z. Führung d. 1. Bats. 1. Garde-R. z. F. com.
30	3	17	Oberst.
6	4	17	z. Com. d. 1. Bats. 1. Garde-R. z. F. ern.
18	4	17	m. d. Führ. d. 1. Garde-R. z. F. u. d. 1. Garde Inf.-Brig. beauftr.
18	4	17	z. Chef d. 7. Infanterie-Regts. ern.
15	2	18	z. Chef d. k. Russ. Inf.-R Kaluga ern.
28	2	18	z. Com. d. 1. Garde-Inf.-Brig. ern.
30	3	18	General-Major.
		19	z. Mitgliede d. Kriegs-Minist. ern.
	6/9	19	Inspicirung d. VII. u. VIII. A.-C.

Tag.	Mon.	Jahr.	
1	5	1820	z. Com. d. 1. Garde-Div. ern.
	8	20	com. z. Führ. einer Cav.-Div. unter Gen. v. Borstell.
		23	„ „ „ „ „ - - Gen.v.Knobelsdorff.
22	3	24	m. d. Führ. d. III. Armee-Corps beauftr.
22	3	25	z. Com. des III. Armee-Corps ern.
18	6	25	**General-Lieutenant.**
	9	35	m. d. Führ. einer Res.-Cav.-Div. bei Kalisch beauftr.
22	9	37	m. d. Führ. d. Garde-Corps beauftr.
30	3	38	z. Com. d. Garde-Corps ern.
			Inspecteur d. 4. Armee-Abth. (VII. u. VIII. C.).
10	9	40	**General der Infanterie.**
	9	41	z. Inhaber d. k. k. ungar. Inf.-R. Nr. 34 ern.
3	10	43	à l. s. d. 1. Garde-Regts. z. F. gest.
9	3	48	z. Gen.-Gouverneur in der Rheinprovinz und der Provinz Westphalen ern.
8	6	49	z. Command. d. Operationsarmee in Baden und d. Pfalz ern.
			(Gefecht bei Kirchheim-Bolanden, Manheim, Philippsburg, Wiesenthal, Waghäusel, Ubstadt, Durlach, Bischweier, Hirschgraben, Rastatt.)
31	7	49	Verleihung des Ordens pour le mérite und der Schwerter zum rothen Adler-Orden.
19	8	49	Grosskreuz des Grossh. Badischen milit. Carl Friedrich-Verdienst-Ordens.
	9	49	Grosskreuz d. Grossh. Hess. Ordens Philipps des Grossmüthigen mit Schwertern.
		49	Badische Gedächtniss-Medaille und Mecklenburg. Militair-Verdienst-Kreuz.
	10	49	z. Milit.-Gouv. in der Rheinprovinz und der Provinz Westphalen und zum Oberbefehlshaber der Truppen in Baden und Frankfurt a. M. ern.
13	11	50	z. Commandirenden der mobilen Armee (Garde, II., III., IV. C.) ern.
25	3	52	Hohenzollernsche Denkmünze.
		54	Grosskreuz d. K. Bayer. Milit.-Max-Joseph-Ordens.
20	3	54	**General-Oberst der Infanterie.**
	10	54	z. Gouv. v. Mainz ern.
9	8	57	z. Chef d. G. H. Badischen 2. Inf.-R. ern.
	10	57	Uebernahme d. Regierung.

Tag.	Mon.	Jahr.	
9	10	1858	Uebernahme d. Regentschaft.
	4	59	Kriegsbereitschaft der Armee.
2	1	61	**Thronbesteigung.**
18	1	61	Reorganisation d. Armee u. Fahnenweihe.
18	10	61	Krönung.
		64	Krieg gegen Dänemark.
		64	Kriegsdenkmünze für 1864.
		66	Krieg gegen Oesterreich. (Königgrätz.)
		67	Kreuz und goldner Stern mit dem Bildniss Königs Friedrichs II. zum Orden pour le mérite. — Erinnerungskreuz für 1866. — Italienische Tapferkeits-Medaille. — Schwerter zum Hohenzollernschen Ehrenkreuz.

Friedrich Heinrich Ernst Graf von Wrangel
General-Feldmarschall.
Oberbefehlshaber der Truppen in d. Marken, Chef d. Brandenb. Füs.-Regts. Nr. 35 und des Ostpreuss. Cür.-Regts. Nr. 3 Graf Wrangel.

⊛mBr ✠ ✠1mBr ✠1 ✠1 ✠mKr ✠1S. ✠ ✠
(AAB1) (BV1) (BCV1) (BL1) (BrHL1) (DD1) (HG1) (MWK1.KD)
(MMV) (ÖMT2) (ÖSt1) (ÖL1) (OV1) (PL1) (R.AdmBr u. s. w.)
(RW4 m. Schw.) (HSEH1) (SSer)

Tag.	Mon.	Jahr.	
13	4	1784	geboren.
15	8	1796	als Junker in d. Dragoner-Regt. v. Werther (von 1803 an Dragoner-Regt. v. Auer) eingetr.
15	10	1798	Seconde-Lieut.
23	12	1806	Feldzug 1806 beim Corps v. l'Estocq. (Gurczno.) (Pr. Eylau, Heilsberg verwundet.)
		1807	Orden pour le mérite und St. Wladimir 4. Cl. Bei d. neuen Organisation in d. Ostpr. Cür.-R. vers.
19	3	1808	Prem.-Lieut.
18	4	1809	Stabs-Rittmeister.
20	9	11	Rittmeister und Escadron-Chef. Feldzug 1813 (Gross-Görschen, Bautzen, Haynau). — Eisernes Kreuz 2. Kl.
3	8	13	Major. (Culm — Liebertwolkwitz — Wachau) — eisernes Kreuz 1. Cl. — (Luxemburg — Etoges — Gué à Trême — Laon — Sezanne)
2	6	14	zum Com. des 2. Westpr. Dragoner-Regts. ern.
31	5	14	Oberst-Lieutenant.
3	10	15	Oberst.
		19	Umformung d. 2. Westpr. Drag.-R. zum 5. Cür.-R.
5	3	21	z. Com. d. 10. Cav.-Brigade ern.
30	3	23	General-Major.
		30	Com. eines Detachements in Polen.
		33	com. n. Warschau.
13	11	34	z. Com. d. 13. Div. ern.
30	3	38	General-Lieutenant.

Tag	Mon.	Jahr	
29	12	1839	interm. Com. d. I. Armee-Corps.
8	9	40	als solcher bestätigt.
7	4	42	Com. d. II. Armee-Corps.
		43	beauftr. m. d. Führ. e. Cav.-Corps bei Berlin.
		43	Vorsitzender einer Commission für den Entwurf eines neuen Exerzir-Reglements f. d. Cav.
16	9	45	z. Chef d. 3. Cür.-Regts. ern.
20	4	48	z. Com. der deutschen Bundestruppen gegen Dänemark ern. Char. als General der Cav.
		48	Feldzug 1848. (Schleswig, Düppel.)
6	11	48	Patent als General der Cavallerie.
15	9	49	z. Oberbefehlshaber d. Truppen in d. Marken ern.
18	10	49	Schwarzer Adlerorden.
3	11	49	in Beibehalt dies. Stellung z. Com. d. III. A.-C. ern.
15	8	56	General-Feldmarschall.
19	9	57	Unter Belassung in dem Verhältnisse als Oberbefehlshaber der Truppen in den Marken, von der Funktion als com. Gen. des III. Armee-Corps entbunden u. zum Gouvern. v. Berlin ern.
		61	Schwarzer Adlerorden mit Brillanten.
15	12	63	com. als Oberbefehlshaber über die zur Ausführ. der Bundes-Exekution in Holstein bestimmte Armee.
	4	64	Chef d. K. K. Oesterr. 2. Cür.-R. Graf Wrangel.
18	5	64	Von dem Verhältniss als Oberbefehlshaber der Armee in Holstein, wie von dem als Gouverneur von Berlin entbunden, unter Erhebung in den Grafenstand, mit Beibehalt des Oberkommandos in den Marken.
7	12	64	Zum Chef des Brandenb. Füs.-Regts. Nr. 35 ern.

Friedrich **Carl** Alexander
Prinz v. Preussen, K. H. General-Feldzeugmeister.

Chef der Artillerie, à la suite des 1. Garde-Regts. z. F., Chef des Brandenburg. Gren.-Regts. Nr. 12 (Prinz Carl v. Preussen) und 1. Commandeur des 2. Bats. (Breslau) 1. Garde-Gren.-Ldw.-Regts.

🌀 ⚔ ✱1 ✦ ⚜H-M ✱ (HEK1 m. Schw.) (AAB1.KD)
(BH) (BdT) (BZL1) (BL1) (BrHL1) (DE) (FEL1) (HStG) (HG1)
(CHL) (GHL1) (JAn) (MWK1) (MMV) (NL1) (ÖSt1) (ÖMV.KD)
(OV1) (PT1) (RAd u. s. w.) (SR) (GSF1) (HSEH1) (Sic F1)
(SGV) (TO) (WK1)

Tag.	Mon.	Jahr.	
29	6	1801	geboren.
29	6	11	zum **Seconde-Lieut.** im 1. Garde-Regt. z. F. ern.
1	1	16	dem Breslauer Garde-Landw.-Bat. aggr.
18	3	16	z. **Premier-Lieut.** bef.
2	3	18	z. **Capitain** bef.
24	11	19	z. Com. d. Leib-Comp. ern.
12	4	20	z. **Major** bef., z. 1. Com. des Breslauer Garde-Landw.-Bats. ernannt, sowie zum Führer des 1. Bat. 1. G.-Rgts. z. F.
18	4	22	zur Führung des 1. Garde-Regts. z. F. com.
23	5	22	z. **Oberst** bef., z. Chef d. 12. Inf.-Regts. ern., u. mit d. Führung d. 2. Garde-Inf.-Brig. beauftr.
		22	z. Chef d. K. Russ. Musket.-Rgts. „Libau" Nr. 6 ern.
30	3	24	**General-Major.**
17	1	30	z. Com. der 2. Garde-Div. ern.
30	3	32	**General-Lieut.**
30	3	36	z. com. Gen. d. IV. Armee-Corps ern., unter einstw. Belass. d. Com. d. 2. Garde-Div.
30	3	38	von d. Verhältn. als int. Com. d. 2. G.-Div. entb.
30	3	39	Inspecteur der 2. Armee-Abth. auf 1 Jahr.
23	9	44	**General der Infanterie.**
5	3	48	Unter Entbind. von d. Stell. als com. Gen. z. Inspecteur d. 2. Armee-Abth. ern.
30	3	54	z. **General-Feldzeugmeister** bef., und als solcher zum Chef der Artillerie ern.
29	6	61	à la suite d. 1. Garde-Regts. z. F. gestellt.

Tag.	Mon.	Jahr.	
18	10	1861	bei d. Krön. erh. Sein Rgt. d. Namen Sein. Chefs.
		64	Feldzug 1864. Belagerung und Erstürmung der Düppeler Schanzen. Schwerter zum rothen Adler-Orden.
29	10	64	z. Gouverneur von Mainz ern.
		66	Feldzug 1866 im grossen Hauptquartier Sr. Majestät des Königs. (Orden pour le mérite.)
23	8	66	von der Stellung als Gouverneur von Mainz entbunden.

Generals.

Wilhelm **Friedrich** Carl
Prinz der Niederlande, K. H.

Chef des 2. Westphäl. Inf.-Regts. Nr. 15 (Prinz Friedrich der Niederlande).

🏵 ⊕1 ✠2 Ehr.-S. ✠ Ehr.-C. ✠ (HStG) (HG1) (CHl.)
(NMW1) (NL1) (LEK1) (ÖSt1) (OV1) (PT1) (RAd u. s. w.) (RG4)
(RW1) (SSer) (SCXIII) (NO1) (SC1) (WK1)

Tag.	Mon.	Jahr.	
28	2	1797	geboren.
23	3	1813	als Offiz. v. d. Armee in d. Armee getr. u. dem Hauptquart. d. Gen. d. Cav. v. Blücher attachirt.
16	11	13	zum 3. Armee-Corps versetzt.
29	11	13	Stabs-Capitain und dem 2. Garde-Regt. z. F. aggr.
12	7	14	Major.
		15	Schwarzer Adler-Orden.
1	10	15	Oberst und Chef des 15. Infanterie-Regts.
15	10	17	General-Major.
18	6	25	General-Lieutenant.
10	9	40	General der Infanterie.
17	3	63	als besondere Auszeichnung Seinem Inf.-Regt. gestattet, den Namen Seines Chefs zu führen.

Wilhelm
Herzog von Braunschweig, H.
Chef des Magdeburgischen Husaren-Regts. Nr. 10.

Tag.	Mon.	Jahr.	
25	4	1806	geboren.
17	2	26	als Rittmeister beim heutigen 2. Garde-Ulan.-Regt. aggregirt angestellt.
22	10	28	Major.
14	5	31	Abschied bew. mit der Erlaubniss, die Generals-Uniform zu tragen.
6	3	43	zum Chef des 10. Husaren-Regts. und zum General-Major ernannt.
30	3	44	General-Lieutenant.
27	6	48	General der Cavallerie.

Friedrich Wilhelm
Prinz von Hessen-Cassel, H.
à la suite der Armee.

☼ ✠2 Ebr.-S. ✠ (HG1) (CHL) (CHEH) (CHMV) (LEK1)

Tag.	Mon.	Jahr.	
24	4	1790	geboren.
2	3	96	Fähnrich beim Inf.-Regt. Fürst Hohenlohe Nr. 32.
6	9	97	als Capit. à L s. z. Inf.-Rgt. Hessen-Cassel Nr. 48.
17	9	1810	Major.
29	1	14	der Abschied bewilligt.
17	11	21	als Oberst von der Armee in den Dienst wieder aufgenommen und demnächst com. bei der Garde-Cavallerie-Inspection.
30	3	22	General-Major.
18	6	25	zum Com. der 11. Cavallerie-Brigade ern.
7	9	34	zum Com. der 1. Division ern.
1	4	37	General-Lieutenant.
30	3	39	zum Gouv. von Luxemburg ern.
21	4	46	auf seinen Wunsch von dieser Stellung entbunden und zu den Offizieren à l. s. der Armee vers.
23	3	52	General der Cavallerie.

Carl Friedrich Wilhelm von Grabow.

General-Adjutant Sr. Maj. des Königs, à la suite des 1. Garde-Regts. z. F. und Chef des 4. Ostpreussischen Grenadier-Regts. Nr. 5.

🏅 🏅1 ✠1 S. 🎖 🎖 (BV3) (RAN u.s.w.) (RW4 m. Schw.)
(RA2iBr m. Schw.)

Tag.	Mon.	Jahr.	
18	10	1783	geboren.
		1801	Seconde-Lieutenant im alten Regt. Garde.
		5	Marsch nach Sachsen.
		6	Feldzug in Thüringen. (Auerstädt.)
10	11	8	beim 1. Garde-Regt. z. F.. ls Sec.-Lieut. angestellt.
8	6	9	Premier-Lieutenant.
6	5	11	Stabs-Capitain.
20	6	12	Premier-Capitain und Chef der 10. Compagnie.
20	6	13	Major.
		13	Feldzug 1813 (Gross-Görschen), eisernes Kreuz 2. Kl. u. k. russischer Wladimir-Orden IV. Kl. (Bautzen — Leipzig.)
		14	Feldzug 1814 (Bar sur Aube — Brienne — Paris), eisernes Kreuz 1. Kl., russischer St. Annen-Orden 2. Kl. mit Brillant., badischer Verdienstorden.
4	10	15	Oberst-Lieutenant.
		15	Marsch nach Paris.
24	5	16	als Com. zum 8. (Leib-) Inf.-Regt. versetzt.
		17	als Begleiter Sr. K. H. des Prinzen v. Preussen zur Vermählung der Prinzess Charlotte nach Petersburg befohlen.
30	3	22	Oberst.
30	3	32	Com. der 8. Infanterie-Brigade.
30	3	33	General-Major.
		34	Inspicirung der Weimars. Brigade.
		35	zum Dienst bei Sr. K. H. dem Grossfürsten Michael von Russland während der Revue des 5. und 6. Armee-Corps in Schlesien com.
30	3	38	Com. der 2. Division.
		41	Senior des eisernen Kreuzes.
7	4	42	General-Lieutenant.
14	3	48	Neben der Stellung als Com. der 2. Division zum Gouverneur von Danzig ern.

Tag	Mon.	Jahr.	
		1849	Com. einer mobilen Division. Marsch nach Erfurt und der Grafschaft Hanau.
22	9	49	Unter Versetzung zur 3. Division, die Functionen als com. General des II. Armee-Corps übertr.
3	11	49	zum interim. com. Gen. d. II. Armee-Corps ern.
		50	nach Petersburg com.
23	3	52	zum **General der Infanterie** und com. Gen. des II. Armee-Corps ernannt.
14	9	52	zum Chef des 5. Infanterie-Regts. ernannt.
5	5	57	Abschied mit Pension bew. und unter Ernennung zum Gen.-Adj. Sr. Maj. d. Königs zu den zur Allerh. Dispos. gestellten Offiz. vers., wobei derselbe in den Armee-Listen als Chef d. 5. Regts. fortgef. werden soll.

Friedrich Heinrich **Albrecht**
Prinz von Preussen, K. H.

Inspecteur der 3. Armee-Abtheilung, à la suite des Regts. der Gardes du Corps, Chef des 7. Brandenburg. Infanterie-Regts. Nr. 60 und des Litth. Dragoner-Regts. Nr. 1 (Prinz Albrecht von Preussen) und 1. Com. des 1. Bats. (Königsberg) 1. Garde-Landwehr-Regts.

✠ ✠ ✠1 ✠1 ✠ ✠ (HEK1 m. Schw.) (AAB1) (BdT) (BrHL1) (FEL1) (GE1) (HStG) (HG1) (CHL) (GHL1) (NL1) (MWK1) (MMV) (OSt1) (ÖMV) (PT1) (RAd u. s. w.) (RG4) (SR) (GSF1) (HSEH1) (Sic F1) (TES) (WK1)

Tag.	Mon.	Jahr.	
4	10	1809	geboren.
4	10	19	Seconde-Lieutenant im 1. Garde-Regt. z. F., und à la suite des Königsberger Garde-Ldw.-Bats.
30	3	27	Premier-Lieutenant.
4	10	27	Capitain.
4	10	28	z. Major im 1. Garde-Regt. z. F. u. z. 1. Com. d. 1. Bats. (Königsberg) 1. Garde-Ldw.-Regts. ern., gleichzeitig à la suite der 2. Eskadron 1. Garde-Ulanen-Landwehr-Regts. (jetziges 1. Garde-Ulanen-Regt.)
9	6	29	Chef des k. russischen Dragoner-Regts. „Klein-Russland" Nr. 7.
4	10	29	Vom 1. Garde-Regt. z. F. ausgeschieden u. dem Regt. der Gardes du Corps aggr.
30	3	31	z. Oberst bef. u. z. Chef des 1. Drag.-Regts. ern.
30	3	33	Gen.-Major u. z. Com. d. 6. Cav.-Brig. ern.
30	3	35	z. Führer d. 2. Garde-Cav.-Brig. ern., unter Beibehaltung des Commandos der 6. Cav.-Brig.
30	3	36	z Com. d. 2. Garde-Cav.-Brig. ern. unter Entbind. v. Com. d. 6 Cav.-Brig.
7	9	40	z. Com. der 5. Division ern.
7	4	42	General-Lieutenant
3	10	44	von dem Commando der 5. Division entbunden.
23	3	52	General der Cavallerie.
14	6	59	Bei der Mobilmachung z. Com. der 6. Cav.-Div. des 6. Armee-Corps ern.

Tag	Mon	Jahr	
		1859	bei Demobilm. d. Armee v. dies. Commando entb.
18	10	61	bei der Krönung die Erlaubniss zum Tragen der Uniform des Regts. der Gardes du Corps unter Stellung à la suite dieses Regts. ertheilt u. dem Drag.-Regt. Nr 1 den Namen Seines Chefs verl.
		62	Bei der Feldzugs-Expedition im Kaukasus, Milit.-Führer des k. russ. Detachements der Kaukasischen Armee (11 Bat., 3 Cav.-Regt., 3 Battr.). Russ. St. Georgs-Orden 4. Kl.
17	3	63	z. Inspecteur der II. Armee-Abth. auf 1 Jahr ern.
		64	Feldzug gegen Dänemark im Hauptquartier des G.-F.-M. Grafen v. Wrangel. Insignien des Königl. Kronen-Ordens mit Schwertern.
7	12	64	z. Chef des Inf.-Regts. Nr. 60 ern.
9	12	65	z. Inspecteur der III. Armee-Abtheilung ern.
		66	in dem Feldzuge gegen Oesterreich Führer des Cavallerie-Corps der I. Armee. Münchengrätz, Gitschin, Königgrätz. Orden pour le mérite.
17	9	66	bei Demobilmachung der Armee von dem Commando des Cav.-Corps entbunden.

2*

Karl **Graf von der Gröben**.

General-Adjutant Sr. Majestät des Königs und Chef des 2. Schlesischen Ulanen-Regts. Nr. 2.

⊕mBr 🎖1 ⊕1mBr 🎖mKr 🎖2Ehr.-S. ⚔ 🎖 (BV2a)
(BMJ1) (HG1) (LEK1) (ÖL1) (RAd u. s. w.) (RW3) (RA1mBr)

Tag	Mon.	Jahr.	
17	9	1788	geboren.
21	11	1806	Eintritt in den Dienst als aggr. **Cornet** in dem Regt. Towarczys. Feldzug von 1806—7. Corps von l'Estocq. Ueberfall von Podgursz bei Thorn. Biezun, Mlawa. (Orden pour le mérite.) Pr. Eylau, Gollau, Königsberg.
3	1	7	**Seconde-Lieutenant** und einrangirt.
16	11	8	Bei der Umformung der Towar. in das Schles. Ulanen-Regt. versetzt.
17	7	11	als **Premier-Lieutenant** in das Regt. der Gardes du Corps versetzt.
26	2	12	in den General-Stab versetzt.
3	3	12	Auf Ansuchen entlassen. (Allerhöchsteigenhändig bewilligt.)
1	3	13	Unter dem k. Russ. Oberst Kowaiski (23.) auf Berlin. Vom 5 März ab unter dem k. Russ. General Alex. v Benkendorf auf Wittenberg und die Nieder-Elbe; v. 1. April unter dem Grossbritannischen General v. Dörnberg auf Lüneburg etc.; v. 1. Mai unter General v. Wittgenstein, com. General der grossen Armee, bis zum Waffenstillstande, ohne in Diensten zu stehen. Seehausen bei Jüterbock. Lüneburg (St. Annen-Orden 2. Kl.), Elze, Vahrenwald, Lützen (St. Wladimir 4. Kl.), Bautzen, Reichenbach, Giesmannsdorf, Gr. Rosen.
10	8	13	Als **Stabs-Rittmeister** in den Preuss. Generalstab bei der Reserve-Cavallerie des II. Armee-Corps, v. Kleist, wieder augest. mit Patent v. 25. April.
26	8	13	Bei dem Angriff des 10. Res.-Regts. (jetzt 22.) auf den Dohnaer Schlag vor Dresden **verwundet**.

Tag.	Mon.	Jahr.	
		1813	(Eisernes Kreuz 2. Kl.) Culm, Liebertwolkwitz, Leipzig.
13	9	13	**Wirklicher Rittmeister** im Generalstabe.
		14	Umschliessung von Luxemburg, Mery, Gué à Trême (schwer verwundet).
12	7	14	**Major im Generalstabe.**
		15	Ligny, Belle Alliance, Nanteuil, Dammartin, Meudon und Issy.
2	11	15	**Oberst-Lieutenant** im Generalstabe. Zum General-Commando am Rhein.
9	5	17	Chef d. Generalstabes bei d. Gen.-Com. in Schlesien.
		19	Chef des Generalstabes des 6. Armee-Corps.
17	4	23	**Oberst.**
		24	Chef des Generalstabes des 2. Armee-Corps.
14	6	29	1. Adjutant Sr. K. H. des Kronprinzen, unter Verbleib als Chef des Generalstabes des 2. Armee-Corps.
30	3	34	**General-Major** u. zum Com. der 3. Cav.-Brig. ern.
26	9	34	Als 1 Adjutant Sr. K. H. des Kronprinzen von Neuem bestätigt.
30	3	38	zum interm. Com. der 14. Division ernannt.
12	9	42	**General-Lieutenant.**
7	10	43	Unter Beibehaltung des Com. der 14. Division zum General-Adjutant Sr. Maj. d. Königs ern.
2	3	48	zum interm. Com. d. VII. Armee-Corps ernannt.
2	6	49	Feldzug in Baden als com. Gen. des 2. Armee-Corps d. Rhein-Armee. (Ladenburg. Am Hirschgrund. Umschliessung u. Uebergabe v. Rastatt.) Orden pour le mérite mit Eichenlaub, u. zu dem rothen Adler-Orden 1. Kl. die Schwerter.
23	3	52	**General der Cavallerie** und zum com. Gen. des 7. Armee-Corps ernannt.
2	6	53	als com. General zum Garde-Corps versetzt.
21	9	53	zum Chef des 2. Ulanen-Regts. ernannt.
18	1	56	Schwarzer Adler-Orden.
1	6	58	Unter Bewilligung des Abschieds-Gesuchs, mit Belasssung in dem Verhältniss als General-Adjutant Sr. Maj. des Königs und als Chef d. 2. Schles. Ul.-Regts., zur Disposition gestellt.

Heinrich Wilhelm **Adalbert**
Prinz von Preussen, K. H.

Admiral und Oberbefehlshaber der Marine, à la suite des Garde-Feld-Artillerie-Regts., Chef des 1. Thüring. Infanterie-Regts. Nr. 31 und 1. Com. des 3. Bats. (Düsseldorf) 2. Garde-Grenadier-Landwehr-Regts.

🌟 🎖 ✠1 ❋1 ⊕1 ✦ ✠ (HEK1 m. Schw.) (AAB1)
(BdT) (BZL1) (BH) (BL1) (BrsC1) (GE1) (HStG) (HG1)
(CHL) (GHL1) (MWK1) (MMV) (NL1) (ÖSt1) (ÖMVK.KD)
(OV1) (PT1) (RAd u. s. w.)

Tag	Mon.	Jahr.	
29	10	1811	geboren.
29	10	21	Sec.-Lt. à la suite des 2. Bat. (Coblenz) 4. Garde-Landwehr-Regts.
11	6	29	z. Prem.-Lt. bef u. mit Beibehalt des Verhältnisses beim 2. Bat. 4. Garde-Ldw.-Rgts. dem 2. Garde-Regt. z. F. aggr.
22	5	30	**Capitain.**
10	10	30	gestattet, Höchstseinen Vater (Gen.-Gouverneur v. Niederrhein und Westphalen) zu begleiten.
30	1	32	com. zur Dienstleistung bei der 2. reitenden Compagnie der Garde-Artillerie-Brigade.
		33	com. zur Dienstleistung beim Regt. der Gardes du Corps.
30	3	33	**Major.**
30	3	34	z. 1. Com. des 3. Bats. (Düsseldorf) 4. Garde-Landwehr-Regts. ernannt, unter Verbleib in dem Verhältniss zum 2. Garde-Regt.
6	1	35	Uebertritt zur Artillerie u. bei der Garde-Artillerie-Brig. als aggr. geführt, unter Auflösung Seines Verhältnisses z. 2. Garde-R. z. F. und dem Regt. der Gardes du Corps.
30	3	38	**Oberst.**
		39	Mitglied der Artillerie-Prüfungs-Commission.
4	5	39	ad inter. Führer der Garde-Artillerie-Brigade.
17	8	40	Der 2. Artillerie-Inspection zugetheilt, unter Entbindung von der Führung der Garde-Art.-Brig.
22	8	40	**General-Major.**

Tag	Mon	Jahr	
31	7	1843	z. 1. General-Inspecteur der Artillerie, sowie zum Mitgliede der Commission zur Prüfung militairwissenschaftl. und technischer Gegenstände ern. Kurator der Artillerie- und Ingenieur-Schule.
1	11	45	gestattet à l. s. der Garde-Art.-Brig. geführt z. werd.
31	3	46	General-Lieutenant.
		47	General-Inspecteur der Artillerie.
6	2	49	z. 1. Kurator d. Artillerie- u. Ingenieurschule ern.
1	3	49	der Oberbefehl über sämmtliche ausgerüstete Kriegsfahrzeuge übertragen.
30	3	54	z. Admiral der Preussischen Küsten ern., unter Entbindung von d. Stell. als General-Inspecteur der Artillerie, jedoch unter Fortführung als à la suite der Garde-Artillerie-Brigade.
7	8	56	Gefecht geg. d. Riffpiraten (Tres Forcas, verwund.). Schwerter zum rothen Adler-Orden.
18	10	61	z. Chef des 1. Thüring. Inf.-Regts. Nr. 31 ern.
		64	Feldzug gegen Dänemark. Oberbefehl der maritimen Streitkräfte. Gefecht bei Rügen (an Bord d. Grille). Schwerter z. Kgl. Kronen-Orden.
		66	Feldzug 1866 im Hauptquartier der 2. Armee. (Nachod, Skalitz, Schweinschädel, Königgrätz.) Orden pour le mérite.

Friedrich Franz
Grossherzog von Mecklenburg-Schwerin, K. H.
Chef d. 4. Brandenb. Inf.-Regts. Nr. 24 (Grossherzog v. Mecklenb.-Schw.)

Tag.	Mon.	Jahr	
28	2	1823	geboren.
7	3	42	Regierungsantritt.
19	3	42	zum **General-Major** u. Chef d. 24. Inf.-Regts. ern.
5	9	48	**General-Lieutenant.**
12	3	54	**General der Infanterie.**
		64	Feldzug 1864 im Hauptquartier d. G.-F.-M. Grafen v. Wrangel. Schwerter zum rothen Adler-Orden.
		66	während des Feldzuges 66 Com. des II. Preuss. Reserve-Armee-Corps. Orden pour le mérite.
15	9	66	von diesem Commando, nach erfolgter Auflösung des Corps, entbunden.

Adolph
Herzog von Nassau, H.
Chef des Westphälischen Ulanen-Regts. Nr. 5.

Tag.	Mon.	Jahr.	
24	9	1817	geboren.
22	3	42	zum General-Major und Chef des 5. Ulanen-Regts. ernannt.
8	5	49	General-Lieutenant.
12	7	55	**General der Cavallerie.**

Carl Alexander
Grossherzog von Sachsen, K. H.
Chef des Rheinischen Cürassier-Regts. Nr. 8.

Tag.	Mon.	Jahr.	
24	6	1818	geboren.
21	12	39	als Rittmeister à la suite der Armee und beim 1. Cür.-Regt. als aggr. angestellt.
28	12	40	**Major.**
26	4	41	**Oberst.**
11	8	42	Unter Entbind. von dem Verhältniss zum 1. Cür.-Regt. zum **General-Major** à l. s. der Armee ern.
9	3	43	zum Chef des 8. Cür.-Regts. ern.
8	5	49	**General-Lieutenant.**
12	7	55	**General der Cavallerie.**

Friedrich
Grossherzog von Baden, K. H.
Chef des Rheinischen Ulanen-Regts. Nr. 7.

Tag.	Mon.	Jahr.	
9	9	1826	geboren.
20	7	52	zum Chef des 7. Ulanen-Regts. ernannt.
20	9	56	zum **General der Cavallerie** ernannt.

Ernst II.
Herzog zu Sachsen-Coburg-Gotha, H.
Chef des Magdeburgischen Cürassier-Regts. Nr. 7.

Tag.	Mon.	Jahr.	
21	6	1818	geboren.
6	2	46	zum General-Major à la suite der Armee ern.
4	4	50	**General-Lieutenant.**
1	5	50	zum Chef des 7. Cürassier-Regts. ern.
17	9	57	**General der Cavallerie.**
		66	Feldzug 1866 (Langensalza) im grossen Hauptquartier Sr. Maj. des Königs. Grosskreuz des Rothen Adler-Ordens mit Schwertern.

Franz Graf von Waldersee.
Gouverneur von Berlin und Chef des 1. Schles. Dragoner-Regts. Nr. 4.

☗1mBr ⚔ ❖ (HEK1) (AAB1) (BrHL2a) (HG2b) (NL2) (ÖL1) (ÖEK1) (RANmBr u.s.w.) (RW1) (SR) (SS1) (WK2)

Tag.	Mon.	Jahr.	
25	4	1791	geboren.
	5	1806	Fähnrich im Drag.-Regt. König v. Bayern Nr. 1.
23	3	8	Seconde-Lieutenant im Regt. der Gardes du Corps.
23	11	12	Premier-Lieutenant.
4	9	13	Stabs-Rittmeister.
		13	Feldzug 1813 im Regt. der Gardes du Corps bis z. Waffenstillstande mitgemacht. Gr. Görschen. Bautzen. Haynau.
		15	Feldzug 1815.
5	6	15	Rittmeister.
30	3	19	zum überz. Major bef.
21	1	24	zum etatsmässigen Stabsoffizier ernannt.
21	6	32	zum interimist. Com. des 3. Ulanen-Regts. ern.
24	9	32	zum wirklichen Commandeur dieses Regts. ern.
17	2	34	als Com. zum Regt. der Gardes du Corps vers.
30	3	34	Oberst-Lieutenant.
30	3	36	Oberst.
25	3	41	zum Com. der 2. Garde-Cav.-Brigade ern.
7	4	42	General-Major.
14	2	48	zum Com. der Garde-Cavallerie ern.
3	5	49	General-Lieutenant.
5	18	56	zum Com. des V. Armee-Corps ern.
18	9	58	General der Cavallerie.
	6	59	neben der Stellung als com. General, zum Militär-Gouverneur der Provinz Posen ern.
14			
18	10	61	zum Chef des 1. Schles. Drag.-Regts. Nr. 4 ern.
18	5	64	zum Gouverneur von Berlin ern.

Eduard von Peucker.

General-Inspecteur des Militair-Erziehungs- und Bildungs-Wesens,
à la suite des Cadetten-Corps.

🎖 🎖 ⚔1 m Br ⚔2 m St ⚔1 Ehr.-S. ✠ ✠ (HEK1)
(BdT) (BZL1) (BV2a) (BStMV1) (DD2) (HG3) (CHW2a)
(CHMV) (GHVP1) (GHL2a) (PBd'A1) (RAN u. s. w.) (RW4
m. Schw.) (RA2mBr) (HSEH1) (SS3bmBr) (SW2) (WK2)

Tag.	Mon.	Jahr.	
19	1	1791	geboren.
24	6	1809	in der Schles. Artillerie-Brigade eingetreten.
20	11	11	Seconde-Lieutenant.
		12	Bei der Mobilmachung des Contingents zum russischen Feldzuge, zur halben 12pfdg. Battr. dieses Contingents versetzt und in derselben dem ganzen Feldzuge beigewohnt.
	1	13	Adjutant des Commandeurs der Artillerie des York'schen Corps. Dem Feldzuge 1813 in dieser Eigenschaft beigewohnt. Eisernes Kreuz 2. Kl. und Russischen Wladimir-Orden 4. Kl. für Leipzig.
		14	Feldzug 1814. Adjutant des Com. der Artillerie des York'schen Corps. Eisernes Kreuz 1. Kl. für die Schlacht von Paris.
12	7	15	Bei der Reorganisation der Artillerie, als **Premier-Lieutenant** in die Garde-Art.-Brigade versetzt.
15	7	16	**Capitain** von der Armee und com. zur Dienstleistung beim 1. Departement des Kriegs-Ministeriums.
		17	zum Assistenten des gedachten Departements ern.
21	7	19	zum wirkl. Mitgliede dieses Departements ernannt.
4	2	22	zum **Major** befördert.
		25	bei Neuformation des Kriegsministeriums, zum Vorstand der Artillerie-Abth. des Allgemeinen Kriegs-Depart. im Kriegs-Ministerium ernannt.
30	3	34	**Oberst-Lieutenant.**
30	3	36	**Oberst** von der Artillerie.
7	4	42	**General-Major.**

Tag	Mon.	Jahr	
5	1	1843	Unter Entbindung von der Stellung als Vorst. der Artillerie-Abth. zum wirkl. Mitgliede des Kriegs-Ministeriums ern. u. d. Kriegsminister für ausserordentliche Aufträge zur Disposition gestellt.
4	1	44	In dieser Stellung den Rang eines Artillerie-Inspecteurs erhalten.
4	5	48	z. Mil.-Commissarius bei d. Bundesversamml. ern.
15	7	48	Mit Allerh. Genehmigung Sr. Maj. des Königs, vom Reichsverweser zum Reichs-Kriegsminister der provisor. Central-Gewalt Deutschlands ern.
5	8	48	Von dieser Stellung zurückgetreten.
25	8	48	Auf Allerh. Befehl Sr. Maj. des Königs wieder in diese Funktion eingetreten.
9	5	49	Abermals von dieser Stellung zurückgetreten.
8	5	49	General-Lieutenant.
10	6	49	zum com. General des zur Bekämpfung des Badenschen Aufstandes aus Reichstruppen gebildeten Neckar-Corps ern. (Sinsheim, Rastatt etc.) Rother Adler-Orden 2. Kl. m. St., Eichenlaub und Schw. Badenscher Hausorden der Treue und Com.-Kreuz m. St. d. Milit.-Verdienst-Ord. — Grosskreuz des Bayernschen Michaels-Ord. — des Grossh. Hess. Verdienst-Ord. m. Schw. — des Sächs. Ernestin. Hausordens m. Schw. — Hohenzollernsches Ehrenkreuz 1. Kl. — Churhessischer Löwen-Orden 2. Kl. m. St.
21	8	49	Nach Beendigung des Feldzuges zum Chef des Stabes Sr. K. Hoh. des Prinzen von Preussen, als Militair-Gouverneur der Rheinprovinz und Westphalen, ernannt.
19	1	50	provisorisch, im Februar definitiv, zum 1. preussischen Mitgliede der nach dem Rücktritt des Reichsverwesers an Stelle der provisorischen Central-Gewalt aus 2 österr. und 2 preuss. Mitgliedern gebildeten Bundes-Central-Commission ernannt.
30	11	50	Unter Beibehalt dieser Stellung, als ausserordentl. Commissarius Preussens und der mit Preussen verbündeten Mächte nach Churhessen z. Schlich-

Tag.	Mon.	Jahr.	
			tung der zwischen dem Lande und dem Kurfürsten ausgebrochenen Verfassungsstreitigkeiten, in Verbindung mit dem ausserordentl. Commissarius Oesterreichs und der mit Oesterr. verbündeten Mächte, dem Gen.-Lieut. Graf von Leiningen, gesandt.
5	6	1851	Bei der Auflösung der Bundes-Central-Commission und Uebergabe ihrer Funktionen an den reactivirten Bundestag. zur Disposition gestellt.
6	4	54	zum General-Inspecteur des Militair-Erziehungs- und Bildungswesens ernannt.
22	11	58	**General der Infanterie.**
30	3	63	Schwarzer Adler-Orden.
1	9	67	Bei Gelegenheit des 150jährigen Jubiläums des Cadettencorps, demselben à la suite gestellt.

Friedrich **August** Eberhard
Prinz von Württemberg, K. H.

Commandeur des Garde-Corps, à la suite des Garde-Cürassier-Regts. und
Chef des Posenschen Ulanen-Regts. Nr. 10.

(AAB1) (BH) (BrHL1) (HStG) (HG1) (MWK1) (MMV) (NgL) (NL1) (ÖSt1) (RAd u. s. w.) (HSEH1) (WK1)

Tag	Mon.	Jahr	
24	1	1813	geboren.
23	4	31	in Preuss. Dienste getreten als **Rittmeister** aggr. d. Regt. der Gardes du Corps. Bisher Rittm. im 1. Württembergschen Cav.-Rgt. seit 1. Mai 1829.
6	10	32	**Major.**
30	3	36	**Oberst-Lieutenant.**
		37	schwarze Adlerorden.
30	3	38	**Oberst.**
8	2	40	Com. des Garde-Cür.-Regts.
30	3	44	**General-Major** und Com. der 1. Garde-Cav.-Brig.
4	4	50	**General-Lieutenant.**
6	4	54	Com. der 7. Division.
5	8	56	Com. der Garde-Cav.
19	2	57	Com. der ?. Garde-Division.
19	9	57	Com. des III. Armee-Corps.
3	6	58	Com. des Garde-Corps.
31	5	59	**General der Cavallerie.**
18	10	61	gestattet, die Uniform des Garde-Cür.-Regts. zu tragen, u. à la suite dies. Regt. geführt zu werden.
		66	Feldzug 1866 Com. d. Garde-Corps. (Soor, Königinhof, Königgrätz.)
			Orden pour le mérite.
20	9	66	Chef des Posenschen Ulanen-Regts. Nr. 10.

Friedrich Wilhelm
Grossherzog von Mecklenburg-Strelitz, K. H.
Chef des 2. Pommerschen Ulanen-Regts. Nr. 9.

Tag.	Mon.	Jahr.	
17	10	1819	geboren.
11	9	41	als Rittmeister aggr. d. 1. Garde-Ulan.-Rgt. angest.
12	9	42	Major.
4	4	43	zum Oberst à la suite der Armee ernannt, bei dem Austritt aus der bisherigen Stellung.
22	3	45	General-Major.
19	4	45	gestattet, die Unif. d. 1. Garde-Ul.-Regt. beizubehalten, dem Regt aggr., demnächst à la suite.
4	4	50	General-Lieutenant.
31	5	59	General der Cavallerie.
17	3	63	zum Chef d. 2. Pomm. Ulanen-Regts. Nr. 9 ern.

Joseph
Herzog zu Sachsen, H.
Chef des 2. Posenschen Infanterie-Regts. Nr. 19.

Tag.	Mon.	Jahr.	
27	8	1789	geboren.
9	1	1814	in d. preuss. Armee eingetr. als Volontair-Offizier.
25	8	14	Charackter als Major.
19	8	16	der Abschied bewilligt.
13	11	49	zum Chef des 19. Infanterie-Regts. ernannt.
1	12	49	General-Major.
4	4	50	General-Lieutenant.
31	5	59	General der Infanterie.

Bernhard
Herzog zu Sachsen-Meiningen-Hildburghausen, H.
à la suite der Armee.

Tag.	Mon.	Jahr.	
17	12	1800	geboren.
17	5	50	zum General-Lieutenant à la suite der Armee ern.
31	5	59	General der Infanterie.

3*

Philipp von Wussow.

General-Adjutant Sr. Majestät des Königs und Chef des 3. Pommerschen Infanterie-Regts. Nr. 14.

⊕ ӠlmBr ✠1S. ✣ ✣ (BZL1) (BCV1) (BStMV1) (BrHL1) (CHW2a) (RAN u. s. w.) (RW4 m. Schw.) (SA1) (WF1)

Tag	Mon.	Jahr.	
1	5	1792	geboren.
12	4	1811	**Seconde-Lieut.** beim Leib-Inf.-Regt. Aus d. Cad.-C.
		12	Feldzug 1812 beim Corps von Grawert-York in Russland. (Eckau, Blokade von Riga, Dahlenkirchen, Tomoschna, Eckau, Wolgund.)
		13	Feldzug 1813 com. zum Generalstabe des Yorkschen Corps. (Gr.-Görschen, Königswartha (Weissig), Bautzen.) St. Wladimir 4. Kl. (Löwenberg, Katzbach, Bunzlau, Wartenburg). Eisernes Kreuz 2. Kl. (Möckern, Leipzig, Freiburg, Hörselberg.)
22	12	13	com. zum Generalstabe des I. Armee-Corps, unter Versetzung in den Generalstab.
		14	Feldzug 1814. (Caub, St. Dizier, Chalons s. M., Montmirail, Mery s. Seine, Laon, Meaux, Paris.)
23	3	15	com. zum General-Feldmarschall Fürst Blücher.
9	6	15	**Premier-Lieutenant.** Feldzug 1815. (Ligny u. Quatrebras, Belle Alliance, Issy, St. Cloud b. Paris.) Eisernes Kreuz 1. Kl.
3	10	15	zum grossen General-Stabe com.
30	3	17	**Hauptmann.**
5	5	18	in das Cadettencorps versetzt.
26	5	18	in den grossen General-Stab zurückversetzt (unter Commandirung im Cadetten-Corps bis 1821).
		18/25	Lehrer beim Cadettencorps.
		23/25	Examinator bei d. Ober-Mil.-Exam.-Commission.
18	6	25	**Major.**
		25	zum General-Stabe des VIII. Armee-Corps vers.
		26	com. zur Beiwohnung der Belagerungs-Uebung französischer Truppen bei St. Omer und d. Manöver französ. Truppen bei Metz unter dem Herzoge von Angouleme.

Tag	Mon.	Jahr	
		1828	com. zur Beiwohnung der Uebungen französ. Cavallerie bei Luneville vor König Carl X.
5	4	30	zum Generalstabe des II. Armee-Corps versetzt.
		32/35	Lehrer an der Allg. Kriegsschule.
5	4	1835	als Chef d. Generalstabes zum VIII. Armee-C. vers.
		36	com. zur Beiwohnung der Manöver französischer Truppen bei Compiegne, unter Befehl des Herzogs von Orleans.
30	3	38	Oberst-Lieutenant.
30	3	40	Oberst.
17	9	42	zum Flügeladjutant Sr. Majestät des Königs und Schlosshauptmann von Schloss Stolzenfels ern.
22	3	45	zum Com. der 16. Infanterie-Brigade ern.
31	3	46	General-Major.
		46	com. zur Inspection der deutschen Bundestruppen: Kurhessen, Nassau, Limburg-Luxemburg.
9	3	48	Chef d. Stabes bei Sr. K. Hoh. dem Prinzen v. Pr., als Mil.-Gouv. d. Rheinprovinz u. Westphalen.
11	4	48	zum 1. Commandant von Koblenz ern.
2	5	50	Com. der 5. Division.
2	1	51	zum Befehlshaber des an der Mecklenburgischen Grenze aufgestellten mobilen preuss. Corps ern.
19	4	51	General-Lieutenant.
7	5	57	zum Com. des II. Armee-Corps ern.
31	5	59	General der Infanterie.
20	9	59	in dieser Stellung z. Mil.-Gouv. v. Pommern ern.
20	9	61	zum Chef d. 3. Pomm. Inf.-Regts. Nr. 14 ern.
29	1	63	Unter Entbind. v. den Stellungen als com. General u. Gouv., z. Gen.-Adj. Sr. Maj. d. Königs ern.
17	3	63	Schwarzer Adler-Orden.
		63	com. zur Inspection der deutschen Bundestruppen Braunschweigs und Hannovers.

Carl **Anton** Friedrich Mainrad
Fürst zu Hohenzollern-Sigmaringen, K. H.

Militär-Gouverneur der Rheinprovinz und der Provinz Westphalen, Chef des 1. Magdeburgischen Infanterie-Regts. Nr. 26, à la suite des Hohenzoll. Füsilier-Regts. Nr. 40 und Präses der Ingenieur-Commission.

🎖 ✠ ✶1 ✦ ✦ (HEK1) (BdT) (BZL1) (BH) (BL1) (BrsC1) (FEL1) (ÖGV) (ÖSt1) (ÖL1) (ÖMV.KD) (PT1) (RAd u. s. w.) (GSF1) (HSEH1) (SSer) (WK1) (WF1)

Tag.	Mon.	Jahr.	
7	9	1811	geboren.
27	8	48	Uebern. der Regierg. in Hohenzollern-Sigmaringen.
20	11	49	in die Preuss. Armee als **Gen.-Major** u. Chef des 26. Inf.-Regts. getreten.
7	12	49	Entsagung von d. Regierung zu Gunsten Preussens.
19	3	50	dem Stabe der 12. Division beigeordnet.
17	4	51	zum Com. d. 12. Inf.-Brig. ernannt.
15	4	52	„ „ - 14. Division „
22	3	53	**General-Lieutenant.**
6	11	58	vom Commando d. 14. Div. entb., in Folge der Berufung zum Minister-Präsidenten
22	11	58	zum Com. des VII. Armee-Corps ern.
31	5	59	**General der Infanterie.**
14	6	59	unter Belassung als com. General, zum Gouverneur von Westphalen ern.
28	6	60	von dem Verhältniss als Com. d. VII. A.-C. entb.
18	10	61	das Prädikat „Königliche Hoheit" beigelegt.
17	9	63	zum Militär-Gouverneur der Rheinprovinz ern.
		66	Präses der Ingenieur-Commission.
20	9	66	gestattet die Uniform des Hohenzoll. Füs.-Regts. No. 40 zu tragen, unter Führ. à l. s. des Regts.

Peter
Grossherzog von Oldenburg, K. H.
Chef des Westphälischen Cürassier-Regts. Nr. 4.

Tag.	Mon.	Jahr.	
8	7	1827	geboren.
4	7	53	zum General-Lieut. u. Chef d. 4. Cür.-Regts. ern.
1	7	60	General der Cavallerie.

Friedrich Wilhelm Constantin
Fürst zu Hohenzollern-Hechingen, H.
Chef des 2. Niederschlesischen Infanterie-Regts. Nr. 47 und des 2. Niederschlesischen Landwehr-Regts. Nr. 7.

✸ ✸1 ✠ (HEK1) (BdT) (BZL1) (BH) (BrsC1) (PT1) (SSer) (WK1) (WF1)

Tag.	Mon.	Jahr.	
16	2	1801	geboren.
13	9	38	Uebernahme d. Regier. v. Hohenzollern-Hechingen.
7	12	49	Entsagung von d. Regierung zu Gunsten Sr. M. des Königs von Preussen.
10	1	50	gestattet als Oberst die Armee-Uniform zu tragen.
27	3	50	das Prädikat „Hoheit" verliehen.
4	4	50	z. General-Major à la suite der Armee ern.
29	4	52	z. Chef des 7. Landwehr-Regts. ern.
13	7	54	General-Lieutenant.
18	10	61	General der Infanterie.
22	3	65	z. Chef des 2. Niederschles. Inf.-Regts. Nr. 47 ern.

Friedrich Carl Nicolaus
Prinz von Preussen, K. H.

Inspecteur der Cavallerie, Com. des 3. Armee-Corps, Chef des 8. Brandenb. Infanterie-Regts. Nr. 64 (Prinz Friedrich Carl v. Preussen), 2. Chef des 1. Leib-Husaren-Regts. Nr. 1, à la suite des Brandenb. Husaren-Regts. (Zietensche Hus.) Nr. 3 u. 1. Com. d. 3. Bats.(Poln.-Lissa) 1. G.-Gren.-Ldw.-Regts.

⚫ ✠ ✠1 ✖1 ✹ ♣ ✠ Ehr.-C. ✠ OR. (HEK1 m. Schw.)
(AAB1 m. Schw.) (BV2a) (BdT) (BZL1) (BΠ) (BMJ3) (BL1)
(BrHL1) (HStG) (HG1) (CHL) (GHL1) (JAn) (JgTM) (MWK1)
(MMV) (ÖMT2) (ÖSt1) (OV1) (RAd u. s. w.) (RG4) (SR)
(GSF1) (HSEH1)

Tag.	Mon.	Jahr.	
20	3	1828	geboren.
20	3	38	zum Sec.-Lt. im 1. Garde-Regt. z. F. ern., und à l. s. des 2. Bat. 3. Garde-Ldw.-Regts. gef.
23	9	44	**Premier-Lieutenant.**
30	3	48	**Hauptmann** und Chef der 10. Compagnie.
		48	Feldzug in Schleswig im Stabe d. Gen. v. Wrangel. (Schleswig, Düppel.) Orden pour le mérite.
2	12	48	als **Rittm.** dem Regt. der Gardes du Corps aggr.
5	6	49	als aggr. **Major** zum Garde-Husaren-Regt. versetzt. Führer der 3. Escadron.
		49	Feldzug in Baden. (Wiesenthal verw.) Insignien des rothen Adler-Ordens mit Schwertern.
14	1	51	daneben zum 1. Com. d. 3. Bats. 3. G.-Ldw.-Regts., späteren 3. Bat. 1. Garde-Gren.-Ldw.-Regts., ern.
15	4	52	Unter Beförderung zum **Oberst**, zum Com. des Garde-Dragoner-Regts. ern.
25	4	54	z. Com. d. 1. Garde-Cav.-Brig. ern., unter Führ. à la suite des Garde-Husaren-Regts.
13	7	54	**General-Major**, unter Verbleib als à la suite beim Garde-Husaren-Regt.
27	8	56	**General-Lieutenant.**
19	2	57	Com. der 1. Garde-Division.
19	9	57	„ „ 2. „ „
29	5	58	von dem Commando der 2. Garde-Div. entb.
30	4	59	zum Com. der 3. Division ernannt.
14	6	59	bei der Mobilmachung zum Com. der 3. Inf.-Div. ern.

Tag	Mon.	Jahr.	
19	11	1859	Bei der Demobilmachung in das frühere Verhältniss als Com. der 3. Division zurückgetreten.
1	7	60	z. commandirenden Gen. d. III. Armee-Corps ern.
12	8	60	z. 2. Chef d. 1. Leib-Hus.-Regts. ern., unter Entbind. v. d. Verhältniss als à l. s. d. Garde-Hus.-Regts.
18	10	61	**General der Cavallerie.**
22	9	63	die Berechtigung z. Tragen d. Uniform des Brandenburg. Hus.-Regts. (Zieten-Hus.) Nr. 3 ertheilt, unter Führung à la suite dieses Regts.
15	12	63	com. als command. Gen. des combinirten preussischen Armee-Corps bei der zur Ausführung der Bundesexekution in Holstein bestimmten Armee.
		64	(Missunde, Sturm der Düppeler Schanzen.) Orden pour le mérite mit Eichenlaub.
18	5	64	Mit der Führung d. Geschäfte d. Oberkommandos der alliirten Armee gegen Dänemark beauftragt.
24	6	64	d. Oberbef. üb. d. all. Armee defin. übertr. (Einn. v. Alsen.) Ritterkreuz des Maria-Theresien-Ordens.
7	12	64	z. Chef d. 8. Brandenb. Inf.-Regts. Nr. 64 ern., bei der Rückkehr der Truppen aus dem Feldzuge.
10	12	64	Neben vorläuf. Beibehalt. d. Stell. als Oberbefehlshaber der alliirten Armee, wieder die Geschäfte als com. General des III. Armee-Corps übertr.
13	12	64	Von dem Oberbefehl d. alliirten Armee entbunden.
		66	während des Feldzuges Ober-Com. der I. Armee. (Münchengrätz — Gitschin — Königgrätz.)
17	9	66	in Folge der Auflösung des Commando-Verbandes der I. Armee, von dem Oberbefehl über diese Armee entbunden und in die Friedensstellung als com. General d. III. Armee-Corps zurückgetr.
20	9	66	Gnadenauszeichnungen für den Feldzug 1866: 1) Kreuz und goldner Stern mit dem Bildniss Königs Friedrichs II. zum Orden pour le mérite. 2) zum Inspecteur der Cavallerie ern., unter Belassung als com. General d. III. Armee-Corps. 3) das Infanterie-Regt. Nr. 64 soll den Namen Seines Chefs führen, und demgemäss die Benennung „8. Brandenburgisches Infanterie-Regt. Nr. 64 (Prinz Friedrich Carl v. Preussen)" führen.

Eberhard **Herwarth von Bittenfeld.**

Com. des VIII. Armee-Corps, Chef des 1. Westphälischen Infanterie-Regts. Nr. 13, à la suite des 2. Garde-Regts. z. F. und des 6. Westphälischen Infanterie-Regts. Nr. 55.

✠ ✠ ✠ ✠ ✠ (AAB1) (BZL1) (GHL2a) (LVM) (MMV) (ÖMT3) (ÖL2) (ÖEK1) (RA2) (RSt2) (HSEH1) (TO1)

Tag.	Mon.	Jahr.	
4	9	1796	geboren.
15	10	1811	eingetreten auf Avantage in d. damal. Normal-Bat.
21	2	13	Seconde-Lieutenant.
10	6	13	in d. neuform. 2. Garde-Rgt. z. F. übergetr., z. dessen Formation auch das Normal-B. verwandt wurde.
		13	Feldzug 1813. (Obergraupen 18. 9. — Leipzig.)
		14	Schlacht b. Paris 30. 3. — Einzug in Paris 31. 3. — Einzug in Berlin 7. 8.
		15	Marsch nach Paris als Adjutant des 1. Bats. 2. Garde-Regts. z. F.
30	3	16	Premier-Lieutenant.
		15/20	von Juni 1815 bis Febr. 1820 Bats.-Adjutant.
30	3	21	Hauptmann u. Compagnie-Chef.
30	3	35	zum Major bef. u. in das Garde-Res.-Landwehr-Infanterie-Regt. versetzt.
		35	Com. des 2. Bats. Mit dem Bat. zur Revue bei Kalisch.
30	3	39	in das 1. Garde-Regt. z. F. versetzt. Com. des 1. Bats.
22	3	45	Oberst-Lieutenant.
31	3	46	Führer des Kaiser Franz-Garde-Gren.-Regts.
27	3	47	Com. d. 1. Garde-Regts. z. F.
10	5	48	Oberst.
	3	48	mit dem Regt. in Berlin. — Strassenkampf 16/19.
4	5	50	Com. d. 16. Inf.-Brigade.
		50	Com. der comb. Inf.-Brig. bei der im Sommer bei Kreuznach zusammengezogenen Div. v. Bonin.
	10	50	mit der comb. Inf.-Brig. beim Corps des Generals Gr. v. d. Gröben in Hessen.
	12	50	Oberbefehl über die K. Preussischen Truppen in Frankfurt a. M. erhalten.

Tag	Mon.	Jahr	
23	3	1852	**General-Major.**
4	5	52	unter Belassung in d. Commando zu Frankfurt, Com. der 31. Inf.-Brig. bei d. Neuformation d. Brig.
2	3	54	Oberbefehl über die Truppen in Frankfurt a. M. erh.
30	3	54	Mit Wahrnehmung der Geschäfte als Comdt. von Mainz beauftr., sowie mit der Führung der Brig. dieser Bundesfestung, unter Verbleib als Com. der 31. Inf.-Brig.
10	10	54	Von der Wahrneh. d. Geschäfte als Comdt. von Mainz entbunden.
5	8	56	Com. d. 7. Division.
15	10	56	**General-Lieutenant.**
20	1	60	Com. d. 13. Division, u. dabei ad int. Führ. des VII. Armee-Corps.
1	7	60	Com. des VII. Armee-Corps.
20	9	61	zum Chef d. 1. Westph. Inf.-Regts. Nr. 13 ern.
17	3	63	**General der Infanterie.**
18	5	64	com. zur Vertretung d. com. Generals d. 1. mobilen Armee-Corps gegen Dänemark.
24	6	64	dieses Commando definitiv übertragen. (Alsen.) Orden pour le mérite. Ritterkreuz des Maria-Theresien-Ordens. Grossh. Mecklenb. Militair-Verdienst-Kreuz. Grosskreuz des rothen Adler-Ordens mit Schwertern.
7	12	64	gestattet d. Uniform des 6. Westph. Inf.-Regts. Nr. 55 zu tragen, unter Führ. à l. s. d. Regts.
16	12	64	Oberbefehlshaber d. Truppen in den Elbherzogth.
29	6	65	Com. d. VIII. Armee-Corps.
		66	Feldzug 1866. Commandir. General d. Elb-Armee. (Hühnerwasser, Münchengrätz, Königgrätz.) Schwarzer Adler Orden.
20	9	66	gestattet die Uniform des 2. Garde-Regts. z. F. zu tragen, unter Stellung à l. s. des Regts.

Friedrich Wilhelm Ludwig **Alexander**
Prinz von Preussen, K. H.

Chef des 3. Westphälischen Infanterie-Regts. Nr. 16 und 1. Com. des
3. Bats. (Graudenz) 1. Garde-Landwehr-Regts.

● ✠ ✠3 ✠1 ✠ (HEK1 m. Schw.) (AAB1) (BdT) (BZL1) (BH) (BL1) (HG1) (MWK1) (RAd u. s. w.) (HSEH1)

Tag.	Mon.	Jahr.	
21	6	1820	geboren.
21	6	30	in die Armee als **Seconde-Lieutenant** getreten, à l. s. des 2. Bat. 2. Garde-Ldw.-Regts.
12	3	42	**Premier-Lieutenant.**
21	6	44	**Hauptmann.**
18	10	46	**Major.**
21	6	49	**Oberst.**
23	6	51	zum 1. Com. des 3. Bat. (Graudenz) 1. Garde-Landwehr-Regts. ern.
30	5	52	**General-Major.**
15	10	56	**General-Lieutenant.**
18	10	61	Chef des 3. Westphäl. Inf.-Regts. Nr. 16.
25	6	64	**General der Infanterie.**
		66	Feldzug 1866 im Hauptquartier der 2. Armee. (Schlacht bei Königgrätz.) Grosskreuz des rothen Adler-Ordens mit Schwertern.

Eduard von Brauchitsch.
General-Adjutant Sr. Majestät des Königs.

✠1 ✠3sw ✠1 ✠ ✠ (AAB2a) (BZL2m.St.) (BStMV2a) (BL1) (DD3) (HG3) (CHW1) (LEK1) (NA1) (NL1) (ÖEK1) (RA1m.Kr.u.s.w.) (SA1) (SS3c)

Tag	Mon.	Jahr	
12	3	1798	geboren.
26	4	1815	Seconde-Lieutenant im 2. Garde-Regt. z. F.
13	6	23	Premier-Lieutenant.
		29	com. z. d. Garde-Unteroffizier-Comp.
		30/31	com. als Substitut des Platzmajors in Berlin.
24	9	1831	Hauptmann und Compagniechef.
21	1	37	com. als Adj. zum Gouvernement von Berlin unter Aggregirung beim Regt.
4	5	38	com. z. Dienstl. bei Sr. Majestät d. Könige.
4	8	38	Flügeladjutant Sr. Majestät des Königs.
30	3	39	Major.
22	3	45	Oberst-Lieutenant.
13	1	46	das Commando über die G.-Unteroffiz.-Comp. erh.
10	5	48	Oberst.
5	8	48	Com. des 31. Inf.-R., unter Verbleib als Flügeladjt.
		49	Feldzug in Baden.
4	5	50	Com. d. 1. Garde-Regts. z. F.
4	11	51	Com. d. 2. Garde-Ldw.-Brigade.
23	3	52	General-Major u. dabei als à. l. s. bei S. Majestät dem Könige geführt.
4	5	52	Com. d. 4. Garde-Inf.-Brig. bei der neuen Brigade-eintheilung.
25	4	54	Com. d. 2. Garde-Inf.-Brig.
12	6	55	„ „ 1. „ „ u. Comdt. v. Potsdam.
19	2	57	Com. d. 2. Division.
9	4	57	General-Lieutenant u. Gen.-Adjut. S. M. des Königs.
1	7	60	Gouverneur von Luxemburg.
25	6	64	General der Infanterie.
24	8	67	Unter Belassung als General-Adjutant, von der Stellung als Gouverneur von Luxemburg entb.

Adolph von Bonin.

General-Adjutant Sr. Majestät des Königs u. Chef des Ostpreussischen
Infanterie-Regts. Nr. 41.

✠1 ⊕1 ✠ ✠ (BZL2m.St.) (BL1) (BrIIL2b) (DD2)
(HG2b) (CHW2b) (JMuL1) (ÖL2) (ÖEK2) (PT2) (RAN u.s.w.)
(RW3) (RA1 m. Kr. i. Br.) (SA1 m. Br.) (SCV2b) (TJ)

Tag.	Mon.	Jahr.	
11	11	1803	geboren.
28	7	21	als Seconde-Lieutenant aus d. Cadettencorps zum 2. Garde-Regt. z. F.
		24/27	com. zur Allg. Kriegsschule.
2	12	1830	com. zur Dienstleistung als Adjutant zum Gen.-Com. des Garde-Corps.
24	1	33	com. als pers. Adj. zu Sr. K. H. d. Prinzen Adalbert v. Pr., unter Aggregirung bei der Adjutantur.
6	5	34	Premier-Lieutenant.
4	5	38	com. bei Sr. Majestät dem Könige.
3	8	38	Flügeladjutant Sr. Majestät des Königs.
30	3	39	Hauptmann.
16	6	42	Character als Major.
1	1	43	zum Major befördert.
10	5	48	Oberst-Lieutenant.
18	1	51	Oberst.
25	4	54	Com. d. 4. Garde-Inf.-Brig., unter Verbleib als Flügel-Adj.
13	7	54	General-Major und dabei geführt als à l. s. S. M. des Königs.
19	2	57	Com. der 1. Garde-Inf.-Brig. u. dabei Comdt. v. Potsdam.
		57	während der Herbstmanöver 1857 mit der Führung der 5. Division beauftragt.
19	9	57	Com. der 1. Garde-Division.
22	5	58	General-Lieutenant, unter Ernennung z. Gen.-Adj. Sr. Majestät des Königs.
25	7	59	Com. d. 2. Garde-Inf.-Division.
29	1	63	com. Gen. des I. Armee-Corps.
25	6	64	General der Infanterie.

Tag	Mon.	Jahr	
20	9	1866	Chef des 5. Ostpreuss. Inf.-Regts. Nr. 41.
		66	Feldzug 1866 Com des 1. Armee-Corps (Trautenau, Königgrätz, Tobitschau.)
			Kgl. Kronen-Orden 1. Kl. mit d. Emaille-Bande des rothen Adler-Ordens mit Schwertern.
27	10	66	Gouverneur von Dresden u. das Oberkommando im Königreich Sachsen übertragen.
28	5	67	Von dieser Stellung entbunden.

Carl von Steinmetz.

Com. des 5. Armee-Corps und Chef des Westphäl. Füsilier-Regts. Nr. 37.

⊕ ※ ✠2 ✿ ♣2 Ehr.-S. ✿ (HEK1 m. Schw.) (AAB2b) (MMV) (ÖL2) (RAN m. Br. u. s. w.)

Tag.	Mon.	Jahr.	
27	12	1796	geboren.
5	3	1813	Seconde-Lieutenant im 1. Ostpreuss. Infanterie-Regt., aus dem Cad.-Corps.
		13	Feldzug 1813 beim 2. Bat. (Gefecht von Merseburg verwundet. Gr. Görschen. Colditz. Königswartha verwundet. Bautzen. Paritz. Löwenberg. Goldberg. Katzbach. Wartenburg. Möckern-Leipzig.)
		14	Feldzug 1814. (St. Diziers. La Chaussée. Chalons s. M. Gefechte a. d. Marne. Gué à Trême. Laon. Paris.) Eisernes Kreuz 2. Kl.
		15	Feldzug 1815. Marsch nach Paris.
26	5	18	zum 2. Garde-Regt. z. F. versetzt.
17	4	19	Premier-Lieutenant.
		21/23	com. zur Allg. Kriegsschule.
		24/26	com. zum topogr. Bureau.
14	4	1829	Hauptmann und Compagniechef.
27	9	29	zum Garde-Reserve-Inf.-Regt. versetzt.
30	3	39	Major und Com. d. 3. Bat. 4. Garde-Ldw.-Regts.
26	3	41	in d. Garde-Reserve-Inf.-Regt. versetzt.
		48	in dem Feldzuge in Schleswig Führer der beiden Musketirbataillone des 2. Inf.-Regts. (Schleswig.) Orden pour le mérite.
3	10	48	von diesem Commando entb. und zum G.-Res.-Regt. zurückgetreten.
6	11	48	Com. des 32. Inf.-Regts.
8	5	49	Oberst-Lieutenant.
18	1	51	Oberst.
17	4	51	Com. des Cadetten-Corps.
25	4	54	Comdt. von Magdeburg.
18	7	54	General-Major.
19	2	57	Com. d. 4. Garde-Inf.-Brigade.

Tag	Mon	Jahr	
3	12	1857	Com. der 1. Division.
22	5	58	**General-Lieutenant.**
29	1	63	Com. des II. Armee-Corps.
18	5	64	" " V. "
25	6	64	**General der Infanterie.**
		66	Feldzug 66. Com. des V. Armee-Corps. (Nachod, Skalitz, Schweinschädel.) Schwarze Adler-Ord.
20	9	66	Chef des Westphälischen Füsilier-Regts. Nr. 37.

Eduard Vogel von Falckenstein.

Com. des I. Armee-Corps u. Chef des 7. Westphäl. Infanterie-Regts. Nr. 56.

✠ ✠1 ✠3 ✠ ✠2 S. ✠ (GHVP1) (SLVM) (MMV) (NA1) (ÖL1.KD) (ÖEK1) (OV2a) (RG5) (RA2) (RSt1) (SA1) (WF1)

Tag.	Mon.	Jahr.	
5	1	1797	geboren.
14	3	1813	Freiwilliger Jäger im westpreuss. Grenadier-Bat.
11	8	13	**Portepee-Fähnrich** im 1. westpr. Grenadier-Regt.
8	12	13	**Seconde-Lieutenant.**
		13	Feldzug 1813. (Gr.-Görschen. Bautzen. Katzbach. Bischofswerda. Potczaplitz.)
		14	Feldzug 1814. (Montmirail. Chateau Thierry. Blokade von Thionville. Mercy. Laon.) Eisernes Kreuz. Russ. Georgen-Orden 5. Kl.
		15	zum Kaiser Franz-Garde-Grenadier-Regt. versetzt. Marsch nach Paris.
		18	Während des Congresses in Aachen dorthin zur Kaiserwache commandirt.
30	3	21	**Premier-Lieutenant.**
		22/24	com. zum topogr. Bureau.
3	10	29	**Hauptmann** und Compagniechef.
26	3	41	**Major.**
3	4	41	Com. des comb. Garde-Reserve-Bats.
		25	com. in den grossen Generalstab behufs Zeichnen von Schlachtplänen.
1	7	43	Com. d. 1. Bats. Kaiser Franz-Garde-Gren.-Regts.
18	3	48	Strassenkampf in Berlin. Verwundet.
		48	Feldzug in Schleswig. (Schleswig.) Rother Adler-Orden 3. Kl. mit Schwertern.
24	8	48	Com. des Garde-Schützen-Bats.
19	11	49	**Oberst-Lieutenant.**
4	5	50	als Chef des Generalstabes des III. Armee-Corps in den Generalstab versetzt.
19	4	51	**Oberst.**
10	5	55	Com. der 5. Inf.-Brigade.
12	6	55	„ „ 3. Garde-Inf.-Brigade.

Tag	Mon.	Jahr	
12	7	1855	**General-Major.**
10	4	56	unter Entbindung v. Com. der 3. Garde-Inf.-Brig. dem Kriegsmin. zur Disposition gestellt.
26	6	56	Director des Militär-Oeconomie-Departements im Kriegsministerium.
3	7	58	Com. der 5. Division.
22	11	58	**General-Lieutenant.**
29	1	63	Com. der 2. Garde-Infanterie-Division.
19	12	63	com. als Chef d. Gen.-Stabes beim Oberkommando der zur Ausführung der Bundes-Execution in Holstein bestimmten Armee.
		64	Feldzug in Schleswig und Jütland. (Fridericia. Düppel.)
9	1	64	unter Belassung in diesem Commando zu den Offizieren der Armee versetzt.
30	4	64	Oberbefehl über die beiden zur Zeit in Jütland stehenden Preussischen Divisionen erhalten und zum Militär-Gouverneur von Jütland ernannt. Orden pour le mérite, Schwerter zum Kronen-Orden 1. Kl., österr. Leopolds-Orden 1. Kl. mit der Kriegs-Dekoration.
21	11	64	Com. des VII. Armee-Corps.
18	6	65	**General der Infanterie.**
		66	Feldzug 66. Commandir. General der Main-Armee. (Hammelburg, Kissingen, Aschaffenburg.) Grosskreuz d. rothen Adler-Ordens m. Schwertern.
19	7	66	Militär-Gouverneur von Böhmen.
20	9	66	Chef des 7. Westph. Inf.-Regts. Nr. 56.
30	10	66	Com. des I. Armee-Corps.

4*

Ernst
Herzog zu Sachsen-Altenburg, H.
Chef des 2. Schlesischen Jäger-Bats. Nr. 6.

Tag.	Mon.	Jahr.	
16	9	1828	geboren.
29	9	47	als aggr. **Seconde-Lieut.** bei der 6. Jäger-Abtheil. angest. — Bisher im Herzogl. Sachsen-Altenburgischen Linien-Bataillon.
21	11	48	bei Formation der Jäger-Bataillone als aggr. zum 6. Jäger-Bataillon.
8	5	51	als **Premier-Lieut.** zum 1. Garde-Regt. z. F. à l. s.
21	10	52	**Hauptmann.**
17	3	53	**Major.**
3	8	53	Uebernahme der Regierung v. Sachsen-Altenburg.
17	2	56	zum **General-Major** à la suite der Armee ernannt.
31	5	59	**General-Lieutenant.**
16	5	61	zum Chef des 2. Schles. Jäger-Bat. Nr. 6 ernannt.
8	6	66	**General der Infanterie.**

Hellmuth Freiherr von Moltke.

Chef des Generalstabes der Armee, Chef des 2. Pommerschen Grenadier-Regts. (Colberg) Nr. 9 und Mitglied der Ingenieur-Commission.

🟢 ✠ ✠1 ✠ ⚔ ✠ (BL1) (FEL1) (JMO1) (MWK1)
(ÖL1.KD) (RANmBr u. s. w.) (HSEH1) (TNJmBr) (TES)

Tag.	Mon.		
26	10	1800	geboren.
12	3	22	in der preuss. Armee angestellt als **Seconde-Lieutenant** im 8 Inf.-Regt. — Bisher in Kgl. Dänischen Diensten u. zwar seit 22. Jan. 1818.
		23/26	com. zur Allg. Kriegsschule.
		1827	com. als Lehrer bei der 5. Divisions-Schule.
		28/30	com. zum topogr. Büreau des gr. Generalstabes.
30	3	1832	com. zum grossen Generalstabe.
30	3	33	zum **Premier-Lieutenant** befördert und in den grossen Generalstab versetzt.
30	3	35	**Hauptmann.**
		36/39	Nach der Türkei zur Instruction und Organisation der dortigen Truppen com.
		1838	Den Gefechten gegen die Kurden beigewohnt.
24	6	39	Schlacht b. Nisib. Orden pour le mérite 29. 11. 39. u. den Nischan-Iftcschar-Orden mit Brillanten.
10	4	40	zum Generalstabe des IV. Armée-Corps versetzt.
12	4	42	**Major.**
25	4 3	45	gestattet, den ihm verliehenen türkischen Ehrensäbel zu tragen.
18	10	45	als Adjutant des Prinzen Heinrich v. Pr. nach Rom com., und dem Generalstabe aggr.
24	12	46	nach dem Tode Sr. Königl. H. beim Generalstabe des VIII. Armee-Corps als aggr. angestellt.
16	5	48	intermistisch als Abtheilungs-Vorsteher zum gr. Generalstabe com.
22	7	48	zum Abtheilungs-Vorsteher in dem Generalstabe, unter Einrangirung in denselben, ernannt.
22	8	48	Chef des Generalstabes des IV. Armee-Corps.
26	9	50	**Oberst-Lieutenant.**
2	12	51	**Oberst.**

Tag.	Mon.	Jahr.	
1	9	1855	1. Adjutant Sr. Kgl. Hoh. des Prinzen Friedrich Wilhelm v. Pr. unter Aggr. beim Generalstabe. Charakter als General-Major.
15	10	56	**General-Major.**
29	10	57	Mit der Führung der Geschäfte als Chef des General-Stabes der Armee beauftragt.
18	9	58	definitiv zum Chef des Generalstabes der Armee ernannt.
31	5	59	**General-Lieutenant.**
30	4	64	com. als Chef des Generalstabes beim Oberkommando d. mobilen Armee in Schleswig-Holstein.
29	6	64	Uebergang auf Alsen. Kronen-Orden 1. Kl. mit Schwertern. — Oesterr. Leopolds-Orden, Grosskreuz mit der Kriegs-Dekoration.
18	12	66	von diesem Commando entbunden, und in das frühere Verhältniss zurückgetreten.
8	6	66	**General der Infanterie.**
		66	Feldzug 66. Chef des Generalstabes der Armee. Schlacht bei Königgrätz. Schwarze Adler-Orden.
20	9	66	Chef des 2. Pommerschen Grenadier-Regts. (Colberg) Nr. 9

Albrecht von Roon.

Kriegs- und Marine-Minister, Chef des Ostpreuss. Füsilier-Regts Nr. 33 und des Direktoriums des Potsdamer gr. Militär-Waisenhauses.

🏵 ⚔ ⊕1 ⚜ 🎖 (AAB1) (BV2a) (BCV1) (BL1) (BrHL1) (FEL1) (HG1) (CHW1) (GHL2b) (GHVP1) (MWK1) (NA1) (OL1) (OV1) (RANmBr u. s. w.) (SA1) (GSF1) (HSEH1) (WK1)

Tag.	Mon.	Jahr.	
30	4	1803	geboren.
9	1	21	als **Seconde-Lieutenant** aus dem Cadetten-Corps in das 14. Infanterie-Regt.
		25/27	com. zur Allg. Kriegsschule.
14	1	1826	Durch Tausch in das 15. Infanterie-Regt. vers.
12	10	28	zur Dienstleistung beim Cadetten-Corps com.
20	7	31	**Premier-Lieutenant.**
17	7	32	zum Regiment zurückgetreten.
		32	com. in das Hauptquartier d. preuss. Observations-Corps am Rhein unter General v. Müffling. Besichtigung der Resultate der Belagerung von Antwerpen.
		33/34	com. zum topographischen Büreau.
30	3	1835	com. zum grossen Generalstabe.
30	3	36	als **Hauptmann** in den grossen Generalstab vers.
		36	com. als Examinator bei der Ober-Militär-Examinations-Commission.
30	9	37	Von der Funktion als Examinator entbunden.
		38/41	com. als Lehrer an der Allg. Kriegsschule.
		1841	Recognoscirungsreise durch Böhmen, Mähren und Ungarn. Generalstabsreise nach Schlesien.
12	4	42	**Major** und com. zum Generalstabe d. VIII. A.-C.
17	11	42	Wiederum com. als Lehrer an d. Allg. Kriegsschule.
1	4	43	Als solcher zum grossen Generalstabe versetzt.
13	11	45	com. zum Generalstabe des IV. Armee-Corps.
3	2	46	Unter Aggregirung beim Generalstabe der Armee, zum Militär. Begleiter Sr. K. H. des Prinzen Friedrich Carl ernannt.
13	3	48	Von dieser Stellung entbunden und zum Generalstab zurückgetreten.

Tag	Mon.	Jahr.	
6	4	1848	Unter Einrangirung in den Generalstab, com. zum grossen Generalstabe.
16	5	48	com. zum Generalstabe des VIII. Armee-Corps.
22	8	48	zum Chef des Generalstabes des VIII. Armee-Corps ernannt.
		49	Feldzug in Baden. Chef des Generalstabes des Generals v. Hirschfeld. (Ubstadt, Durlach, Bischweyer, Muggensturm, am Federbach, Rastatt, a. d. Murg.) Rother Adler-Orden 3. Kl. mit Schwertern.
26	9	50	**Oberst-Lieutenant.**
26	12	50	Com. des 33. Infanterie-Regts.
2	12	51	**Oberst.**
26	6	56	Com. der 20. Infanterie-Brigade.
15	10	56	**General-Major.**
22	11	58	Com. der 14. Division.
31	5	59	**General-Lieutenant.**
5	12	59	Kriegs-Minister.
23	4	64	zum Chef des ostpreuss. Füsilier-Regts. Nr. 33 ern.
8	6	66	**General der Infanterie.**
		66	Feldzug gegen Oesterreich im grossen Hauptquartier Sr. Maj. des Königs. (Königgrätz.) Schwarzer Adler-Orden.

Friedrich Wilhelm
Kronprinz von Preussen, K. H.

Com. des II. Armee-Corps, Chef des 1. Ostpreuss. Grenadier-Regts. Nr. 1 (Kronprinz), des 5. Westphäl. Infanterie-Regts. Nr. 53 und des 2. Schles. Dragoner-Regts. Nr. 8, à la suite des 1. Garde-Regts. z. F. und des 2. Schles. Gren.-Regts. Nr. 11, 1. Com. des 1. Bats. (Berlin) 2. Garde-Landwehr-Regts.

🟢 ✳ ⊕ ☀ ✤ 🛡 (HEK1 m. Schw.) (AAB1) (BdT) (BZL1) (BH) (BL1) (BrBL1) (FEL1) (GE1) (GH) (HStG) (CHL) (GbL1) (JAn) (JgTM) (MGI) (MWK1) (MMV) (NgL) (NL1) (OMT3) (ÖSt1) (ÖV1) (PT1) (RAd u. s. w) (SR) (GSF1) (HSEH1) (SSer) (SCXIII) (SicF1) (SGV) (TH) (TO)

Tag.	Mon.	Jahr.	
18	10	1831	geboren.
18	10	41	In die Armee getreten als **Seconde-Lieutenant** im 1. Garde-Regt. z. F. und à la suite des 2. Bats. 1. Garde-Landwehr-Regts.
2	5	49	eingetreten zum Dienst bei der Leib-Compagnie.
3	6	49	**Premier-Lieutenant.**
15	10	51	**Hauptmann.**
4	6	53	Chef der 6. Compagnie.
16	9	53	zum **Major** befördert, unter Stellung à la suite des 1. Garde-Regts. z. F.
15	10	54	1. Com. des 1. Bats. (Berlin) 2. Garde-Ldw.-Regts.
31	5	55	**Oberst.**
18	3	56	Com. des 1. Bats. 1. Garde-Regts. z. F.
3	7	56	Führer des 1. Garde-Regts. z. F.
3	10	56	Führer des 11. Infanterie-Regts. in Breslau.
3	10	57	Com. der 1. Garde-Infanterie-Brigade unter Stellung à la suite des 1. Garde-Regts. z. F.
25	1	58	**General-Major.**
14	6	59	Com. der 1. Garde-Infanterie-Division.
4	6	60	Chef des 1. Infanterie-Regts.
1	7	60	**General-Lieutenant.**
18	10	61	à la suite des 11. Infanterie-Regts. gestellt.
17	3	63	Auf 1 Jahr neben dem Commando der 1. Garde-Infanterie-Division zum Inspecteur der I. Armee-Abtheilung ernannt.

Tag.	Mon.	Jahr.	
		1864	Feldzug in Schleswig im Hauptquartier des F-.M. Graf v. Wrangel. Schwerter zum rothen Adler-Orden. Ritterkreuz d. Maria-Theresien-Ordens.
18	5	64	zum Com. des II. Armee-Corps ernannt.
7	12	64	zum Chef des 5. Westphälischen Infanterie-Regts. Nr. 53 ernannt.
8	6	66	**General der Infanterie.**
		66	Feldzug gegen Oesterreich. Ober-Com. der II. Armee und Gouverneur von Schlesien. (Nachod, Trautenau, Skalitz, Soor, Schweinschädel, Königinhof, Königgrätz.) Orden pour le mérite mit Eichenlaub. (Tobitschau.)
17	9	66	Von dem Oberkommando dieser Armee bei der Demobilmachung entbunden, sowie von der Stellung als Gouverneur von Schlesien. Kreuz und goldner Stern mit dem Bildniss Königs Friedrichs II. zum Orden pour le mérite.
20	9	66	zum Chef des 2. Schlesischen Dragoner.-Regts. Nr. 8 ernannt.

Friedrich Wilhelm **Georg** Ernst
Prinz von Preussen, K. H.

Chef des 1. Pommerschen Ulanen-Regts. Nr. 4 und 1. Com. des 3. Bats. (Cottbus) 2. Garde-Landwehr-Regts.

(⚙) (⊕)1 ❋ (IIEK1) (BII) (HG1) (GHL1) (NL1) (ÖSt1) (OV1) (RAd u. s. w.) (HSEIII1) (GSF1)

Tag	Mon.	Jahr	
12	2	1826	geboren.
12	2	36	Seconde-Lieutenant à la suite des 2. Bats. (Cottbus) 2. Garde-Landwehr-Regts.
23	5	46	Dem Regt. der Gardes du Corps aggregirt.
12	2	47	Premier-Lieutenant.
21	12	48	Rittmeister.
12	2	50	Major.
23	1	51	zum 1. Com. des 3. Bats. (Cottbus) 2. Garde-Landwehr-Regts. ernannt.
22	3	53	Oberst.
15	10	56	General-Major.
1	7	60	General-Lieutenant.
18	10	61	zum Chef des 1. Pomm. Ulanen-Regts. Nr. 4 ern.
20	9	66	General der Cavallerie.

Heinrich Carl **Woldemar**

Prinz z. Schleswig-Holstein-Sonderburg-Augustenburg.

General-Adjutant Sr. Majestät des Königs und Gouverneur von Mainz.

✠1 ⚔ ✠ (HEK1) (BCV1) (DE) (DD1) (ÖL1) (SA1) (TM1)

Tag.	Mon.	Jahr.	
13	10	1810	geboren.
6	5	28	In der Preuss. Armee als **Seconde-Lieutenant**, aggr. dem 7. Cürassier-Regt. angestellt.
		30	Landwehrübung b. 1. Bat. (Halberstadt) 27. Ldw.-R.
	2/3	35	com. mit einem Commando nach Wernigerode, wegen dort ausgebrochener Unruhen.
	7	35	Bis Oktober zur Truppenconcentration bei Kalisch com.
18	5	36	Bis 13. Oktober 1836 Remonte-Commando.
13	8	37	**Premier-Lieutenant**.
1	4	39	Bis 28. Dezember 1843 Escadronsführer beim 1. Bat. (Stendal) 26. Landwehr-Regts.
14	12	39	aggr. **Rittmeister**.
		43	Herbstübung bei Berlin com. zur Dienstleistung bei dem General-Lieutenant v. Wrangel.
28	12	43	als aggr. zum Regt. der Gardes du Corps.
30	3	44	In d. Regiment einrangirt.
13	4	44	Chef der 4. Compagnie und Führer der 2. Eskadron.
30	3	45	**Major** mit Beibehalt der Eskadron. (Patent vom 22. März 1845.)
10	4	48	Bis 13. Dezember 1848 zur Dienstleistung bei der Organisation d. Schleswig-Holsteinschen Armee.
		48	Feldzug in Schleswig. (Schleswig 25. 4. — Vorpostengefecht bei Christiansfeld 11. 6. — Gefecht bei Hadersleben 29./30. 6.)
16	2	50	zum etatsmässigen Stabsoffizier ernannt.
		50	Mobilmachung. com. zur Abnahme der Mobilmachungs-Pferde des Garde-Corps.
24	11	50	Mit der Führung des 2. Garde-Ulanen-Regts. beauftragt.
28	11	50	Commandant von Cüstrin.

Tag	Mon.	Jahr	
17	7	1851	Commandant von Neisse.
23	3	52	Oberst-Lieutenant.
13	7	54	Oberst.
19	2	57	Commandant von Magdeburg.
22	5	58	General-Major.
2	6	58	Commandant von Coblenz und Ehrenbreitstein.
20	9	61	General-Adjutant Sr. Majestät des Königs.
18	10	61	General-Lieutenant.
13	3	62	Oberbefehlshaber der Bundestruppen zu Frankfurt a. M.
27	10	64	Vice-Gouverneur der Bundesfestung Mainz.
15	6	66	Gouvern. der Festung Coblenz u. Ehrenbreitstein.
23	8	66	Gouverneur der Festung Mainz.
20	9	66	**General der Cavallerie.**

Edwin Freiherr von Manteuffel.

General-Adjutant Sr. Majestät des Königs und Chef des Rheinischen Dragoner-Regts. Nr. 5.

✠1 ✠1 ✠2 ✠ ✠ ✠ (BZL2a) (BStMV2a) (FEL2) (HG2a) (GHVP1) (NA1) (ÖL1) (ÖEK1) (OV1 m. Schw.) (RAN u. s. w.) (RW3) (RA1mBr) (HSEH1) (SS3)

Tag.	Mon.	Jahr.	
24	2	1809	geboren.
29	4	27	eingetreten beim Garde-Dragoner-Regt.
15	5	28	**Seconde-Lieutenant.**
		34/36	com. zur Allg. Kriegsschule.
		37/38	Regiments-Adjutant.
14	5	1838	com. als Adjutant zum Gouvernement von Berlin.
18	10	39	com. als Adjutant zur 2. Garde-Cavallerie-Brig.
28	10	40	com. zur Dienstleistung bei Prinz Albrecht von Preussen K. H.
11	1	42	**Premier-Lieutenant.**
21	12	43	als **Rittmeister** in die Adjutantur versetzt u. zum Adjutant Sr. K. H. des Prinzen Albrecht ern.
7	1	44	Unter Belassung als Adjutant bei Sr. K. H., dem 1. Dragoner-Regt. aggr.
12	6	45	gestattet, auf 3 Monate zur Dienstleistung beim Garde-Dragoner-Regt. einzutreten.
20	3	48	com. zur Dienstleistung als Flügel-Adjutant bei Sr. Majestät dem Könige.
18	5	48	zum Flügel-Adjutant ernannt.
15	10	48	**Major.**
12	3	50	Mitglied der General-Ordens-Commission.
13	7	52	**Oberst-Lieutenant** ohne Patent.
25	1	53	Patent als Oberst-Lieutenant.
1	10	53	Com. des 5. Ulanen-Regts., unter Belassung als Flügel-Adjutant.
13	7	54	**Oberst.**
18	12	56	Com. der 3. Cavallerie-Brigade, unter Belassung als Flügel-Adjutant.
12	2	57	Chef der Abtheilung für persönliche Angelegenheiten, mit Beibehaltung des Ranges als Brigade-Com. und Belassung als Flügel-Adjutant.

Tag	Mon.	Jahr.	
22	5	1858	General-Major, unter Ernennung zum General à la suite Sr. Majestät des Königs.
7	1	61	General-Adjutant, unter Belassung in den sonstigen Dienstverhältnissen.
18	10	61	General-Lieutenant.
1	2	64	Zur Armee nach Schleswig-Holstein gesandt. (Missunde, Schlei-Uebergang.) Stern und Kreuz der Comthure des Kgl. Hausordens von Hohenzollern mit Schwertern.
29	6	65	Mit dem Oberbefehl über die Truppen in den Elb-Herzogthümern beauftragt; Belassung als General-Adjutant und vortragender Offizier im Militär-Cabinet.
22	8	65	zum Gouverneur des Herzogthums Schleswig ernannt; dabei Befehl über die Kgl. Truppen in Holstein, und Beibehalt der Befugnisse des Oberbefehlshabers über die bei Kiel stationirte Marine und Belassung als General-Adjutant. Entbindung von dem Verhältniss als vortragender Offizier im Militär-Cabinet.
		66	Feldzug 1866.
6	6	66	Befehl zum Einrücken in Holstein erhalten.
11	6	66	Nach Vertreibung der Oestreicher Altona besetzt u. das Gouvernement auch in Holstein übern.
15	6	66	Die Elbe überschr. und nach Hannover gegangen.
17	6	66	Stade überfallen und genommen.
18	6	66	Mit d. Truppen seines Corps, die in Hannov. waren, unt. Bef. d. Gen. d Inf. Vogel v. Falckenstein getr.
20	7	66	Oberbefehl der Main-Armee übernommen. (Hausen, Helmstadt, Uettingen, Rossbrunn, Würzburg.) Orden pour le mérite.
15	9	66	Von d. Oberbef. d. Main-Armee, von d. Führ. der Geschäfte des Gen.-Commandos des 7. Armee-Corps u. von d. Stell. als Gouv. der Elbherzogth. entb. u. z. com. Gen. d. Truppen in denselb. ern.
20	9	66	General der Cav. u. Chef d. Rhein. Drag.-Rgts. Nr. 5.
30	10	66	zum Com. des IX. Armee-Corps ernannt.
19	1	67	Unter Belass. als Gen.-Adj. u. Chef d. Rhein. Drag.-Rgts. Nr. 5 von d. Stell. als Com. d. IX. A.-C. entb.

Gustav von Hindersin.

General-Inspecteur der Artillerie, Präses des General-Artillerie-Comité und 1. Curator der Artillerie- und Ingenieur-Schule.

✠1 ✣ ✦ (BZL.2b) (ÖL1.KD) (RAN u. s. w.)

Tag.	Mon.	Jahr.	
18	7	1804	geboren.
16	10	20	eingetreten in die 3. Artillerie-Brigade.
28	7	25	Seconde-Lieutenant.
		30/32	com. zur Allg. Kriegsschule.
		34	Abtheilungs-Adjutant.
		35/37	com. zur topogr. Abtheil. des gr. Generalstabes.
22	12	1838	Premier-Lieutenant.
7	4	41	com. zur Dienstleistung beim gr. Generalstabe.
12	4	42	als Hauptmann in den Generalstab versetzt und zum I. Armee-Corps com.
17	3	46	Major und zum grossen Generalstabe versetzt.
		48/49	Dirigent der topogr. Abtheilung im Generalstabe.
		49	Feldzug in Baden.
22	12	49	zum Generalstabe des VI. Armee-Corps versetzt.
16	5	50	als aggr. zum 6. Artillerie-Regt. versetzt.
3	8	50	In das Regt. einrangirt.
22	3	53	Oberst-Lieutenant.
18	5	54	Com. des 2. Artillerie-Regts.
13	7	54	Oberst.
11	3	58	Inspecteur der 3. Artillerie-Inspection.
22	5	58	General-Major.
18	10	61	General-Lieutenant.
9	1	64	Inspecteur der 2. Artillerie-Inspection.
2	2	64	Präses der Prüf.-Commission für Art.-Premier-Lts.
		64	Feldzug 1864. (Düppel.) Orden pour le mérite.
22	4	64	Mit Beibehalt der Stellung als Inspecteur der 2. Artillerie-Inspection zum 2. Gen.-Inpecteur der Artillerie ernannt.
20	12	64	zum General-Inspecteur der Artillerie ernannt.
		66	Feldzug 1866 als Gen.-Inspecteur der Artillerie im gr. Hauptquart. Sr. Maj. d. Königs. (Königgrätz.)
20	9	66	General der Infanterie.

Heinrich Ludwig Franz von Plonski.
Commandeur des XI. Armee-Corps.

1 2 m. St. (HEK3) (BZL2b) (RA1 u. s. w.) (HSEH2a)

Tag	Mon.	Jahr	
5	12	1802	geboren.
9	7	20	Aus dem Cadetten-Corps als **Seconde-Lieutenant** in das 19. Infanterie-Regt.
		25/36	Bataillons-Adjutant.
14	7	1833	**Premier-Lieutenant.**
30	3	37	com. als Adjutant zur 10. Infanterie-Brigade.
		38/39	Lehrer bei der Divisions-Schule.
8	11	1839	Von dem Commando als Adjutant entbunden und Compagnieführer beim 5. comb. Reserve-Bat.
10	3	41	**Hauptmann** und Compagnie-Chef.
30	3	45	In das 30. Infanterie-Regt. versetzt.
27	3	47	Als **Major** in das 13. Infanterie-Regt. versetzt; am 1. Mai Com. des 1. Bats.
29	3	48	zum Com. des 3. Bats. (Trier) 30. Ldw.-Regts. ern.
25	11	48	In das 26. Infanterie-Regt. versetzt und Com. des 1. Bats.
		49	Feldzug in der Pfalz und Baden. (Karlsdorf, Ubstadt, Durlach, Michelbach.)
1	5	51	Com. des Füsilier-Bats.
13	1	52	zum Com. des 7. Jäger-Bats. ernannt.
22	3	53	**Oberst-Lieutenant.**
26	10	54	zum Inspecteur der Jäger u. Schützen u. zum Com. des Garde-Jäger-Bats. ernannt.
12	7	55	**Oberst.**
23	10	56	Von dem Commando des Garde-Jäger-Bats. entbunden und zum Com. des reitenden Feldjäger-Corps ernannt.
2	5	58	zum Com. der 16. Infanterie-Brigade ernannt.
3	6	58	Als Com. zur 4. Garde-Infanterie-Brigade vers.
22	11	58	**General-Major.**
		61	Mitglied d. Studien-Commiss. d. Kriegsakademie.
24	1	63	Com. der 12. Division.
29	1	63	**General-Lieutenant.**

Tag	Mon.	Jahr.	
18	5	1864	Com. der 2. Garde-Infanterie-Division.
23	6	64	com. zur Führung der mobilen combinirten Garde-Infanterie-Division in Schleswig.
5	7	64	Com. dieser Division. Feldzug in Jütland.
17	12	64	Von diesem Commando entbunden und Com. der 2. Garde-Infanterie-Division.
		66	Feldzug 1866. Com. dieser Division bei der 2. Armee. (Soor, Trautenau, Königgrätz.) Die Schwerter zum rothen Adler-Orden 2. Kl. mit Stern und Eichenlaub.
17	9	66	zum Com. der Truppen in Hessen ernannt.
30	10	66	zum commandirenden General des neuformirten XI. Armee-Corps ernannt.
22	3	68	**General der Infanterie.**

Gustav von Alvensleben.

General-Adjutant Sr. Majestät des Königs und Com. des IV. Armee-Corps.

☩1 ☩4 ☩2 ☩ (AAB1) (BV3) (BZL2a) (BCV1) (BStMV1)
(BrHl.1) (FEL2) (NL1) (LEK1) (ÖSt2) (ÖL1) (PBdʼA1)
(RAN u. s. w.) (RW2) (SA1) (HSEH2a) (TNJ) (WK1)

Tag.	Mon.	Jahr.	
30	9	1803	geboren.
28	7	21	Als Seconde-Lieutenant zum Kaiser Alexander-Garde-Gren.-Regt. aus dem Cadetten-Corps.
		33/36	Bataillons-Adjutant.
30	3	1835	Premier-Lieutenant.
29	12	36	com. als Führer des Prinzen Georg von Mecklenburg-Strelitz H., unter Aggr. beim Regt.
26	6	38	Von diesem Commando entbunden.
30	7	38	Wieder in das Regt. einrangirt.
13	5	40	com. als Führer d. Erbprinzen v. Lippe-Detmold H.
16	3	41	zum Hauptmann befördert und dem Regt. aggr.
		44	Von obigem Commando entbunden.
14	11	44	Als Compagnie-Chef einrangirt.
1	4	47	Als Major in den grossen Generalstab versetzt.
27	3	48	zum Generalstabe des VII Armee-Corps versetzt.
15	9	49	com. zur Wahrnehmung der Funktionen als Chef des Generalstabes beim Commando des mobilen Armee-Corps in Baden.
		49	Feldzug in Baden. Rother Adler-Orden 4. Kl. mit Schwertern.
10	12	50	zum General-Commando des VII. Armee-Corps wieder zurückgetreten.
26	12	50	com. ad interim als Chef des Generalstabes des VIII. Armee-Corps.
12	4	51	Unter Belassung in dieser Vertretung, zum grossen Generalstabe versetzt.
3	1	52	zum Chef des Generalstabes des VIII. Armee-Corps ernannt.
22	3	53	**Oberst-Lieutenant.**
3	11	54	Als Chef des Stabes zum Militär-Gouvernement der Rheinprovinz und Westphalen com.

Tag.	Mon.	Jahr.	
12	7	1855	**Oberst.**
3	6	58	Den Rang als Brigade-Com. ertheilt.
16	10	58	Unter Entbindung von seinem bisherigen Verhältnisse, unter Aggr. beim Generalstabe, zur Person Sr. K. Hoh. des Prinz Regent v. Preussen com.
22	11	58	**General-Major.**
7	1	61	General-Adjutant Sr. Majestät des Königs.
29	1	63	**General-Lieutenant.**
		66	Feldzug 1866 im gr. Hauptquartier Sr. Majestät des Königs. (Königgrätz.) Die Schwerter zum Kreuz u. Stern der Comthure des Kgl. Hausordens von Hohenzollern.
30	10	66	zum commandirenden General des IV. Armee-Corps ernannt, unter Belass. als Gen.-Adjutant.
22	3	68	**General der Infanterie.**

Constantin Bernhard von Voigts-Rhetz.
Com. des X. Armee-Corps und à la suite des Magdeb. Inf.-Regts. Nr. 27.

✠1 ✠3 sw ✠3 ✠ ✠ ✠ (IIEK2) (AAB1) (MMV) (LEK2) (RA1 u.s.w.) (HSEII2b)

Tag	Mon.	Jahr.	
16	7	1809	geboren.
14	10	27	Diensteintritt beim 9. Infanterie-Regt. (Colberg).
12	2	29	Seconde-Lieutenant.
		33/35	com. zur Allg. Kriegsschule.
		37/38	com. zum topographischen Büreau.
6	4	1839	com. zum grossen Generalstabe.
30	3	40	Als Premier-Lieutenant dem 24. Infanterie-Regt. aggr., unter Verbleib im grossen Generalstabe.
7	4	41	In den grossen Generalstab versetzt.
14	4	41	Hauptmann.
		44/47	Vermessungs-Dirigent.
1	4	1847	Major u. zum Generalstabe d. V. Armee-Corps vers.
		48	Unterdrückung der Insurrektion in der Provinz Posen. Cavallerie-Gefecht bei der Erstürmung von Xions, Zerstreuung der Insurgenten.
31	10	48	zum Generalstabe des I. Armee-Corps versetzt. In den grossen Generalstab versetzt.
27	4	50	zum Generalstabe des IV. Armee-Corps versetzt.
2	9	52	Als Chef d. Generalstabes zum V. Armee-C. vers.
22	3	53	Oberst-Lieutenant.
22	7	55	Oberst.
15	6	57	zum Com. des 19. Infanterie-Regts. ernannt.
3	6	58	Com. der 9 Infanterie-Brigade.
21	11	58	General-Major.
20	1	59	In das Kriegs-Ministerium versetzt als Direktor des allgemeinen Kriegs-Departements.
12	7	60	Commandant von Luxemburg und Führer der Brigade dieser Bundesfestung.
24	1	63	Com. der 7. Division.
29	1	63	General-Lieutenant.
29	10	64	zum Oberbefehlshaber der Bundesgarnison in Frankfurt a. M. ernannt.

Tag.	Mon.	Jahr.	
3	3	1866	Unter Belassung in diesem Verhältniss, mit der Führung der Geschäfte als erster Militär-Bevollmächtigter bei der Bundes-Militär-Commiss. in Frankfurt a. M. beauftragt.
14	3	66	Von der Stellung als Oberbefehlshaber entbunden und definitiv zum ersten Militär-Bevollmächtigten ernannt.
		66	Feldzug 1866. Chef des Generalstabes der I. Armee. (Münchengrätz, Podol, Gitschin, Königgrätz.) Orden pour le mérite und rother Adler-Orden 1. Kl. mit Eichenlaub und Schwertern am Ringe, à la suite des 2. Magdeburgischen Infanterie-Regts. Nr. 27 gestellt.
			zum General-Gouverneur von Hannover ernannt.
30	10	66	zum Com. des neuform. X. Armee-Corps ernannt.
22	3	68	**General der Infanterie.**

Wilhelm von Tümpling.
Commandeur des VI. Armee-Corps.

✠1 ✠4 ✠?2 ✠?2 ✠ ✠ ✠ (BZL2b) (DD3) (MMV)
(NA2a) (RA2) (RSt1)

Tag.	Mon.	Jahr.	
30	12	1809	geboren.
23	6	30	Eingetreten beim Regt. der Gardes du Corps.
18	5	31	Seconde-Lieutenant.
		35/36	com. zur Allg. Kriegsschule.
		37/38	com. zum topographischen Büreau.
25	10	38	com. als Führer des Prinzen Georg v. Mecklenburg-Strelitz H.
23	5	39	Unter Beibehalt dieser Stellung, dem gr. Generalstabe aggr.
10	4	40	**Premier-Lieutenant.** Von dem Commando zum Prinz Georg entbunden.
7	4	41	In den grossen Generalstab einrangirt.
12	4	42	Hauptmann u. zum Generalstabe des VIII. Armee-Corps versetzt.
		47	com. zum 7. Ulanen-Regt.
27	3	48	Major und in den grossen Generalstab versetzt.
		49	Feldzug 1849. In Baden als Generalstabs-Offizier bei der 1. (Avantgarden) Division v. Hannecken des 1. Armee-Corps der Oper.-Armee am Rhein. (Wiesenthal, Waghäusel, Bruchsal, Durlach, Bischweier, Oberweier, Kuppenheim.) Rother Adler-Orden 4. Kl. mit Schwertern und Commandeur-Kreuz 2. Kl. des Zähringer Löwen.
10	10	50	Als etatsmässiger Stabsoffizier in das 4. Dragoner-Regt. versetzt.
	11	50	zur Formirung und Führung des 6. Landwehr-Cavallerie-Regts. com.
13	1	53	Com. des 5. Cürassier-Regts.
22	3	53	**Oberst-Lieutenant.**
20	7	54	Com. des 1. Garde-Ulanen-Regts.
12	7	55	**Oberst.**
27	11	57	Com. der 11. Cavallerie-Brigade.

Tag.	Mon.	Jahr.	
22	11	1858	**General-Major.**
29	1	63	**General-Lieutenant** und Com. der 5. Division.
3	3	64	Com. der mobilen 5. Infanterie-Division im Feldzuge in Schleswig-Holstein. Commando in Holstein (Kiel) bis zur Schley — nur Theile der Division: Fehmarn, Düppel. Comthurkreuz des Kgl. Hausordens von Hohenzollern.
10	12	64	Com. der 5. Division.
		66	Feldzug 1866. Com. der 5. Infanterie-Division. (Gitschin verwundet.) Orden pour le mérite. Mecklenburg. Militär-Verdienst-Kreuz. Rother Adler-Orden 1. Kl. mit Schwertern am Ringe am Jahrestag von Gitschin 1867.)
12	9	66	Com. der 5. Division. Stellvertretung des General-Gouvernements im Königreich Sachsen nach dem Tode d. Generals von Schack bis 30. Oktober 1866. (Festung Königstein übernommen.)
30	10	66	Com. des VI. Armee-Corps.
22	3	68	**General der Cavallerie.**

Heinrich Adolph von Zastrow.
Commandeur des VII. Armee-Corps.

🎖1 🎖1 ✠ ⚜ ❋ (BZL3b) (DD3) (SLVM) (MMV) (RW4) (RA2) (TNJmBr)

Tag.	Mon.	Jahr.	
11	8	1801	geboren.
3	10	19	als Seconde-Lieutenant zum 1. Garde-Regt. z. F. aus dem Cadetten-Corps.
		23/25	zur Allg. Kriegsschule com.
		1826	zum Ingenieur-Corps com.
		28	Das „Handbuch der Befestigungskunst" herausgegeben.
		34	com. zum topographischen Büreau.
14	3	34	zum aggr. Premier-Lieutenant befördert.
21	4	36	Einrangirt.
		38	Herausgabe der „Geschichte der beständigen Befestigungskunst."
		39	Auf 5 Jahre zur Dienstleistung in die türkische Armee com. (Der Tod des Sultans machte dies Commando rückgängig.) Türkische Nischan-Iftcschar-Orden.
		41	Das Werk „Carnot und neuere Befestigung" herausgegeben.
		41	„Des Marschalls Vauban Angriff und Belagerung fester Plätze", aus dem Französ. übersetzt.
14	4	41	zum Hauptmann und Compagnie-Chef befördert.
27	3	43	zum Com. der Leib-Compagnie ernannt.
		45	Mit der Ausführung des gegenwärtigen Infanterie-Gepäcks beauftragt.
		46/47	Zu mehreren Armee-Corps geschickt, um den Gebrauch und die Handhabung dieses Gepäcks den Truppen zu zeigen.
1	4	48	Zur Schleswig-Holsteinschen Armee com. u. zum Com. der Avantgarde dieser Armee ernannt. Im Feldzuge von 1848 den Gefechten von Missunde, Hadersleben, Christiansfelde, Aarhus und Holnis beigewohnt. Rother Adler-Orden 4. Kl. mit Schwertern.

Tag.	Mon.	Jahr.	
9	5	1848	Zum aggr. **Major** im 1. Garde-Regt. z. F. bef.
		49	Im Laufe des Feldzuges zum Com. der Schleswig-Holsteinschen Avantgarden-Brigade ernannt. Gefechte bei Tomshus, Eroberung von Kolding durch Sturm, Schlacht bei Kolding, Gefechte bei Gudsö u. Taulof, Belagerung v. Friedericia.
	5	49	zum Divisions-Com. in d. Schleswig-Holsteinschen Armee ernannt. Schlacht bei Friedericia.
16	4	50	Nach Preussen zurückberufen und als Bataillons-Com. in dem 2. Inf.- (Königs-) Regt. angestellt.
13	1	52	Commandant von Stralsund.
22	3	53	**Oberst-Lieutenant.**
		54	Mit der Armirung von Stralsund beauftragt.
12	7	55	**Oberst.**
8	5	56	zum Com. des 28. Infanterie-Regts. ernannt.
14	8	56	Als Com. zum Kaiser Alexander-Garde-Gren.-Regt.
8	7	58	Com. der 19. Infanterie-Brigade.
22	11	58	**General-Major.**
29	1	63	**General-Lieutenant** und Com. der 11. Division.
		63	Zur Besetzung der polnischen Grenze mit allen Truppen der Div. nach Oberschlesien marschirt.
		66	Feldzug 1866. Com. der 11. Infanterie-Division. Schlacht bei Königgrätz. Orden pour le mérite und rother Adler-Orden 1. Kl. mit Schwertern.
17	9	66	Bei Demobilmachung Com. der 11. Division.
30	10	66	Com. des VII. Armee-Corps.
22	3	68	**General der Infanterie.**

Georg
Herzog zu Sachsen-Meiningen-Hildburghausen, H.
à la suite der Armee.

Tag	Mon.	Jahr	
2	4	1826	geboren.
2	1	47	Als **Premier-Lieutenant** aggr. dem Garde-Cürass.-Regt. angestellt.
24	6	48	Abschied bewilligt als **Rittmeister**.
25	12	49	Als **Major** à la suite des Garde-Cürassier-Regts. wieder angestellt.
29	5	51	Als à la suite zum 1. Garde-Regt. z. F. versetzt.
22	3	53	**Oberst-Lieutenant.**
12	7	55	**Oberst.**
2	11	58	zum **General-Major** befördert, unter Versetzung zu den Offizieren à la suite der Armee.
29	1	63	**General-Lieutenant.**
22	3	68	**General der Infanterie.**

Albrecht Ehrenreich Gustav von Manstein.

Commandeur des IX. Armee-Corps, à la suite des 4. Brandenburg. Infanterie-Regts. Nr. 24 (Grossherzog v. Mecklenburg-Schwerin).

✠1 ✠ ✠ (MWK1) (MMV) (ÖMT3)

Tag.	Mon.	Jahr.	
24	8	1805	geboren.
22	9	22	Diensteintritt bei dem damal. 3. Infanterie-Regt., jetzt 2. Ostpreuss. (Prinz Heinrich v. Preussen).
18	5	23	**Seconde-Lieutenant**.
		29	com. zur Gewehr-Fabrik in Danzig.
		32/35	Bataillons-Adjutant.
16	5	1835	**Premier-Lieutenant**.
		36/38	Regiments-Adjutant.
6	1	39	com. als Adjutant zur 1. Landwehr-Brigade.
15	6	41	Als Adjutant zum Gen.-Commando des I. Armee-Corps com.
22	3	43	Als **Hauptmann** und Compagnie-Chef in das 4. Inf.-Regt. versetzt, mit Patent vom 18. Aug. 1840.
21	3	48	Als **Major** in das 1. Infanterie-Regt. versetzt.
3	10	50	2. Com. d. 2. Bats. (Magdeburg) 2. G.-Ldw.-Regts.
11	5	52	In das Kaiser Alexander-Garde-Gren.-Regt. vers.
22	3	53	**Oberst-Lieutenant**.
15	5	56	Commandant von Colberg.
15	10	56	**Oberst**.
12	3	57	zum Com. des 16. Infanterie-Regts. ernannt.
22	11	58	Com. der 12. Infanterie-Brigade.
31	5	59	**General-Major**.
10	3	63	zum Führer der 6. Division ernannt.
17	3	63	zum **General-Lieutenant** bef. und zum Com. der 6. Division ernannt.
15	12	63	Com. der 6. mobilen Infanterie-Division im Feldzuge gegen Dänemark.
		64	Feldzug 1864. (Düppel.) Orden pour le mérite. (Alsen.) Rother Adler-Orden 1. Kl. mit Schwertern. Ritterkreuz des Maria-Theresien-Ordens. Mecklenb.-Schwerinsches Mil.-Verdienst-Kreuz.
7	12	64	gestattet, die Uniform des 4. Brandenb. Inf.-Regts. Nr. 24 zu tragen u. à la suite dies. Regts. geführt.

Tag	Mon.	Jahr	
10	12	1864	Bei Demobilmachung das Commando der 6. Division wieder übernommen.
		66	Feldzug 1866. Com. der 6. Inf.-Div. (Königgrätz.) Orden pour le mérite mit Eichenlaub.
17	9	66	Bei Demobilmachung wieder Com. der 6. Division.
25	1	67	zum Führer des IX. Armee-Corps ernannt.
14	4	67	zum Com. des IX. Armee-Corps ernannt.
22	3	68	**General der Infanterie.**

Adolph
Prinz zu Hohenlohe-Ingelfingen.
Chef des 2. Oberschlesischen Landwehr-Regts. Nr. 23.

(LA) (BH) (M1) (RA1mBr u. s. w.) (HSEH1)

Tag	Mon.	Jahr	
29	1	1797	geboren.
27	4	1815	als **Seconde-Lieutenant** zur Dienstleistung beim General v. Kleist com.
9	3	17	als aggr. zum damal. Garde-Ulanen, heutigem Garde-Cür.-Regt.
18	10	18	ausgeschieden mit der Erlaubniss, die Armee-Uniform zu tragen.
15	9	30	als **Rittmeister** und Führer der Eskadron 2. Aufgebots in's 1. Bat. (Gleiwitz) 22. Ldw.-Regts. einr.
4	5	32	**Major.**
	9	32	zum Führer des 2. Aufgebots 1. Bat. (Gleiwitz) 22. Ldw.-Regts. ernannt.
	3	38	**Oberst-Lieutenant.**
1	2	40	**Oberst.**
2	9	41	zum Chef des 22. Ldw.-Regts. ernannt.
2	3	45	**General-Major.**
9	4	51	**General-Lieutenant.**
1	5	59	Charakter als **General der Cavallerie.**

Carl **Graf von Monts**.
Gouverneur von Cassel.

✠1 ✠ ✠ (CHW3) (RA1 u. s. w.)

Tag.	Mon.	Jahr	
24	12	1801	geboren.
5	5	18	Aus d. Cad.-C. als Portepeefähnr. z. 1. Garde-R. z. F.
11	3	19	**Seconde-Lieutenant.**
		23/25	com. zur Allg. Kriegsschule.
		29	com. zum topographischen Bureau.
18	4	33	aggr. **Premier-Lieutenant.**
30	3	35	In d. Rgt. einr. u. com. zur Dienstl. b. gr. Generalst.
30	3	36	Als **Hauptmann** in den grossen Generalstab vers.
17	4	38	zum Generalstabe des I. Armee-Corps com.
12	4	42	zum Generalstabe des VI. Armee-Corps com.
30	4	42	Den Charakter als Major erhalten.
5	11	42	Patent als **Major.**
30	3	44	In das 11. Infanterie-Regt. versetzt.
		50	Präses der Examin.-Commission für Portepeefähnrichs u. Direkt. der Div.-Schule der 11. Div.
19	4	51	**Oberst-Lieutenant.**
19	2	52	Com. des 38. Infanterie-Regts.
23	3	52	**Oberst.**
14	8	56	Com. der 17. Infanterie-Brigade.
15	10	56	**General-Major.**
15	6	57	Com. der 29. Infanterie-Brigade.
14	6	59	Bei der Mobilmachung Com. der 8. Division.
25	7	59	Bei der Demobilmachung Führer der 8. Division.
19	11	59	Com. der 13. Division.
20	1	60	Com. der 14. Division.
1	7	60	**General-Lieutenant.**
25	6	64	Direktor der Kriegsakademie.
		66	Während des Feldzuges 1866 stellvertretender com. General des VI. Armee-Corps.
12	9	66	Von dieser Funkt. entb., sowie v. seiner Stell. als Direkt. d. Kriegsakad. u. z. d. Offiz. d. Armee vers.
20	9	66	Charakter als **General der Infanterie.**
30	10	66	Gouverneur von Cassel.

Hans **Herwarth von Bittenfeld**.
Gouverneur von Magdeburg.

✠1 ⚔ (AAB2b) (GHL3a) (ÖEK1) (RW4) (RA2)

Tag	Mon.	Jahr.	
12	1	1800	geboren.
28	3	15	Seconde-Lieutenant im 2. Garde-Regt. z. F.
15	10	28	Premier-Lieutenant.
14	4	34	Hauptmann.
22	3	43	Major.
19	4	51	Oberst-Lieutenant.
25	12	51	Com. des 31. Infanterie-Regts.
23	3	52	Oberst.
26	10	54	Com. des Kaiser Alexander-Garde-Gren.-Regts.
14	8	56	Com. der 9. Infanterie-Brigade.
15	10	56	General-Major.
3	6	58	Com. der 3. Garde-Infanterie-Brigade.
14	6	59	Com. der Preussischen Besatzung von Mainz.
1	7	60	zum General-Lieutenant bef. und zum Inspecteur der Besatzung von Mainz und Rastatt ernannt.
17	10	64	Gouverneur von Magdeburg.
		66	Während des Feldzuges bis 17. Sept. Militär-Gouverneur der Provinz Sachsen.
20	9	66	Charakter als General der Infanterie.

Adolph
Fürst zu Schaumburg-Lippe.
à la suite der Armee.

Tag.	Mon.	Jahr.	
1?	8	1817	geboren.
19	4	42	als **Premier-Lieut.** aggr. dem 8. Hus.-Regt. angest.
12	9	42	Charakter als **Rittmeister**.
25	6	44	Unter Entbindung vom Dienste beim 8. Hus.-Regt. u. unter Beilegung des Charakters als **Major**, mit der Uniform des Regts. zu den Offizieren à la suite der Armee versetzt.
13	7	54	Charakter als **Oberst-Lieutenant**.
1	8	55	**Oberst**.
22	11	58	Charakter als **General-Major**.
8	12	60	**General-Lieutenant**.
22	9	66	Charakter als **General der Cavallerie**.

Bernhard
Prinz zu Solms-Braunfels.
à la suite der Armee.

✠ ✠ (RZL1) (BgM) (BStMV1) (BrHL1) (CHL) (HG1) (HWK) (OL1) (RANinBr u. s. w.) (SA1) (HSFH1) (WK1)

Tag	Mon.	Jahr	
9	4	1800	geboren.
26	7	21	als **Seconde-Lieutenant** dem Regt. der Gardes du Corps aggr.
?	6	27	als **Rittmeister** ausgeschieden.
?	4	32	zum **Major** und Führer des 2. Aufgebots 1. Bats. 29. Landwehr-Regts. ernannt.
?	12	38	Abschied bewilligt als **Oberst**.
26	1	67	Mit dem Charakter als **General der Cavallerie**, à la suite der Armee wieder angestellt. (Zuletzt General der Cav. in der Hannoverschen Armee.)

Friedrich Adrian **Herwarth von Bittenfeld**.
Gouverneur von Königsberg.

			⚔1 ✠ ✠ (BL1) (HG2b) (LEK1) (RA2) (RSt1) (GSF2a)
Tag.	Mon.	Jahr.	
13	4	1800	geboren.
22	4	19	Als Füsilier in das 2. Garde-Regt. z. F. eingetr.
28	8	19	Portepee-Fähnrich.
20	10	19	Seconde-Lieutenant.
		23/25	com. zur Allg. Kriegsschule.
		28/31	Bataillons-Adjutant.
		31/32	Regiments-Adjutant.
8	4	1832	com. als Adjutant zur 2. Garde-Infanterie-Brigade.
16	4	34	Premier-Lieutenant.
		37	com. zu den Revüen bei St. Petersburg u. Kowno.
18	4	40	Als Adjutant von der 2. Garde-Infanterie-Brigade zum Com. der Garde-Infanterie versetzt.
11	1	42	Hauptmann und Compagnie-Chef.
8	11	42	In die Adjutantur versetzt mit Patent v. 26. März 1841 und com. zum Com. der Garde-Infanterie
27	3	47	Major und zum Com. des 3. Bats. (Naumburg, 32. Landwehr-Regts. ernannt.
13	5	48	com. in das Kriegsministerium u. mit Wahrnehm. der Stellung als Vorsteher der Armee-Abth. des Allg. Kriegs-Departements beauftragt.
9	10	48	Unter Bestätigung in dieser Stellung, in d. Kriegs Ministerium versetzt.
25	6	51	zum Vorstande des Ministerial-Büreau, der jetzigen Central-Abtheilung, ernannt.
22	3	53	Oberst-Lieutenant.
5	10	54	Oberst.
10	5	55	Com. des 2. Garde-Regts. z. F.
14	6	55	Militär-Direkt.-Mitgl. bei der Central-Turnanstalt.
12	11	57	Com. der 14. Infanterie-Brigade.
22	5	58	General-Major.
14	6	59	Com. der 3. Garde-Infanterie-Brigade.
18	10	61	General-Lieutenant u. zu den Offizieren von der Armee versetzt.

Tag	Mon.	Jahr	
3	4	1862	zum Com. der 4. Division ernannt.
		66	Feldzug 1866. Com. der 4. Infanterie-Division. (Königgrätz.) Rother Adler-Orden 1. Kl. mit Schwertern.
17	9	66	Von dem Commando der 4. Division entbunden und zu den Offizieren von der Armee versetzt.
9	4	67	Gouverneur von Königsberg.
22	3	68	Charakter als General der Infanterie.

Christian Ludwig Friedrich von Borcke.
Commandant von Danzig.

✠2 m. St. ✠4 ✳ (HSEH2b)

Tag.	Mon.	Jahr.	
9	11	1804	geboren.
	10	22	Als Portepee-Fähnrich aus dem Cadetten--Corps zum 2. Infanterie-Regt.
18	5	23	Seconde-Lieutenant.
		29/32	com. zur Allg. Kriegsschule.
		33/35	Adjutant des General-Commando d. II. Armee-C.
		35/38	com. zum topographischen Büreau.
17	8	1837	Premier-Lieutenant.
17	4	38	com. zum Generalstabe.
30	3	40	zum **Hauptmann** befördert und in den grossen Generalstab versetzt.
10	1	40	zum Generalstabe des VII. Armee-Corps versetzt.
7	11	44	**Major** u. zum Generalstabe d. III. Armee-C. vers.
21	3	48	In das 2. Infanterie-Regt. versetzt.
		48	Feldzug in Schleswig. Com. des 2. Bats. (Schleswig, Düppel.) Rother Adler-Orden 4. Kl. mit Schwertern.
	9	48	Nach dem Feldzuge Com. des Füsilier-Bats.
23	3	52	Oberst-Lieutenant.
22	3	53	**Oberst** und Com. des 18. Infanterie-Regts.
4	4	57	Com. der 1. Infanterie-Brigade.
15	10	57	General-Major.
8	6	61	zum Commandant von Danzig ernannt.
18	10	61	Charakter als General-Lieutenant erhalten.
29	1	63	Patent als **General-Lieutenant**.
22	3	68	Charakter als **General der Infanterie**.

General-Lieutenants.

Carl II.
Herzog von Parma, K. H.
à la suite der Armee.

Tag.	Mon.	Jahr.	
23	12	1799	geboren.
25	3	1833	General-Major à la suite der Armee.
30	3	44	General-Lieutenant.

Friedrich Wilhelm Georg Adolph
Prinz von Hessen-Cassel, H.
Chef des Thüringischen Ulanen-Regts. Nr. 6.

 (AAB1) (DE) (DD4) (CHL) (CHW4) (GHL1) (NgL) (ÖSt1) (RAd u. s. w.) (GSF1)

Tag.	Mon.	Jahr.	
26	11	1820	geboren.
18	10	61	zum Chef des Thüringischen Ulanen-Regts. Nr. 6 ernannt, mit Anciennetät vom 2. Juli 1860 als **General-Lieutenant**.

Eugen Wilhelm Alexander Erdmann
Herzog von Württemberg, K. H.
<small>à la suite der Armee.</small>

✠1 (WK1)

Tag	Mon.	Jahr	
25	12	1820	geboren.
6	12	42	Als **Rittmeister** aggr. dem 8. Hus.-Regt. angest.
27	3	47	**Major.**
13	1	53	zum Com. des 8. Husaren-Regts. ernannt.
22	3	53	**Oberst-Lieutenant.**
12	7	55	**Oberst.**
30	10	56	zum Führer der 11. Cavallerie-Brigade ernannt.
19	2	57	zum Com. dieser Brigade ernannt.
20	11	57	Von diesem Commando entbunden und mit dem Charakter als General-Major zu den Offizieren à la suite der Armee versetzt.
22	11	58	Patent als **General-Major.**
9	6	59	In Gnaden der Abschied ertheilt.
15	11	61	Wieder angestellt bei den Offizieren à la suite der Armee.
29	1	63	**General-Lieutenant.**

Herrmann von Holleben.

Präses der Ober-Militär-Examinations-Commission und Mitglied der
Ober-Militär-Studien-Commission.

✠2 m. St. ✠ (RSt'i) (HSEH2a) (SEK1)

Tag	Mon	Jahr	
1	3	1804	geboren.
9	1	21	Als **Seconde-Lieutenant** zum 21. Infanterie-Regt. aus dem Cadetten-Corps.
		21/23	Lehrer an der Divisionsschule zu Stargard.
		1823	com. zur Allg. Kriegsschule.
		24/26	Lehrer an der Divisionsschule.
		26/40	com. als Lehrer zum Cadetten-Corps, seit 1837 erster Lehrer der Kriegswissenschaften.
20	5	1836	**Premier-Lieutenant.**
		37/47	Lehrer bei der Artillerie- und Ingenieurschule und der Allg. Kriegsschule.
30	3	1840	zum **Capitain** bef. u. als aggr. zum Cad.-Corps vers.
28	12	44	Als Mitglied zu der Mil.-Studien-Commission com.
16	4	47	zur Dienstleistung als Adjutant bei der Gen.-Insp. des Milit.-Erziehungs- und Bildungswesens com.
31	5	47	Unter Belass. in seinem Adjutanten-Verhältniss etc. zum **Major** befördert und der Adjutantur aggr.
14	4	49	In die Adjutantur einr. unter Belass. in seinen Stell., mit Ausnahme als Lehrer beim Cad.-Corps.
22	3	53	**Oberst-Lieutenant.**
18	9	56	Mit dem Range als Regts.-Com. zum Direktor der Ober-Militär-Examinations-Commission ern.
15	10	56	**Oberst.**
31	5	59	**General-Major.**
		60	Mitglied der Ober-Militär-Studien-Commission.
		60	Mitglied der Studien-Commission für Kriegs- und Divisionsschulen.
17	3	63	Charakter als General-Lieutenant.
25	6	64	Patent als **General-Lieutenant** und zum Präses der Ober-Militär-Examinations-Commission ern.
		66	Während d. Feldzuges zugleich Com. d. Cad.-Corps.
15	9	66	Unter Entbindung von diesem Commando in das frühere Dienstverhältniss zurückgetreten.

Franz August von Etzel.

Direktor der Kriegs-Akademie und Mitglied der Ober-Militär-Studien-Commission.

2s² m. St. (BStMV1) (DD1) (GE1) (HG2b) (SLVM) (OV2a) (RA1 u. s. w.) (HSEH3a)

Tag.	Mon.	Jahr.	
16	10	1808	geboren.
3	11	24	Bei dem Garde-Schützen-Bat. als Avantageur eing.
14	10	26	Seconde-Lieutenant.
		31/34	com. zur Allg. Kriegsschule.
		35/36	Examinator bei der Examinations-Commission für Portepee-Fähnriche der 2. Garde-Division.
		36/37	Lehrer bei der vereinigten Corps-Schule der Garde.
		37/40	com. zum topographischen Bureau.
7	4	1841	com. zur Dienstleistung beim grossen Generalstabe.
14	4	41	Premier-Lieutenant.
		41	com. zur Dienstleistung bei dem Gen.-Commando des VI. Armee-Corps.
12	4	42	Als Hauptmann in den grossen Generalstab vers.
		42	com. zur Dienstleistung bei dem Gen.-Commando des VII. Armee-Corps.
4	4	44	com. zum Generalstabe des II. Armee-Corps.
		45	46. 50. 52. Militärische Reisen nach Russland, Schweden, Dänemark, Oesterreich, Piemont und Parma.
16	6	48	Major im grossen Generalstabe.
	10	48	bis März 1849 Telegraphen-Direktor.
22	3	49	com. als Chef des Stabes zum General v. Hirschfeld, Com. der mobilen Division in Schleswig.
		49	Feldzug in Schleswig. (Alminde, Viuf, Veile, Aarhus, 31. Mai und 21. Juni.) Schwerter zum rothen Adler-Orden 4. Kl.
7	7	49	Von diesem Com. zum gr. Generalstabe zurückgetr.
	9	49	Mit einer milit.-diplom. Send. n. Kopenhagen com.
		50/51	Lehrer der Taktik an der Allg. Kriegsschule.
		1852	Mit Wahrnehmung der Geschäfte als Abtheilungs-Chef im grossen Generalstabe beauftragt.

Tag	Mon.	Jahr	
		1852	com. zur Dienstleistung bei dem Gen.-Commando des I. Armee-Corps.
22	3	53	**Oberst-Lieutenant.**
1	11	53	zum Abtheilungs-Chef im gr. Generalstabe ern.
10	11	53	Als Chef des Generalstabes zum II. Armee-Corps.
15	10	56	**Oberst.**
9	7	57	Com. des 15. Infanterie-Regts.
19	5	59	zum Führer der 32 Infanterie-Brigade ernannt.
31	5	59	zum **General-Major** befördert und zum Com. dieser Brigade ernannt.
31	1	60	Com. der 29. Infanterie-Brigade.
29	1	63	Wiederum zum Com. der 32. Infanterie-Brigade ernannt und dabei mit dem Commando der preuss. Truppen in Frankfurt a. M. beauftragt.
19	12	63	zur Führung der Geschäfte der 16. Division nach Trier com.
9	1	64	zum Com. dieser Division ernannt.
25	6	64	**General-Lieutenant.**
2	6	66	Com. der 16. Infanterie-Division.
		66	Feldzug 1866. (Münchengrätz — Königgrätz.) Stern zum rothen Adler-Orden 2. Kl. mit Schwertern und mit Schwertern am Ringe.
17	9	66	Bei der Demobilmachung wieder Com. der 16. Div.
30	10	66	zum Direktor der Kriegsakademie ernannt.

Ferdinand von Prondzynski.

Gouverneur von Coblenz und Ehrenbreitstein.

✠ 2 m. St. ✤ ✠ (IIEK3) (LEK2)

Tag	Mon.	Jahr	
26	11	1804	geboren.
28	7	21	Als Seconde-Lieutenant zum 19. Infanterie-Regt. aus dem Cadetten-Corps.
		23/24	Lehrer bei der 10. Divisionsschule.
		24/27	com. zur Allg. Kriegsschule.
		27/29	Bataillons-Adjutant.
		1829	com. als Lehrer bei der Divisionsschule.
26	10	33	Als aggr. zum 15. Infanterie-Regt. versetzt.
		37/40	com. zum topographischen Bureau.
30	3	1838	Premier-Lieutenant.
30	3	39	In das 17. Infanterie-Regt. versetzt.
	10	41	Lehrer bei der 14. Divisionsschule zu Düsseldorf.
19	2	42	com. als Adjutant zur 6. Landwehr-Brigade.
30	3	44	zum Hauptmann bef., unter Versetzung als aggr. zum 20. Inf.-Regt., unter Verbleib als Adjutant.
		43/47	Lehrer bei der vereinigten Art.- u. Ingenieurschule.
		46/47	Desgl. bei der Allg. Kriegsschule; beide Lehrer-Verhältnisse neben dem Adjutanten-Dienst.
27	3	1847	Als Compagniechef in das 7. Infanterie-Regt. vers.
		48	Theilnahme an den kriegerischen Ereignissen im Grossherzogthum Posen. 27. April Gefecht bei Xions.
9	11	48	zum Major befördert und zum Com. des 1. Bats. (Jauer) 7. Landwehr-Regts. ernannt.
13	7	54	Oberst-Lieutenant.
10	5	55	In das 23. Infanterie-Regt. versetzt.
15	2	57	Zu der Commission in das Kriegs-Ministerium com., welche die im Jahre 1858 publicirte Militär-Ersatz-Instruction entworfen hat.
15	6	57	zum Com. des 21. Infanterie-Regts. ernannt.
22	5	58	Oberst.
23	8	60	Com. der 9. Infanterie-Brigade.
18	10	61	General-Major.

Tag.	Mon.	Jahr.	
29	1	1863	zum Commandant von Luxemburg und Führer der Brigade dieser Bundesfestung ernannt.
25	6	64	zum General-Lieutenant befördert und zum Com. der 12. Division ernannt.
		66	Feldzug 1866. Com. der 12. Infanterie-Division. (Königgrätz.) Orden pour le mérite.
17	9	66	Bei Demobilmachung wieder das Commando der 12. Division übernommen.
18	5	67	zum Gouverneur von Coblenz und Ehrenbreitstein ernannt.

Philipp Freiherr von Canstein.

Commandeur der 15. Division.

	2 m. St.		(CHW2b) (MMV) (ÖL2.KD) (RA2)

Tag.	Mon.	Jahr.	
4	2	1804	geboren.
1	8	19	Eingetreten beim 2. Inf.-Regt. (1. Pommerschen).
26	11	21	Seconde-Lieutenant.
	1	26	com. als Lehrer bei der Divisionsschule.
	11	26	com. in das Cadetten-Corps.
20	11	27	In das Cadetten-Corps versetzt.
12	4	34	Premier-Lieutenant.
8	4	40	Hauptmann und Compagniechef.
14	10	48	In das 12. Infanterie-Regt. versetzt.
16	1	49	zum Major bef. und in das 23. Inf.-Regt. versetzt.
10	4	49	Ausserdem Direktor d. Divisionsschule u. Präses d. Exam.-Commiss. für Portepee-Fähnr. d. 12. Div.
13	7	54	Oberst-Lieutenant.
29	1	57	zum Com. d. 1. Bats. (Glatz) 11. Ldw-Regts. ern.
29	10	57	Com. des 11. Infanterie-Regts.
22	5	58	Oberst.
22	6	61	Com. der 11. Infanterie-Brigade.
18	10	61	General-Major.
13	12	63	Com. des Preussischen Reserve-Corps für die Exekutions-Truppen in Holstein.
		64	Feldzug 1864. (Missunde, Wielhoi, Frydendal, Düppel-Sturm, Alsen.) Orden pour le mérite, Schwerter zum rothen Adler-Orden 2. Kl. mit Eichenlaub, k.k. Oesterr. Leopolds-Orden, Commandeur-Kreuz, Mecklenburg-Schwerinsches Militär-Verdienst-Kreuz.
25	6	64	General-Lieutenant u. zum Com. der 10. Div. ern.
21	11	64	Als Com. zur comb. Div. in den Elbherzogth. vers.
4	1	66	Com. der 15. Division.
		66	Feldzug 1866. Com. d. 15. Inf.-Div. (Münchengrätz, Königgrätz.) Orden pour le mérite m. Eichenlaub.
17	9	66	Bei der Demobilmachung das Commando der 15. Division wieder übernommen.

Werner von Alvensleben.
Commandant von Posen.

✠ 2 m. St. (BZL1) (RSt2)

Tag.	Mon.	Jahr.	
7	2	1802	geboren.
4	4	19	Als Seconde-Lieutenant aus dem Cadetten-Corps. zum 27. Infanterie-Regt.
10	4	19	zum 2. Garde-Regt. z. F. versetzt.
		24	com. zur Allg. Kriegsschule.
13	7	32	Als Premier-Lieutenant zum Garde-Schützen-Bat.
		38/41	com. in Neuchatel auf Werbung.
14	4	1841	zum Capitain und Compagniechef ernannt.
31	3	46	In das 9. Infanterie-Regt. versetzt.
9	5	48	zum Major befördert und als Com. zum 3. Bat. (Schivelbein) 9. Landwehr-Regts. versetzt.
14	3	50	In das Kaiser Alexander-Garde-Gren.-Regt. vers.
22	3	53	Oberst-Lieutenant.
12	6	56	In den Ruhestand versetzt mit dem Charakter als Oberst.
14	9	57	Wieder angestellt als Commandant v. Wittenberg.
3	5	60	Unter Verleihung des Patents als Oberst, zum Commandant von Wesel ernannt.
12	9	61	Als Commandant nach Posen versetzt.
18	10	61	General-Major mit Patent vom 22. Mai 1858.
18	6	65	General-Lieutenant.

Eduard Friedrich **von Fransecky**.

Com. der 7. Division u. à la suite des 1. Magdeb. Infanterie-Regts. Nr. 26.

✠2 m. St. ✠4 ✠ ✠ (AAB1) (BZL2a) (BrHL3) (HG4) (SLVM) (MMV) (OL3) (OV1 m. Schw.) (RA2) (RSt2)

Tag	Mon.	Jahr	
16	11	1807	geboren.
8	4	25	Als **Seconde-Lieutenant** aus dem Cadetten-Corps zum 16. Infanterie-Regt.
		28/33	Bataillons- und Regiments-Adjutant.
30	3	1833	com. als Adjutant zur 13. Division.
30	1	41	**Premier-Lieutenant.**
1	4	43	com. zur Dienstleistung beim gr. Generalstabe, unter Entbind. von dem Verhältn. als Adjutant.
4	4	44	Als **Hauptmann** in den grossen Generalstab vers.
		45/48	Lehrer an der Allg. Kriegsschule.
22	4	1848	Feldzug gegen Dänemark. Com. zum Stabe des Ober-Commando der Bundes-Armee. Rother Adler-Orden 4. Kl. Mecklenb. Militär-Verdienst-Kreuz. Hannov. Guelphen-Orden 4. Kl.
16	9	48	com. zum Stabe d. Ober-Commando in den Marken.
10	4	49	**Major.**
15	11	49	Von der Dienstleistung beim Oberkommando in den Marken zum gr. Generalstabe zurückgetr. Dirigent der historischen Abtheilung.
2	11	52	Dabei Mitglied der Studien-Commission für Divisionsschulen.
13	7	54	**Oberst-Lieutenant.**
5	6	55	com. zur Wahrnehmung der Geschäfte als Chef des Generalstabes des III. Armee-Corps.
18	7	55	zum Chef des Generalstabes dieses Armee-Corps ernannt.
25	6	56	Unter Entbind. von der Stellung bei der Studien-Commission für Divisionsschulen, zum Mitgliede der Studien-Commission der Allg. Kriegsschule ernannt.
10	12	57	Als Com. zum 31. Infanterie-Regt. versetzt.
22	5	58	**Oberst.**

Tag	Mon	Jahr	
15	6	1858	Gleichzeitig Director der vereinigten Divisionsschule des IV. Armee-Corps.
10	1	60	Auf 3 Monate in das Kriegs-Ministerium com.
8	3	60	Abschied bewilligt mit Charakter als General-Major, behufs Uebertritts in Grossherzogl. Oldenburgische Dienste.
21	11	64	Wieder angestellt als **General-Major** mit Patent vom 18. Oktober 1861. Com. der 7. Division.
18	6	65	**General-Lieutenant.**
		66	Feldzug 1866. Com. der 7. Infanterie-Division. (Münchengrätz, Königgrätz, Blumenau.) Orden pour le mérite und rother Adler-Orden 2. Kl. mit Schwertern. Grosskreuz des Grossherzogl. Oldenburg. Haus- und Verdienst-Ordens mit Schwertern.
20	9	66	gestattet, die Uniform des 1. Magdeburgischen Infanterie-Regts Nr. 26 zu tragen, unter Stellung à la suite bei diesem Regiment.

Leopold Herrmann von Boyen.

General-Adjutant Sr. Majestät des Königs und Com. der 21. Division.

✠2 m. St. ✠3 sw ✠2 ✠ ✠ (AAB2a) (BV3) (BZl.2b)
(BL2b) (BrHL2a) (FEl.3) (HG3) (ÖL2) (ÖEK1) (RW3)
(RA1 u. s. w.) (RA2mBr) (GSF2a) (HSEΠ1) (SS2m.St.)
(NO2 m. St.) (TM1) (PC1)

Tag	Mon	Jahr	
6	10	1811	geboren.
29	7	29	Als Seconde-Lieutenant zum 2. Garde-Regt. z. F. aus dem Cadetten-Corps.
9	5	34	com. zur Dienstleistung als Adjutant beim General-Commando des V. Armee-Corps.
7	4	42	com. zur Dienstleistung beim gr. Generalstabe.
1	4	43	Als Premier-Lieutenant in den Generalstab vers.
4	4	44	Hauptmann.
10	6	48	com. zur Dienstleistung bei Sr. K. H. dem Prinzen von Preussen.
18	1	49	zum persönlichen Adjutanten Sr. K. H., unter Aggregirung beim Generalstabe, ernannt.
20	11	49	zum Major befördert, und unter Belassung bei Sr. K. H., zur Adjutantur versetzt.
12	7	55	Oberst-Lieutenant.
22	1	58	Unter Belass. als Adjutant, als à la suite zum 2 Bat. (Stettin) 1. Garde-Landw.-Regts. vers.
22	11	58	Oberst.
18	12	58	Neben dieser Stellung Mitglied der General-Ordens-Commission.
7	1	61	zum Flügel-Adjutant Sr. Maj. des Königs ernannt.
18	10	61	zum General-Major befördert, unter Ernennung zum General à la suite Sr. Maj. des Königs.
29	1	63	Com. der 4. Garde-Infanterie-Brigade, unter Belassung als General à la suite.
12	8	63	Von diesem Commando zum Dienst bei Sr. Maj. dem Könige zurückgetreten.
18	6	65	General-Lieutenant.
		66	Feldzug 1866. Im grossen Hauptquartier Sr. Maj. des Königs. (Königgrätz.) Rother Adler-Orden

7*

Tag	Mon	Jahr	
			3. Kl. mit Schwertern, und Comthurkreuz des Hausordens von Hohenzollern mit Schwertern.
20	9	1866	zum General-Adjutant Sr. Maj. des Königs ernannt.
30	10	66	zum Com. der 21. Division ernannt, unter Belassung als General-Adjutant.
4	12	66	Von der Stellung als Mitglied der General-Ordens-Commission entbunden.

Georg Albano **von Jacobi**.

General-Lieutenant und Inspecteur der 3. Artillerie-Inspection.

2s² m. St. ✠ (BZL3a) (BStMV2b)

Mon.	Jahr.	
9 4	1805	geboren.
21 8	22	Bei der 8. Artillerie-Brigade eingetreten.
13 12	26	Portepee-Fähnrich.
5 6	26	In die Garde-Artillerie-Brigade versetzt.
13 3	27	Seconde-Lieutenant.
10	34	bis Juni 1841 zur Res.-Fest.-Art. nach Mainz com.
20 4	39	Premier-Lieutenant und in die 7. Artillerie-Brigade versetzt. (Patent vom 9. Mai 1839.)
6	41	Als Adjutant zur 4. Artillerie-Inspection com.
4 7	43	In die Adjutantur versetzt.
28 12	44	Hauptmann.
	49	Feldzug in der Pfalz und Baden. (Gefecht bei Ubstadt, Durlach, Bischweier, Kuppenheim. Belagerung von Rastatt.)
20 9	49	Schwerter zum rothen Adler-Orden 4. Kl.
7 5	50	Major.
29 10	50	Als Abtheilungs-Com. in die 2. Art.-Brigade vers.
26 10	50	bis 30. November 1850 zur Dienstleistung bei der 8. Artillerie-Brigade com.
30 11	50	bis 4. Februar 1851 zur Dienstleistung bei der 7. Artillerie-Brigade com.
27 5	52	In das 8. Artillerie-Regt. versetzt.
12 7	55	Oberst-Lieutenant.
20 4	57	zum Com. des 7. Artillerie-Regts. ernannt.
9	58	zur Inspicirung des bayr. Bundes-Contingents com.
22 11	58	Oberst.
1 10	60	zum Train-Inspecteur ernannt.
18 10	61	General-Major, unter Erhebung in den Adelstand.
9 1	64	Inspecteur der 3. Artillerie-Inspection.
18 6	65	General-Lieutenant.
	66	Feldzug gegen Oesterreich. Com. der Artillerie der II. Armee. (Nachod, Königgrätz.) Rother Adler-Orden 2. Kl. mit dem Stern, Eichenlaub u. Schwertern u. mit Schwertern am Ringe.

August von Goeben.

Com. der 13. Division u. à la suite des 6. Westphäl. Infanterie-Regts. Nr. 55.

🕂2s²m.St. 🕂2 ⚜ 🕂 (BV3) (SLVM) (MMV) (ÖL2.KD)
(OV1 m. Schw.) (RSt2) (HSEH2a) (SC2a) (SF1) (SJ3) (SEK)

Tag.	Mon.	Jahr.	
10	12	1816	geboren.
3	11	33	Diensteintritt beim 24. Infanterie-Regt.
15	2	35	Seconde-Lieutenant.
7	3	36	Der Abschied bewilligt.
		36/40	Erbfolge-Krieg in Spanien.
		1836	Seconde-Lieutenant in der Karlistischen Armee. Gefecht bei Fuenterrabia; verwundet und kriegsgefangen.
		37	Premier-Lieutenant der Infanterie. Gefechte bei Peralta, Zembrano, Segovia, Navreda, Lerma, Velladolid, Aranda. Bei Zembrano und Velladolid verwundet.
		38	Capitain der Infanterie. Expedition nach Castilien, Gefecht b. Sotoca, schwer verw. u. kriegsgefangen.
		39	Capitain im Genie-Corps, Major der Infanterie. Gefechte bei Chulilla und Carboneras. Winter-Feldzug in Valencia und Aragonien.
		40	Oberst-Lieutenant der Infanterie. Guerrilla-Krieg in Aragonien und Castilien. Bei Teruel schwer verwundet. Ritterkreuz d. St. Fernando-Ordens, Ritterkreuz des Isabella-catholica-Ordens.
26	2	42	Wieder angest. in der Preuss. Armee als Seconde-Lieutenant aggr. dem 8. (Leib-) Inf.-Regt. und com. zur Dienstleistung beim Generalstabe.
1	4	43	In den Generalstab versetzt.
4	4	44	Premier-Lieutenant.
3	4	45	Hauptmann.
27	3	48	zum Generalstabe des IV. Armee-Corps versetzt
10	5	49	com. zum Generalstabe d. Oper.-Div. in Westphalen.
15	6	49	com. zum Obercommando d. Oper.-Armee in Baden.
		49	Feldzug in der Rheinpfalz u. in Baden. (Ludwigshafen, Waghäusel, Ubstadt, Bruchsal, Durlach

Tag.	Mon.	Jahr.	
			Kuppenheim, Rastatt.) Rother Adler-Orden 4. Kl. mit Schwertern. Ritterkreuz des Grossh. Bad. Carl Friedrich-Militär-Verdienst-Ordens.
2	10	1849	In dem Commando beim Militär-Gouvernement der Rheinprovinz und Westphalen belassen.
29	11	49	Als aggr. zum 16. Infanterie-Regt. versetzt.
25	4	50	Einrangirt als Compagniechef.
12	11	50	Als Major in d. gr. Generalstab (Pat. v. 30. Mai 1850).
25	1	51	com. zu Sr. K. H. dem Prinzen von Preussen, Mil.-Gouverneur d. Rheinprovinz u. Westphalen.
12	7	55	**Oberst-Lieutenant.**
15	10	55	Als Chef zum Generalstabe des IV. Armee-Corps.
8	5	58	Als Chef zum Generalstabe des VIII. Armee-Corps.
22	11	58	**Oberst.**
	1	60	com. zum spanischen Heere nach Marokko.
		60	Feldzug gegen Marokko. (Samsa, Uad-Ras.) — Rother Adler-Orden 2. Kl. mit Schwertern. Com.-Kreuz 1. Kl. des Kgl. Span. Ord. Karl's III.
24	7	61	Den Rang als Brigade-Com. erhalten.
18	10	61	**General-Major.**
29	1	63	zum Com. der 26. Infanterie-Brigade ernannt.
		64	Feldzug gegen Dänemark. Com. der 26. Infanterie-Brigade. (Düppel, Alsen.) Orden pour le mérite, Kronen-Orden 2. Kl. mit Schwertern, Com.-Kreuz des Oesterr. Leopolds-Ordens, Mecklenb.-Schwerinsches Militär-Verdienst-Kreuz.
21	11	64	zum Com. der 10. Division ernannt.
13	5	65	zum Com. der 13. Division ernannt.
18	6	65	**General-Lieutenant.**
		66	Feldzug 1866. Com. der 13. Infanterie-Division u. verschiedener verbündeter Truppen. (Dermbach, Kissingen, Laufach, Aschaffenburg, Werbach, Tauberbischofsheim, Gerchsheim.) Orden pour le mérite mit Eichenlaub, Grosskreuz des Grossh. Oldenburgischen Haus- und Verdienst-Ordens mit Schwertern.
15	9	66	Wieder das Commando der 13. Division übern.
20	9	66	gestattet, d. Uniform d. 6. Westph. Inf.-Regts. Nr. 55 zu tragen, unter Führung à la suite dieses Regts.

Alexander Theodor von Uechtritz.

Inspecteur der 4. Artillerie-Inspection.

✠2 m. St. ✠ (BZL2a.m.St.) (BCV2b) (BrIII.2a) (HG2b) (CHW2b) (GHVP2b) (NA2a) (ÖL2) (ÖEK2) (OV2b) (RSt2 (SA2a) (TM1)

Tag.	Mon.	Jahr.	
10	3	1809	geboren.
26	7	28	Aus dem Cadetten-Corps als Seconde-Lieutenant zur Garde-Artillerie-Brigade.
31	12	37	Adjutant der 3. Artillerie-Inspection.
10	9	40	**Premier-Lieutenant.**
17	3	42	In die Adjutantur versetzt und zum 1. Adjutanten der 3. Artillerie-Inspection ernannt.
28	12	44	**Hauptmann.**
18	12	47	zum Adjut. der Gen.-Inspection der Art. ernannt.
10	10	50	**Major.**
27	6	54	In das 6. Artillerie-Regt. versetzt und zum Com. der 2. Fuss-Abtheilung ernannt.
15	10	56	**Oberst-Lieutenant.**
30	4	57	zum Com. des Garde-Artillerie-Regts. ernannt.
2	7	57	zum Mitglied der Prüfungs-Commission für Artillerie-Premier-Lieutenants ernannt.
31	5	59	**Oberst.**
18	10	61	Unter Stellung à la suite der Garde-Art.-Brigade, zum Commandant d. Bundesfestung Rastatt ern.
17	3	63	**General-Major.**
5	4	64	zum Inspecteur d. 4. Artillerie-Inspection ernannt.
24	5	66	Beauftragt, die Geschäfte des 1. Commandanten von Coblenz und Ehrenbreitstein einstweilen mit zu übernehmen.
8	6	66	**General-Lieutenant.**
15	6	66	Von der gedachten Geschäftsführung entbunden.
7	7	66	Mit der Vertretung des General-Inspecteurs der Artillerie für die Dauer der Abwesenheit desselben im grossen Hauptquartier ausserhalb Berlins beauftragt.

Hugo Ewald von Kirchbach.

Commandeur der 10. Division.

2 m. St. 3 (MMV) (GSF3a)

Tag	Mon	Jahr	
23	5	1809	geboren.
5	4	26	Aus dem Cadetten-Corps als Portepee-Fähnrich zum 26. Infanterie-Regt.
30	3	27	Seconde-Lieutenant mit Patent v. 29. März 1827.
1	10	31	bis 1. Juli 1834 com. zur Allg. Kriegsschule.
1	1	35	bis 1. Mai 1838 Bataillons-Adjutant.
1	6	38	bis 1. April 1841 com. zur topographischen Abtheilung des Generalstabes..
20	6	40	**Premier-Lieutenant.**
5	3	41	bis 22. März 1845 com. als Adj. zur 7. Division.
22	3	45	Als **Hauptmann** in die Adjutantur versetzt und zur 8. Division als Adjutant übergetreten.
28	12	50	**Major.**
21	6	51	Als Adjutant zum General-Commando des Garde-Corps versetzt.
30	9	51	In den Generalstab versetzt, unter Verbleib beim Garde-Corps.
1	9	55	bis 1. Juni 1858 Lehrer an der Allg. Kriegsschule.
15	10	56	**Oberst-Lieutenant.**
30	12	56	Als Abtheilungs-Chef in den gr. Generalstab vers.
10	12	57	Als Chef zum Generalstabe des Garde-Corps com.
8	4	58	Zugleich Mitglied der Studien-Commission der Allg. Kriegsschule.
3	6	58	Als Chef zum Generalstabe des III. Armee-C. com.
31	5	59	**Oberst.**
13	10	59	zum Com. des 36. Infanterie-Regts. ernannt.
18	10	59	Von der Stellung als Mitglied der Studien-Commission entbunden.
8	5	60	zum neuformirten 26. comb. Infanterie-Regt., dem heutigen Infanterie-Regt. Nr. 66, als Führer com.
1	6	60	zum Com. dieses Regts. ernannt.
26	1	63	zum Com. der 19. Infanterie-Brigade ernannt.
17	3	63	**General-Major.**

Tag.	Mon.	Jahr.	
6	4	1864	com. als Militär-Distrikts-Commandant an der Preussischen Grenze.
14	7	64	com. als Führer der mob. 21. Infanterie-Brigade.
13	8	64	Von diesem Commando entbunden.
13	5	65	zum Führer der 10. Division ernannt.
4	1	66	zum Com. dieser Division ernannt.
8	6	66	**General-Lieutenant.**
		66	Feldzug 1866. Com. der 10. Infanterie-Division. (Nachod, Skalitz, Schweinschädel, Königgrätz.) Orden pour le mérite. Mecklenburg. Militär-Verdienst-Krenz.
17	9	66	Bei der Demobilmachung wieder das Commando der 10. Division übernommen.

August von Werder.
Commandeur der 3. Division.

🎖2 m. St. ✠ ✠ ✠ (MMV) (NA2a) (ÖL2) (RW4 m. Schw.) (RSt1) (SEK1)

Tag.	Mon.	Jahr.	
12	9	1808	geboren.
14	6	25	Eingetreten in das Regt. der Gardes du Corps.
14	3	26	Als Seconde-Lieutenant zum 1. Garde-Regt. z. F.
		33/36	com. zur Allg. Kriegsschule.
		38/39	com. zur 8. Pionier-Abtheilung.
		39/40	com. als Lehrer am Cadetten-Corps.
		40/41	com. zum topographischen Bureau.
23	4	1842	**Premier-Lieutenant.**
		42/43	Feldzug im Kaukasus. Bei Gelegenh. ein. Festungsbaues am Kefar verwundet. St. Johanniter-Ord., Russ. St. Wladimir-Orden 4. Kl. m. der Schleife.
17	3	1846	Als **Hauptmann** in den gr. Generalstab versetzt.
26	3	46	zum Generalstabe des I. Armee-Corps versetzt.
24	8	48	zum 1. Infanterie-Regt. versetzt.
11	3	51	Als **Major** zum 33. Infanterie-Regt. versetzt.
1	10	53	zum Com. des Ldw.-Bats. (Gräfrath) 40. Inf.-R. ern.
16	2	56	Als Com. zum 4. Jäger-Bat. versetzt.
15	10	56	**Oberst-Lieutenant.**
12	9	57	zum 2. Garde-R. z. F. vers., als Com. d. Füs.-Bats.,
22	5	58	Mit der Führung der Geschäfte der Inspection der Jäger und Schützen, sowie des Commandos des reitenden Feldjäger-Corps beauftragt.
31	5	59	zum **Oberst** u. Inspecteur d Jäger u. Schützen bef.
17	9	59	Dabei Dir.-Mitgl. d. Mil.-Centr.-Turnanst. in Berlin.
29	1	63	zum Com. der 8. Infanterie-Brigade ernannt.
17	3	63	**General-Major.**
9	1	64	Als Com. zur 4. Garde-Infanterie-Brigade vers.
9	5	65	Mit der Führung der 3. Division beauftragt.
29	5	66	zum Com. dieser Division ernannt.
8	6	66	**General-Lieutenant.**
		66	Feldzug 1866. Com. der 3. Infanterie-Division. (Gitschin, Königgrätz) Orden pour le mérite.
17	9	66	Bei Demobilmachung wieder Com. der 3. Division.

Julius von Roeder.
Inspecteur der Besatzung von Mainz.

✠2 m. St.   ✠3 ✠ ✠ (MMV) (ŌL2.KD)

Tag	Mon	Jahr	
7	1	1808	geboren.
8	4	25	Als **Seconde-Lieutenant** aus dem Cadetten-Corps zum Kaiser Franz-Garde-Grenadier-Regt.
10	10	29	bis 1. Oktober 1832 com. zur Allg. Kriegsschule.
1	7	36	bis 1. April 1839 com. zum topogr. Bureau.
1	6	39	bis 1. Oktober 1839 com. zur Aufnahme der Umgegend von Berlin.
22	6	39	**Premier-Lieutenant.**
		41	bis 1. April 1846 als Lehrer zum Berliner Cadettenhause, ohne aus dem praktischen Dienste zu scheiden.
12	10	46	**Hauptmann.**
18	3	48	Berlin. (Strassenkampf.)
		48	Feldzug in Schleswig-Holstein. (Bei Schleswig, 25. April, Schusswunde.)
17	7	51	**Major.**
11	12	55	Als 2. Com. zum 1. Bat. (Berlin) 2. Garde-Landwehr-Regts. versetzt.
15	10	56	**Oberst-Lieutenant.**
22	5	58	Als Com. zum 5. Jäger-Bat. versetzt.
17	2	59	Mit der Führung des 10. Infanterie-Regts. beauftr.
31	5	59	zum **Oberst** befördert und zum Com. dieses Regts. ernannt
10	3	63	Mit der Führung der 12. Infanterie-Brig. beauftr.
17	3	63	zum **General-Major** befördert und zum Com. dieser Brigade ernannt.
		64	Feldzug in Schleswig. (Büffelkoppel, Rackebüll und Stenderuper Holz, Oster-Düppel und Rackebüll, Belagerung der Düppeler Schanzen, Sturm auf die Düppeler Schanzen in der Reserve, Eroberung der Insel Alsen.) Orden pour le mérite, rother Adler-Orden 2. Kl. mit Eichenlaub und Schwertern, Commandeur-Kreuz des

Tag	Mon.	Jahr.	
			Oesterr. Leopold-Ordens mit der Kriegs-Dekoration. Mecklenb. Militär-Verdienst-Kreuz.
4	1	1866	zum Inspecteur der Besatzung der Bundesfestungen Mainz und Rastatt ernannt.
		66	Feldzug 1866. Attachirt dem Mil.-Gouvernement der Rheinprovinz und der Provinz Westphalen. Com. einer Expedition nach Nassau, Commandant von Frankfurt a. M. und Commandirender der Truppen am untern Main.
13	9	66	zum Inspecteur der Besatzung von Mainz ernannt.
20	9	66	**General-Lieutenant.**
31	7	67	Stern zum rothen Adler-Orden 2. Kl. mit Eichenlaub und Schwertern am Ringe.

Otto Rudolph Benno Hann von Weyhern.
Commandeur der 4. Division,

✠2 m. St. ✠2 m. St. ✠ (HG4) (OV2b) (RSt1) (HSEH2a)

Tag	Mon.	Jahr	
23	10	1808	geboren.
10	10	24	Eingetreten im 3. Husaren-Regt.
13	2	27	**Seconde-Lieutenant.**
17	5	39	**Premier-Lieutenant.**
19	5	44	**Rittmeister und Eskadronschef.**
26	8	48	Abschied bewilligt.
		48	Feldzug in Schleswig und Jütland. Düppel und Avantgardengefecht bei Woyns. Colding, Recognoscirungsgefecht bei Gudsö, Gefecht von Gudsö, Einschliessung von Fridericia, Schlacht von Fridericia.
26	8	49	Charakter als Major.
26	3	49	Oberst-Lieutenant und Com. des 1. Drag.-Regts. in der Schleswig-Holsteinschen Armee.
17	7	52	Wieder angest. als Major à la suite d. 2. Drag.-Rgts.
13	1	53	zum Director d. Militär-Reitschule in Schwedt ern.
1	6	56	Com. des 5. Husaren-Regts.
15	10	56	**Oberst-Lieutenant.**
31	5	59	**Oberst.**
14	6	59	Bei der Mobilmachung zum Com. der 10. Cavallerie-Brigade ernannt.
25	7	59	zum Führer dieser Brigade ernannt.
19	11	59	zum Führer der 7. Cavallerie-Brigade ernannt.
12	5	60	Com. dieser Brigade.
17	3	63	**General-Major.**
		66	Feldzug 1866. Com. der 2 Cavallerie-Division des Cavallerie-Corps der I. Armee. (Recognoscirungsgefecht bei Sichrow-Turnau. Münchengrätz, Königgrätz, Saar, Blumenau.) Kronen-Orden 2. Kl. mit Stern und Schwertern.
17	9	66	Unter Entbindung von dem Commando der 2. Cavallerie-Division zum Com. der 4. Division ern.
20	9	66	**General-Lieutenant.**

Julius von Loewenfeld.

Commandeur der 2. Garde-Infanterie-Division.

✠ 2 m. St. ✠ 3 ✠ ✠ (MMV) (RA1 u. s. w.)

Tag	Mon	Jahr	
31	1	1808	geboren.
5	4	26	Als Seconde-Lieutenant aus dem Cadetten-Corps zum Garde-Reserve-Infanterie-Regt.
		28/34	Bataillons-Adjutant.
		34/43	Adjutant beim 1. Bat. 4. Garde-Landwehr-Regts.
14	12	1841	Premier-Lieutenant.
14	12	48	Hauptmann und Compagniechef.
11	5	54	Major.
12	6	55	In das 1. Garde-Regt. z. F. versetzt.
7	4	57	zum Oberst-Lieutenant befördert und zum Flügel-Adjutant Sr. Maj. des Königs ernannt.
12	11	57	Mit der Führung des 2. Infanterie-Regts. beauftr.
22	5	58	Mit der Führung des Garde-Reserve-Infanterie-Regts. beauftragt.
15	4	59	zum Com. dieses Regts., unter Belassung als Flügel-Adjutant, ernannt.
31	5	59	Oberst unter Belassung als Flügel-Adjutant.
7	3	63	zum Führer der 10. Infanterie-Brigade ernannt.
17	3	63	zum General-Major befördert und zum Com. dieser Brigade ernannt.
12	8	63	Als Com. zur 4. Garde-Infanterie-Brigade versetzt.
19	12	63	com. zur Führung der 1. Garde-Infanterie-Brigade.
9	1	64	zum Com. der 1. Garde-Infanterie-Brigade ern.
22	3	64	Dabei zum interim. Commandanten v. Potsdam ern.
		66	Feldzug 1866. Com. der 9. Infanterie-Division. (Nachod, Skalitz, Schweinschädel, Königgrätz.) Orden pour le mérite.
17	9	66	Unter Entbindung von diesem Commando, zum Com. der 2. Garde-Infanterie-Division ernannt.
20	9	66	General-Lieutenant.

Herrmann Alexander Alphons von Bojanowski.
Commandant von Breslau.

✠2 ✠

Tag.	Mon.	Jahr.	
11	9	1805	geboren.
23	2	23	Eingetreten beim 1. Garde-Regt. z. F.
17	5	25	Seconde-Lieutenant.
14	4	41	Premier-Lieutenant.
19	4	46	Hauptmann und Compagniechef.
11	5	52	zum Major befördert und als 2. Com. zum 2. Bat. (Magdeburg) 2. Garde-Landwehr-Regts. com.
12	6	55	In das Garde-Reserve-Infanterie-Regt. versetzt.
9	4	57	Oberst-Lieutenant.
22	5	58	Als 2. Com. zum 1. Bat. (Berlin) 2. Garde-Landwehr-Regts. com.
31	5	59	zum Oberst befördert und zum Com. des 8. (Leib-) Infanterie-Regts. ernannt.
19	5	63	Mit der Führung der 24. Infanterie-Brig. beauftr.
22	9	63	zum General-Major befördert u. zum Com. dieser Brigade ernannt.
3	4	66	zum Commandant von Breslau ernannt.
20	9	66	General-Lieutenant.

Georg Ferdinand von Bentheim.
Commandeur der 1. Division.

✠2 ✠4 ✠12 ✠ (ÖL2.KD) (HSEH2a)

Tag	Mon.	Jahr	
11	1	1807	geboren.
8	4	24	Als Portepeefähnrich aus dem Cadetten-Corps zum Kaiser Alexander-Garde-Grenadier-Regt.
14	11	25	**Seconde-Lieutenant.**
		34/40	com. zur Schul-Abtheilung.
		34/40	Gleichzeitig com. als Examinator bei der 2. resp. 1. Garde-Divisionsschule.
18	4	1840	**Premier-Lieutenant.**
		40/43	com. zum topographischen Bureau.
13	4	1847	**Hauptmann** und Compagniechef.
		48	Feldzug in Schleswig. (Gefecht von Schleswig-Skrydstrup. Ueberfall von Apenrade.) Rother Adler-Orden 4. Kl. mit Schwertern.
		49	Strassenkampf in Dresden.
11	5	52	zum **Major** befördert und als 2. Com. zum 2. Bat. (Coblenz) 4. Garde-Landwehr-Regts. versetzt.
5	6	56	zum Kaiser Alexander-Garde-Gren.-Regts. vers.
9	4	57	**Oberst-Lieutenant.**
28	4	57	In das 1. Garde-Regt. z. F. versetzt.
17	1	58	com. als Com. zum Lehr-Infanterie-Bat.
31	5	59	**Oberst.**
14	6	59	zum Com. des 2 Garde-Regts. z. F. ernannt.
17	12	63	Com. der 27. Infanterie-Brigade.
22	1	64	Com. der mobilen comb. Garde-Gren.-Brigade der comb. Garde-Infanterie-Div. gegen Dänemark.
		64	Feldzug gegen Dänemark. (16. 2. Wegnahme von Kolding, Avantgarden-Reitergefecht, 8. 3. Vorposten-Gefechte bei Hörup, Kro, Havrebellegard, Heise, Kro und Sondorbygaard, 19.—21. 3. Cernirung und Bombardement von Fridericia, 19. 3. bis 17. 4. Belagerung der Düppel-Position, Sturm der Düppeler Schanzen.) Schwerter zum Kronen-Orden 2. Kl. Commandeur-

Tag	Mon.	Jahr	
			Kreuz des Leopold-Ordens mit der Kriegs-Dekoration.
25	6	1864	**General-Major.**
17	12	64	Com. der 1. combinirten Infanterie-Brigade bei den Truppen in den Elbherzogthümern.
		66	Feldzug 1866. Com. der 1. combinirten Landwehr-Infanterie-Division des I. Reserve-Armee-Corps. (Vorposten-Gefecht bei Aussig.) Rother Adler-Orden 2. Kl. mit Schwertern am Ringe.
17	9	66	zum Com. der 1. Division ernannt.
20	9	66	**General-Lieutenant.**

Robert von Frankenberg.

Commandant von Köln.

✠2 m St. ✠3 ✠ (ÖL3)

Tag	Mon.	Jahr	
28	3	1807	geboren zu Danzig.
18	4	24	Aus dem Cadetten-Corps als Portepeefähnrich in das Kaiser Franz-Garde-Gren.-Regt. eingetr.
14	11	25	Seconde-Lieutenant.
18	4	40	Premier-Lieutenant.
		40/44	com. zur combinirten Garde-Divisionsschule.
13	4	1847	Hauptmann und Compagniechef.
		48	Strassenkampf in Berlin.
		48	Feldzug in Schleswig-Holstein. (Schlacht bei Schleswig.)
10	5	52	Major.
	11	55	Com. des Füsilier-Bats. Kaiser Franz-Garde-Grenadier-Regts.
11	12	55	Als 2. Com. zum 2. Bat. (Stettin) 1. Garde-Landwehr-Regts. versetzt.
9	4	57	Oberst-Lieutenant.
31	5	59	zum Oberst befördert und als Com. zum 7. Infanterie-Regt. versetzt.
17	12	63	Commandant von Erfurt.
25	6	64	General-Major.
20	12	64	Commandant von Köln.
20	9	66	General-Lieutenant.

8*

Alexander von Schöler.

Commandeur der 8. Division.

✠2 ✠2 ✤ ✠ (OEK3) (PJ 3a) (RA2)

Tag.	Mon.	Jahr.	
22	3	1807	geboren.
28	4	24	Eingetreten in d. Kaiser Franz-Garde-Gren.-Regt.
22	7	25	**Portepee-Fähnrich.**
16	11	25	**Seconde-Lieutenant.**
		30/33	Bataillons-Adjutant.
		33/36	Regiments-Adjutant.
		1838	com. in das Bureau des General-Commandos des Garde-Corps, behufs Ausarbeitung des Nachtrages zu den „Dienstvorschriften im Garde-Corps".
15	11	39	bis 22. 8 40. com. zu den Gewehr-Versuchen in Lübben.
14	4	41	**Premier-Lieutenant.**
11	6	41	bis 4. 6. 44. com. nach Sömmerda als Com. der Handwerks-Section.
15	7	44	bis 6. 4. 47. com. als Compagnie-Führer beim comb. Garde-Reserve-Bat.
13	4	47	**Hauptmann** und Compagniechef im Kaiser Franz-Garde-Grenadier-Regt.
		48	Strassenkampf in Berlin.
		48	Feldzug in Schleswig. (Gefecht bei Schleswig).
19	9	48	com. zur Dienstleistung als Adjutant bei dem Ober-Commando in den Marken.
20	11	49	Dem Regt. aggr., unter Belassung als Adjutant.
26	11	50	Als Adjutant zum Gen.-Commando des III. Armee-Corps com.
11	5	52	zum **Major** befördert und à la suite des Kaiser Franz-Garde-Grenadier-Regts. gestellt.
18	6	53	In den Generalstab versetzt und zum Commando der Garde-Infanterie com.
2	1	57	zum Generalstabe des General-Commandos des Garde-Corps versetzt.
4	4	57	Mit Wahrnehmung der Geschäfte als Chef des Generalstabes des VI. Armee-Corps beauftragt.

Tag	Mon.	Jahr.	
9	4	1857	**Oberst-Lieutenant.**
30	5	57	Definitiv zum Chef d. Generalstabes d. VI. Armee-Corps ernannt.
31	5	59	**Oberst.**
8	5	60	Mit der Führung des neuformirten 12. combinirten Infanterie-Regts., dem heutigen 6. Brandenb. Infanterie-Regt. Nr. 52, beauftragt.
12	6	60	Unter Belassung in diesem Verhältnisse, dem Generalstabe der Armee aggregirt.
1	7	60	zum Com. des 52. Infanterie-Regts. ernannt.
20	12	63	zum Com. der 31. Infanterie-Brigade ernannt.
25	6	64	**General-Major.**
		66	Feldzug 1866 Zuerst Com. der 31. Infanterie-Brigade (Hühnerwasser, Münchengrätz, Königgrätz), sodann
15	7	66	Com. der 8. Infanterie-Division. (Pressburg.) Orden pour le mérite.
17	9	66	Com. der 8. Division.
20	9	66	**General-Lieutenant.**

Adolph von Rosenberg-Gruszczynski.
Commandeur der 17. Division.

✠2 ✠2 ✠ ✠ (BrHL2b) (HG2b) (MWK2a) (MDK) (ÖEK2) (RA2mBr) (GSF2a)

Tag.	Mon.	Jahr.	
22	7	1808	geboren.
5	4	26	Als Seconde-Lieutenant aus dem Cadetten-Corps zum Kaiser Franz-Garde-Grenadier-Regt.
6	4	30/33	com. zur Schul-Abtheilung des Lehr-Inf.-Bats.
20	4	33/36	Adjutant des 1. Bats.
1	7	36/42	Regiments-Adjutant.
11	1	1842	com. als Adjutant zur 1. Garde-Landwehr-Brigade.
23	4	42	Premier-Lieutenant.
19	6	42/47	com. als Adjutant zur 2. Garde-Infanterie-Brigade.
27	3	1847	zum Hauptmann in der Adjutantur befördert und com. zum Commando der Garde-Infanterie.
18	3	48	Strassenkampf in Berlin.
20	11	49	Als Compagniechef in das Kaiser Franz-Garde-Grenadier-Regt., mit Patent v. 13. April 1847.
22	9	52	zum Major bef. u. nach Mecklenburg-Strelitz com.
9	4	57	Oberst-Lieutenant.
31	5	59	Oberst.
23	8	60	zum Com. d. Kaiser Franz-Garde-Gren.-Regts. ern.
7	5	63	Als Chef des Stabes zu Sr. K. H. dem Prinzen Albrecht von Preussen bei der Inspicirung der II. Armee-Abtheilung com.
9	1	64	Unter Versetzung in den Generalstab und Verleihung des Ranges als Brigade-Com., zum Chef des Generalstabes des Garde-Corps ernannt.
25	6	64	General-Major.
10	7	65	zum Com. der 3. Garde-Infanterie-Brigade ern.
20	12	65	Mitglied d. Studien-Commiss. d. Kriegsakademie.
		66	Feldzug 1866. Com. der Garde-Landwehr-Infanterie-Division im 1. Reserve-Armee-Corps.
17	9	66	Unter Entb. von diesem Commando, zum Com. der comb. Div. in den Elbherzogthümern ern.
20	9	66	General-Lieutenant.
30	10	66	zum Com. der neuformirten 17. Division ernannt.

Herrmann von Alvensleben.
Chef des Militär-Reit-Instituts.

✠2 ✜2 ✠ (BrHL2b) (RW3) (RA1 u. s. w.) (GSF2b) (HSEII2b) (NO1)

Tag.	Mon.	Jahr.	
10	4	1809	geboren.
3	8	27	Eingetreten in das Regt. der Gardes du Corps als Portepee-Fähnrich.
15	5	28	Seconde-Lieutenant.
3	5	33/43	Regiments-Adjutant.
		1835	Während der Revue bei Kalisch Adjutant des combinirten Cürassier-Regts.
23	4	42	Premier-Lieutenant.
30	3	44	Charakter als Rittmeister verliehen.
22	3	45	zum überzähl. Rittmeister befördert u. zum Com. der Leib-Compagnie ernannt. (1846.)
15	4	52	zum Chef der 4. Compagnie und Führer der 2. Eskadron ernannt.
13	6	53	zum Major befördert mit Beibehalt der Eskadron.
		55	Generalstabs-Uebungsreise im Bereich des Garde-Corps.
10	6	56	zum etatsmässigen Stabsoffizier ernannt.
4	4	57	Als Com. zum 10. Husaren-Regt. versetzt.
9	4	58	Oberst-Lieutenant.
8	7	58	Com. des Regts. der Gardes du Corps.
31	5	59	Oberst.
14	6	59	Bei der Mobilmachung zum Com. der 7. Cavallerie-Brigade ernannt.
25	7	59	Bei der Demobilmachung zum Führer derselben ern.
19	11	59	zum Führer der 1. Garde-Cavallerie-Brigade ern.
12	5	60	zum Com. der 1. Garde-Cavallerie-Brigade ern.
25	6	64	General-Major.
3	4	66	zum Führer der Garde-Cavallerie-Division ern.
		66	Während des Feldzuges Com. der 1. Cavallerie-Division des Cavallerie-Corps der I. Armee. (Königgrätz.) Schwerter zum Comthurkreuz des Hausordens von Hohenzollern.

Tag	Mon.	Jahr	
17	9	1866	Unter Entbindung von diesem Commando zum Com. der Garde-Cavallerie-Division ernannt.
20	9	66	General-Lieutenant.
5	9	67	com. nach Hannover, behufs Wahrnehmung der Funktionen als Chef des Militär-Reit-Instituts.
14	12	67	Unter Entbindung von dem Commando der Garde-Cavallerie-Division, zum Chef des Militär-Reit-Instituts ernannt.

Carl Heinrich von Wnuck.
von der Armee.

✠2 m. St. ✠3 ✠ ✶ ✠ (RA2mBr)

Tag.	Mon.	Jahr.	
29	11	1803	geboren.
9	1	21	Eingetreten in das 5. Cürassier-Regt.
26	5	22	**Seconde-Lieutenant.**
		31/40	Regiments-Adjutant.
11	2	1836	**Premier-Lieutenant.**
14	2	43	Rittmeister und Eskadronschef.
18	6	53	zum Major mit Beibehalt der Eskadron ernannt.
14	6	54	Als etatsmässiger Stabsoffizier in das 8. Cürassier-Regt. versetzt.
19	2	57	zum Com. des 2. Ulanen-Regts. ernannt.
9	4	57	**Oberst-Lieutenant.**
31	5	59	**Oberst.**
24	7	61	Com. der 10. Cavallerie-Brigade.
25	6	64	**General-Major.**
3	4	66	In Genehmigung seines Abschieds-Gesuches, mit Pension zur Disposition gestellt.
6	5	66	zur Stellvertretung des commandirenden Generals des V. Armee-Corps com.
14	6	66	Feldzug 1866. Dem Ober-Commando der II. Armee zur Disposition gestellt. Führer der com. Cavallerie-Brigade (1. Ulanen-, 4. und 8. Dragoner-Regt.). Nachod verwundet. Skalitz. Schweinschädel. Königgrätz (1. Ulanen- und 4. Dragoner-Regt.) Orden pour le mérite.
16	7	66	In dieser Stellung als aktiver General wieder angestellt.
13	9	66	Bei der Demobilmachung zu den Offizieren der Armee versetzt.
31	12	66	**General-Lieutenant** (Patent vom 30. Oktober 1866).

Friedrich Alexander Graf von Bismarck-Bohlen.
Commandant von Berlin und Chef der Land-Gendarmerie.

♣2 ✠2 ✠3 ♣ Ehr.-C. ♣ ◯R (BZL2b) (BrsR3) (HG4) (CHW3) (JMuL1) (ÖEK3) (RW3) (RA1) (SA3) (TM3)

Tag.	Mon.	Jahr.	
15	6	1818	geboren.
12	8	35	Eingetreten als **Seconde-Lieutenant** in das Garde-Dragoner-Regt. aus dem Cadetten-Corps.
		42/43	zur Dienstl. bei Sr. K. H. d. Prinzen Adalbert v. Pr. für die Dauer einer Reise nach Amerika com.
11	10	1845	**Premier-Lieutenant.**
21	2	46	com. z. Dienstl. b. Sr. K. H. d. Prinzen Friedrich Carl währ. Höchstdessen Aufenth. auf d. Univers. Bonn.
13	3	48	Von diesem Commando entbunden.
13	2	49	**Rittmeister** und Eskadronschef.
29	3	53	com. zur Dienstleistung bei Sr. Maj. dem Könige.
12	7	53	Dem Regt. aggr., unter Verbl. in obigem Commando.
1	10	53	zum Flügel-Adjutant Sr. Maj. des Königs ernannt.
25	7	54	**Major.**
15	10	56	Zugleich zum Com. der Leib-Gendarmerie ern.
9	4	57	**Oberst-Lieutenant.**
8	7	58	zum Com. des Garde-Husaren-Regts. ernannt, unter Verbleib als Flügel-Adjutant.
31	5	59	**Oberst.**
24	7	61	zum Com. der 5. Cavallerie-Brigade ernannt, unter Belassung als Flügel-Adjutant.
25	6	64	**General-Major.**
		66	Feldzug 1866. Attachirt dem Stabe des General-Commandos des Cavallerie-Corps der I. Armee. (Liebenau, Münchengrätz, Gitschin, Königgrätz, Blumenau.) Rother Adler-Orden 2. Kl. mit Eichenlaub und Schwertern.
17	19	66	Unter Entbindung von diesem Commando, zum Commandanten von Hannover ernannt.
31	12	66	**General-Lieutenant** (Patent vom 30. Oktober 1866).
7	1	68	zum Commandanten von Berlin und Chef der Land-Gendarmerie ernannt.

Friedrich

Erbprinz von Anhalt, H.

à la suite der Armee.

⚜ ✠1 (HEK1) (AAB1) (BH) (HG1) (NgL) (ÖL1) (OV1) (SR) (GSF1) (HSEH1)

Tag.	Mon.	Jahr.	
29	4	1831	geboren.
22	5	51	Als Premier-Lieutenant à la suite des 1. Garde-Regt. z. F. angestellt.
21	10	52	Hauptmann.
17	9	53	Major.
3	10	57	Oberst-Lieutenant.
31	5	59	Oberst.
25	6	64	zum General-Major befördert, unter Versetzung zu den Offizieren von der Armee.
31	12	66	General-Lieutenant (Patent vom 30. Oktober 1866).

Emil von Schwartzkoppen.

Commandeur der 19. Division.

✠2 ✠4 ✠ ✠ ✠ (LVM) (SLVM) (LEK5)

Tag.	Mon.	Jahr.	
15	1	1810	geboren.
15	1	27	Eingetreten in das 30. Infanterie-Regt.
16	7	28	**Portepee-Fähnrich.**
18	7	29	**Seconde-Lieutenant.**
		30/33	Bataillons-Adjutant.
		33/41	Regiments-Adjutant.
14	5	1841	com. als Adj. zum Gouvernement v. Luxemburg.
8	1	42	**Premier-Lieutenant.**
31	3	46	Als **Hauptmann** und Compagniechef in das 36. Infanterie-Regt. versetzt.
27	3	47	In das 2. Infanterie-Regt. versetzt.
18	3	48	Strassenkampf in Berlin.
		48	Feldz. in Schleswig. Schleswig: Schuss in d. rechten Ellenbogen. Rother Adler-Ord. 4. Kl. m. Schw.
16	10	52	**Major.**
	1	53	Bataillons-Com. des 1. Bats. 2. Infanterie-Regts.
21	6	56	Als Com. zum 3. Bat. (Meschede) 16. Ldw.-R. vers.
23	12	56	„ „ „ 3. Bat. (Bielefeld) 15. „ „
22	5	58	**Oberst-Lieutenant.**
14	6	59	Bei der Mobilmachung zum Com. des 15. Landwehr-Regts. ernannt.
28	7	59	Bei der Demobilmachung zum Führer d. 15. Landwehr-Regts. ernannt.
8	5	60	zum Führer des neuform. 15. comb. Inf.-Regts., dem heutigen 6. Westph Inf.-Regts. Nr. 55 ern.
1	7	60	zum **Oberst** bef. u. zum Com. dieses Regts. ern.
9	1	64	Com. der 8. Infanterie-Brigade.
22	1	64	Com. der 27. Infanterie-Brigade.
25	6	64	**General-Major.**
		66	Feldzug 1866. Com. der 27. Infanterie-Brigade. (Münchengrätz, Königgrätz.) Ord. pour le mérite.
30	10	66	Com. der 18. Division.
31	12	66	**General-Lieutenant** (Patent vom 30. Oktober 1866).
10	8	67	Com. der 19. Division.

Albert **Freiherr von Barnekow**.
Commandeur der 16. Division.

✠2 ✠ ✠

Tag.	Mon.	Jahr.	
2	8	1809	geboren.
11	7	26	In das 1. Infanterie-Regt. eingetreten.
5	11	27	**Portepee-Fähnrich.**
15	5	29	**Seconde-Lieutenant.**
26	2	31	In das 39. Infanterie-Regt. versetzt.
		33/36	Bataillons-Adjutant.
		39/41	com. als Compagnie-Führer zum Landwehr-Bat. (Neuss) 39. Infanterie-Regts.
28	7	1841	**Premier-Lieutenant.**
25	4	46	**Hauptmann und Compagniechef.**
16	10	52	**Major.**
22	5	58	**Oberst-Lieutenant.**
14	6	59	Bei der Mobilmachung zum Com. des 28. Landwehr-Regts. ernannt.
28	7	59	Bei der Demobilmachung zum Führer desselben ernannt.
8	5	60	zum Führer des neuformirten 28. comb. Infanterie-Regts., dem heutigen 6. Rhein. Infanterie-Regt. Nr. 68, ernannt.
1	7	60	zum **Oberst** bef. und zum Com. dieses Regts. ern.
9	1	64	zum Com. der 3. Infanterie-Brigade ernannt.
25	6	64	**General-Major.**
18	4	65	Com. der 2. Infanterie-Brigade.
		66	Feldzug 1866. (Trautenau, Königgrätz, Tobitschau.) Orden pour le mérite.
30	10	66	zum Com. der 16. Division ernannt.
31	12	66	**General-Lieutenant** (Patent vom 30. Oktober 1866).

Herrmann von Hanneken.

Commandant von Mainz.

🎖 2s² ✠ (LEK2)

Tag.	Mon.	Jahr.	
2	2	1810	geboren.
28	7	27	Als **Seconde-Lieutenant** aus dem Cadetten-Corps zum 2. Garde-Regt. z. F.
14	4	29	Als aggr. zum 31. Infanterie-Regt. versetzt.
		33/35	com. zur Allg. Kriegsschule.
30	3	1836	In das 13. Infanterie-Regt. versetzt.
24	7	40	**Premier-Lieutenant.**
		42/45	com. zum topographischen Bureau.
3	4	1845	com. zum grossen Generalstabe.
17	3	46	Als **Hauptmann** in den grossen Generalstab vers.
27	3	48	zum Generalstabe des VIII. Armee-Corps com.
		49	Feldzug in Baden. Rother Adler-Orden 4. Kl. mit Schwertern.
10	1	50	Als Compagniechef in d. 29. Infanterie-Regt. vers.
16	11	52	**Major.**
8	2	55	Als Com. zum 1. Bat. (Aachen) 25. Ldw.-Rgts. vers.
11	8	57	zum 17. Infanterie-Regt. versetzt.
22	5	58	**Oberst-Lieutenant.**
14	6	59	Bei der Mobilm. zum Com. d. 17. Ldw-Regts. ern.
28	7	59	Bei d. Demobilmachung zum Führer desselben ern.
8	5	60	zum Führer des neuform. 17. comb. Inf.-Regts., dem heutigen 8. Westphäl. Inf.-Regt. Nr. 57 ern.
1	7	60	**Oberst** und Com. dieses Regts.
22	1	64	Com. der 8. Infanterie-Brigade.
25	6	64	**General-Major.**
		66	Feldzug 1866. Com. der 8. Inf.-Brigade I. Armee. (Königgrätz.) Rother Adler-Ord. 2. Kl. mit Schw.
30	10	66	zu den Offizieren von der Armee versetzt.
10	11	66	zum Commandant von Luxemburg ernannt.
31	12	66	**General-Lieutenant** (Patent vom 30 Oktober 1866).
24	8	67	Unter Entb. von der Stell. als Commandant von Luxemburg, zu d. Offizieren von der Armee vers.
3	10	67	zum Commandant von Mainz ernannt.

Wilhelm Graf zu Stolberg-Wernigerode.
Commandeur der 12. Division.

✠2 ✠ (MMV) (RA3) (RSt2mKr)

Tag	Mon.	Jahr.	
13	5	1807	geboren.
3	8	25	Eingetreten bei dem Garde-Dragoner-Regt.
17	4	27	Seconde-Lieutenant.
4	7	35	zum 2. Adjutanten Sr. K. H. des Prinzen Wilhelm von Preussen (Bruder Sr. Majestät) ernannt.
24	12	36	Abschied bewilligt als **Premier-Lieutenant**.
11	6	37	Beim 2. Bat. (Hirschberg) 7. Landw.-Regts. einr.
14	7	41	Während des Friedens vom Dienst entbunden.
20	10	46	Als aggr. **Rittmeister** beim 1. Bat (Jauer) 7. Landwehr-Regts. wieder anges'ellt, unter Führung beim 2. Bat. 3. Garde-Landwehr-Regts.
16	9	48	Als Eskadron-Führer zum 2. Bat. (Hirschberg) 7. Landwehr-Regts. versetzt.
7	7	49	Im stehenden Heere wieder angestellt als Rittmeister aggr. dem Regt. der Gardes du Corps mit Patent vom 20. Oktober 1846.
20	2	51	com. als Adjutant zur Garde-Cavallerie, unter Stellung à la suite des Regts. der Gardes du Corps.
22	6	52	zum **Major** befördert und à la suite des 6. Cürassier-Regts. gestellt, unter Verbleib als Adj.
25	7	54	Als etatsmässiger Stabsoffizier in das Garde-Cürassier-Regt. versetzt.
3	6	56	Com. des 4. Husaren-Regts.
15	10	56	**Oberst-Lieutenant**.
31	5	59	**Oberst**.
14	6	59	Bei der Mobilmachung zum Com. der 12. Cavallerie-Brigade ernannt.
25	7	59	Bei der Demobilmachung zum Führer derselben ern.
12	5	60	Wieder zum Com. dieser Brigade ernannt.
23	7	61	Als **General-Major** in Genehmigung seines Abschiedsgesuches mit Pension zur Disposition gestellt.

Tag.	Mon.	Jahr.	
		1866	Feldzug 1866. Als Com. der 6. Landwehr-Cavallerie-Brigade wieder angest. mit dem Patent als General-Major vom 25. Juli 1864.
		66	Das Commando über die zur speciellen Landesvertheidigung in Oberschlesien aufgestellten Truppen erhalten. (Oswieciu.) Rother Adler-Orden 2. Kl. mit Schwertern.
1	9	66	Charakter als General-Lieutenant.
18	5	67	Unter Wiederanstellung im stehenden Heere als **General-Lieutenant** mit Patent vom 30. Oktober 1866, zum Com der 12. Division ernannt.

Rudolph von Ollech.
von der Armee.

✠2 ✠4 ✵ ✠ (BZL3b) (MMV) (HSEH2b) (RA2)

Tag.	Mon.	Jahr.	
22	6	1811	geboren.
26	7	28	Als Seconde-Lieutenant aus dem Cadetten-Corps zum 16. Infanterie-Regt.
		32/35	com. zur Allg. Kriegsschule.
		37/39	com. als Lehrer an der 14. Divisionsschule.
		39/45	com. als Lehrer zum Cadetten-Corps.
20	7	1843	Premier-Lieutenant.
27	3	47	Als Hauptmann und Compagniechef zum 30. Infanterie-Regt. versetzt.
18	6	53	Als Major in den Generalstab versetzt und com. zur 13. Division.
19	5	55	zum grossen Generalstabe versetzt.
		55/65	Gleichzeitig Lehrer an der Allg. Kriegsschule.
		55/61	Dirigent der kriegsgeschichtlichen Abtheilung im grossen Generalstabe.
		57/61	Zugleich Chef der 2. Abtheilung im grossen Generalstabe. ferner Mitglied der Studien-Commission beim Cadetten-Corps und Mitglied der Ober-Militär-Studien-Commission.
		57/65	Mitglied d. Studien-Commission für Kriegsschulen.
22	5	1858	Oberst-Lieutenant.
1	7	60	Oberst.
25	6	61	zum Com. des Cadetten-Corps ernannt.
25	6	64	General-Major.
18	6	65	zum Com. der 17. Infanterie-Brigade ernannt.
		66	Feldzug 1866. Com. der 17. Infanterie-Brigade. (Nachod schwer verwundet.) Orden pour le mérite u. rother Adler-Ord. 2. Kl. m. Schwertern.
13	9	66	zu den Offizieren von der Armee versetzt.
31	12	66	General-Lieutenant (Patent vom 30. Oktober 1866).
17	1	68	Dem Chef des Generalstabes der Armee bis zu anderweitiger Verwendung zur Disposition gestellt.

Hellmuth **von Gordon.**

Commandeur der 11. Division.

2 ✻ ✠ (HEK2) (AAB2a) (RA3) (RSt1)

Tag.	Mon.	Jahr.	
30	7	1811	geboren.
26	7	28	Als **Seconde-Lieutenant** aus dem Cadetten-Corps zur 3. und 4. Schützen-Abtheilung.
		31/34	com. zur Allg Kriegsschule.
		34/35	Adjutant der 3. und 4. Schützen-Abtheilung.
		37/40	Lehrer bei der 13. Divisionsschule.
		40/43	com. zum topographischen Bureau.
1	4	1843	com. als Adjutant zur 11. Infanterie-Brigade.
20	4	43	Als **Premier-Lieutenant** in die 1. Schützen-Abtheilung, der späteren 5. Jäger-Abtheilung, versetzt.
11	12	47	zum **Hauptmann** und Compagnie-Führer in der 6. Jäger-Abtheilung ernannt, unter Entbindung von dem Verhältniss als Adjutant.
21	11	48	Bei Formation der Jäger-Bataillone, als Compagnie-Chef in das 6. Jäger-Bat. versetzt.
7	5	49	Strassenkampf in Breslau.
18	6	53	Als **Major** in den Generalstab versetzt und zur 4. Division com.
7	3	57	zum Generalstabe des II. Armee-Corps com.
16	5	57	In das 18. Infanterie-Regt. versetzt.
22	5	58	**Oberst-Lieutenant.**
14	6	59	Bei der Mobilmachung zum Com. des 7. Landwehr-Regts. com.
25	7	59	Bei der Demobilmachung mit der Führung dieses Regts. beauftragt.
8	5	60	zum Führer des neuformirten 7. comb. Infanterie-Regts., dem heutigen 2. Niederschlesischen Infanterie-Regt. Nr. 47 ernannt.
1	7	60	zum **Oberst** bef. u. zum Com. dieses Regts. ernannt.
3	5	64	zum Führer der 14. Infanterie-Brigade ernant.
25	6	64	zum **General-Major** befördert und zum Com. dieser Brigade ernannt.

Tag	Mon.	Jahr	
		1866	Feldzug 1866. Com. der Avantgarde der 7. Division von der Grenze bis Blumenau. (Münchengrätz, Königgrätz, Blumenau.) Orden pour le mérite.
30	10	66	Com. der 11. Division
31	12	66	zum **General-Lieutenant** befördert, mit Patent vom 30. Oktober 1866.

Alexander von Freyhold.
Commandant von Stettin.

✠2 ✠2 ✠ (RA1 u. s. w.)

Tag.	Mon.	Jahr.	
26	4	1813	geboren.
10	8	31	Als **Seconde-Lieutenant** aus dem Cadetten-Corps zum 4. Infanterie-Regt.
		36/41	com. zum Cadetten-Corps.
8	5	41	Als **Premier-Lieutenant** in das Cadetten-Corps vers.
18	4	48	**Hauptmann** und Compagniechef.
16	11	50	Als Hauptmann zur mobilen Armeee in Hessen aggr. dem 7. Infanterie-Regt.
11	3	51	Direktor der vereinigten Divisions-Schulen beim V. Armee-Corps und Präses der Examinations-Commission für Portepee-Fähnrichs.
6	12	51	Als Compagniechef in das 9. Infanterie-Regt. vers.
18	6	53	Als **Major** in d. Generalstab vers. u. zur 12. Div. com.
6	7	56	zum Generalstabe des VI. Armee-Corps versetzt.
5	12	57	In das 6. Infanterie-Regt. versetzt als Bats.-Com
22	5	58	**Oberst-Lieutenant.**
14	6	59	Bei der Mobilmachung zum Com. des 6. Landwehr-Regts. ernannt.
25	7	59	Bei der Demobilmachung mit der ferneren Führung dieses Regts. beauftragt.
8	5	60	zum Führer des neuform. 6. comb. Inf.-Regts., dem heutigen 1. Niederschles. Inf.-Regt. Nr. 46 ern.
1	7	60	zum **Oberst** bef. und zum Com. dieses Regts. ern.
25	6	64	**General-Major** u. zum Com. der 17. Inf.-Brig. ern.
18	6	65	Com des Cadetten-Corps.
		66	Feldzug 1866. Com. d. 1. comb. Inf.-Brig. (Schleswig) des Truppencorps in den Elbherzogthümern. (Hausen bei Kissingen, Uettingen, Rossbrunn.) Kronen-Orden 2. Kl. mit Schwertern.
15	9	66	Von dem Commando der 1. comb. Inf.-Brig. ent. und als Com. zum Cadetten-Corps zurückge
30	10	66	**General-Lieutenant** (Patent vom 30. Oktober 1866).
9	1	68	zum Commandanten von Stettin ernannt.

Julius von Bose.

Commandeur der 20. Division.

✠2 ✠2 ✶ ✶ ✶ (ÖL3) (ÖEK3) (RA2) (GSF2a) (HSEH2b) (SS2 m. St.) (WK2)

Tag.	Mon.	Jahr.	
12	9	1809	geboren.
		21/26	Page am Grossh. Sachsen-Weimarschen Hofe.
8	10	1826	Auf Beförderung beim 26. Infanterie-Regt. eingetr.
14	3	29	**Seconde-Lieutenant**.
		32/35	com. zur Allg. Kriegsschule.
		35/37	Bataillons-Adjutant.
		37/45	Regiments-Adjutant.
20	9	1843	**Premier-Lieutenant**.
3	2	45	com. als Adjutant zur 7. Landwehr-Brigade.
27	3	47	Als Adjutant zum Gen.-Commando des IV. Armee-Corps com.
11	7	48	Als **Hauptmann** in die Adjutantur versetzt, unter Verbleib beim IV. Armee-Corps.
17	7	52	Als Compagniechef in das 27. Infanterie-Regt. vers.
18	6	53	Als **Major** in den Generalstab versetzt und zur 8. Division com.
19	5	55	zum Generalstabe des IV. Armee-Corps versetzt.
8	5	58	zum Chef des Generalstabes dieses Corps ernannt.
22	5	58	**Oberst-Lieutenant**.
8	5	60	Als Führer zum Hohenzoll. Füs.-Regt. Nr. 40 com.
1	7	60	**Oberst** und Com. dieses Regts.
20	9	61	Als Chef der Abtheilung für Armee-Angelegenheiten in das Kriegs-Ministerium versetzt.
26	2	63	Hierneben milit. Direktions-Mitglied der Central-Turn-Anstalt.
25	6	64	zum **General-Major** befördert und Com. der 15. Infanterie-Brigade.
		66	Feldzug 1866. (Liebenau, Podol, Münchengrätz, Königgrätz, Göding, Holitsch, Pressburg.) Orden pour le mérite.
30	10	66	Com. der 20. Division.
1	12	66	**General-Lieutenant** (Patent vom 30. Oktober 1866).

Constantin von Alvensleben.
Commandeur der 1. Garde-Infanterie-Division.

✠2 ✠4 ✠2 ✣ ✣ (BL1) (ÖL3) (RA1 u. s. w.) (RA2mBr) (SH3) (HSEH2a)

Tag.	Mon.	Jahr.	
26	8	1809	geboren.
27	7	27	Als **Seconde-Lieutenant** aus dem Cadetten-Corps zum Kaiser Alexander-Grenadier-Regt.
		36/45	Regiments-Adjutant.
14	8	1842	**Premier-Lieutenant.**
19	9	48	**Hauptmann** und Compagniechef.
18	6	53	Als **Major** zum Generalstab com. und zur 7. Division versetzt.
22	4	56	zur 14. Division versetzt.
25	7	57	zum General-Commando des VII. Armee-Corps versetzt.
22	5	58	**Oberst-Lieutenant.**
29	6	58	Als Chef des Generalstabes zum I. Armee-Corps versetzt.
12	6	60	In das Kriegsministerium versetzt als Chef der Abtheilung für Armee-Angelegenheiten.
1	7	60	**Oberst.**
20	9	61	Com. des Kaiser Alexander-Garde-Gren.-Regts.
25	6	64	**General-Major** und zum Com. der 5. Infanterie-Brigade ernannt.
17	10	64	Com. der 2. Garde-Infanterie-Brigade.
		66	Feldzug 1866. Com. der 2. Garde-Infanterie-Brig. (Soor, Königgrätz.) Orden pour le mérite.
29	9	66	Zum Mitglied der Studien-Commission der Kriegsakademie ernannt.
30	10	66	Com. der 1. Garde-Infanterie-Division.
31	12	66	**General-Lieutenant** (Patent vom 30. Oktober 1866)

Herrmann Constantin von Gersdorff.

Commandeur der 22. Division.

🛡 2s² ✠ ✠ (RW4 m. Schw.)

Tag.	Mon.	Jahr.	
2	12	1809	geboren.
16	5	27	Eingetreten in das 2. Garde-Regt. z. F. aus dem Cadetten-Corps zu Dresden.
14	12	27	Portepeefähnrich.
13	3	29	Seconde-Lieutenant.
12	4	29	zum Garde-Reserve-Infanterie-Regt. versetzt.
		32/33	com. zur Allg. Kriegsschule.
14	3	1835	Durch Tausch zum Garde-Schützen-Bat. versetzt.
		41/42	com. auf Werbung nach Neuchatel
		1842	com. zur Theilnahme an den Operationen der k. Russischen Truppen im Kaukasus.
		42	Verschiedene Gefechte an der Assa.
		43	Gefechte am Urup, Oisunger und bei Kasanitsche. Entsatz des Persseck'schen Corps bei Serani. St. Wladimir-Orden IV. Kl. mit der Kriegsdekoration.
28	3	43	Charakter als Premier-Lieutenant.
8	3	45	Premier-Lieutenant.
		48	com. zur Organisation der Schleswig-Holsteinschen Truppen. Befehligte am 21 Mai selbstständig in dem Gefecht bei Altenhof. Rother Adler-Orden 4. Kl. mit Schwertern.
23	4	48	Geht während des Treffens bei Schleswig selbstständig mit 1000 Freiwilligen unter leichten Gefechten bei Stubbe über die Schley.
		48	Charakter als Hauptmann.
	6	48	Com. des 1. Schleswig-Holsteinschen Jäger-Corps. Gefecht bei Hadersleben.
21	11	48	Als Hauptmann zum 1. Jäger-Bat. versetzt.
		49	Selbstständiges Gefecht bei Hadersleben. 23. 4. Schlacht bei Kolding. 6. 5. Treffen bei Gudsö. Blokade von Friedericia. Zum Com. der Avantgarde ernannt. Schlacht bei Friedericia.

Tag	Mon	Jahr	
12	10	1850	zum 24. Infanterie-Regt. versetzt.
18	6	53	**Major**, unter Versetzung in den Generalstab der 16. Division.
		54/55	Director der combinirten Divisionsschule in Trier und Präses der Examinations-Commission.
18	7	1855	In den Generalstab des General-Commandos des VIII. Armee-Corps vers. u. von dem Commando als Präses der Examin.-Commission entbunden.
21	6	56	Com. des 1. Bats. (Danzig) 5. Landwehr-Regts.
21	7	57	In das 5. Infanterie-Regt. versetzt.
22	5	58	**Oberst-Lieutenant.**
15	3	59	Com. des 4. Jäger-Bats.
14	6	59	Bei der Mobilmachung Com. des 27. Ldw.-Regts.
25	7	59	In das frühere Verhältniss als Com. des 4. Jäger-Bats. zurückgetreten und mit der Führung des combinirten 27. Landwehr-, späteren 27. combinirten Infanterie-Regts., beauftragt.
1	7	60	Com. des 4. Magdeburg. Infanterie-Regts. Nr. 67.
1	7	60	**Oberst.**
2	10	60	bis 16. Oktober Generalstabs-Reise mit dem Chef des Generalstabes der Armee.
25	6	64	Unter Beförderung zum **General-Major**, zum Com. der 11. Infanterie-Brigade ernannt.
		64	Feldzug in Schleswig.
18	1	65	Rother Adler-Orden 2. Kl. m. Schwertern am Ringe.
		66	Feldzug 1866. Com. der 11. Infanterie-Brigade (I. Armee). (Münchengrätz, Königgrätz.) Rother Adler-Orden 2. Kl. mit Eichenlaub und Schwertern und mit Schwertern am Ringe.
30	10	66	Com. der 22. Division.
31	12	66	**General-Lieutenant** (Patent vom 30. Oktober 1866).

Carl Leopold Gustav **Baron von Buddenbrock.**
Commandeur der 6. Division.

✠2s² ✠ ✠ ✠ (LVM) (MMV) (ÖEK2.KD)

Tag.	Mon.	Jahr.	
4	3	1810	geboren.
28	7	27	Als **Seconde-Lieutenant** aus dem Cadetten-Corps zum 21. Infanterie-Regt.
		35/38	Lehrer an der 4. Divisionsschule.
		38/43	Bataillons-Adjutant.
15	11	1843	Adjutant der 4. Landwehr-Brigade.
22	2	45	**Premier-Lieutenant.**
15	8	45	Adjutant der 4. Division.
		48	Insurrection im Grossh. Posen. (Trzemesno und Wreschen.) Rother Adler-Orden 4. Kl. m. Schw.
16	12	48	**Hauptmann** in der Adjutantur, unter Verbleib bei der 4. Division.
30	6	49	Adjutant beim Gen.-Commando d. II. Armee-Corps.
20	11	49	Adjutant beim Ober-Commando in den Marken.
18	6	53	**Major** im Generalstabe der 1. Division.
21	6	56	In das 13. Infanterie-Regt. versetzt.
22	5	58	**Oberst-Lieutenant.**
14	6	59	Bei der Mobilm. zum Com. des 13. Ldw.-Regts. ern.
28	7	59	Bei d. Demobilm. zum Führer d. 13. Ldw.-Rgts. ern.
8	5	60	Führer des neuformirten 13. comb. Infanterie-Regts., dem heutigen Infanterie-Regt. Nr. 53.
1	7	60	**Oberst** und Com. dieses Regts.
		64	Feldzug in Schleswig. (Düppel, Alsen.) Orden pour le mérite. Eiserne Krone 2. Kl. Mecklenburgisches Militär-Verdienst-Kreuz.
25	6	64	**General-Major** und Com. der 28. Infanterie-Brig.
4	1	66	Com. der 4. Infanterie-Brigade.
		66	Feldzug gegen Oesterreich. Com. der 4. Infanterie-Brigade. (Trautenau, Königgrätz.) Rother Adler-Orden 2. Kl. mit Schwertern.
30	10	66	zu den Offizieren von der Armee versetzt.
31	12	66	**General-Lieutenant** (Patent vom 30. Oktober 1866).
26	1	67	Com. der 6. Division.

Leonhardt von Blumenthal.

Commandeur der 14. Division.

🦅2s² ✠2 ⚔2 ❦ ❋ (FEL3) (HG2b) (MMV) (ÖL2.KD) (RA1) (SA2b) (GSF2b) (HSEH1) (SEK1) (SS2)

Tag.	Mon.	Jahr.	
30	7	1810	geboren zu Schwedt a. O.
		20/27	Im Cadetten-Corps zu Culm und Berlin.
29	7	1827	Als Seconde-Lieutenant zum Garde-Reserve-Infanterie-(Landwehr-) Regt.
		30/33	com. zur Allg. Kriegsschule.
		37/45	Adjutant des Coblenzer Garde-Landwehr-Bats.
14	1	1844	Premier-Lieutenant.
		46/48	zur topogr. Abtheilung des Generalstabes com.
		1847	3 Monate zur Dienstleistung bei d. Garde-Artillerie.
		48	3 Monate zur Dienstleistung bei der Garde-Pionier-Abtheilung.
18	3	48	Strassenkampf in Berlin beim Füs.-Bat. 31. Inf.-R.
29	6	48	com. zur Dienstleistung beim gr. Generalstabe.
6	1	49	Als Hauptmann in den gr. Generalstab versetzt.
24	3	49	Feldzug 1849. Zum General v. Bonin nach Schleswig com. (Auenbüll und Beuschau, Schlacht von Colding, Alminde, Gudsö u. Taulov-Kirche, Belagerung von Friedericia und Gefechte dort am 13. Mai, 3. und 25. Juni, Schlacht von Friedericia.)
14	5	49	Chef des Generalstabes der Schleswig-Holsteinschen Armee.
9	4	50	zum gr. Generalstabe nach Berlin versetzt.
	10	50	bis Januar 1851 als Generalstabs-Offizier zur mobilen Division des General v. Tietzen nach Chur-Hessen com.
		51	3 Monate zur Dienstleistung bei der 2. Division in Danzig.
		53	3 Monate mit militärischen Aufträgen nach England gesandt.
18	6	53	zum Major im gr. Generalstabe ernannt. Rother Adler-Orden 4. Kl. mit Schwertern.

Tag	Mon.	Jahr	
		1853	Bei den Herbstübungen in Thüringen und bei Berlin als militärischer Begleiter zu Sr. K. H. dem Prinzen Carl von Baiern com.
19	5	55	Als Generalstabs-Offizier zur 8. Division versetzt.
		56/58	Mit militärischen Aufträgen auf 6 Wochen nach England gesandt.
22	5	1858	**Oberst-Lieutenant.**
14	10	58	Unter Stellung à la suite des Generalstabes, zum persönlichen Adjutanten Sr. K. H. des Prinzen Friedrich Carl ernannt.
8	5	60	zur Führung des comb. 31. Infanterie-Regts. com.
1	7	60	**Oberst** und Com. des 71. Infanterie-Regts.
		61	Mit General v. Bonin an d. Hof von Windsor gesandt.
		61	Bei den Herbst-Manövern am Rhein als Führer der fremden Offiziere com.
		61	Bei der Krönung in Königsberg als milit. Begleiter zu Sr. K. H. dem Kronprinzen von Sachsen com.
10	2	63	Als Chef des Generalstabes zum III. Armee-C. vers.
15	12	63	zum Chef des Generalstabes des comb. mobilen Armee-Corps gegen Dänemark ernannt.
		64	Feldzug gegen Dänemark. (Missunde, Düppel, Alsen.) Schwerter zum Kgl. Kronen-Orden. Orden pour le mérite. Rother Adler-Orden 2. Kl. mit Eichenlaub und Schwertern. k. k. Oesterr. Leopolds-Orden, Commandeur-Kreuz mit der Kriegs-Dekoration. Grossherzogl. Mecklenburg-Schwerinsches Militär-Verdienst-Kreuz.
25	6	64	**General-Major.**
21	11	64	Com. der 7. Infanterie-Brigade.
18	4	65	Com. der 30. Infanterie-Brigade.
18	5	66	Feldzug gegen Oesterreich. Chef des Generalstabes der 2. Armee. (Nachod, Königgrätz.) Orden pour le mérite mit Eichenlaub.
20	9	66	zu d. Offizieren von d. Armee vers. Stern der Comthure des Hohenzoll. Hausordens mit Schwertern.
30	10	66	Com. der 14. Division.
30	10	66	In Begleitung Sr. K. H. des Kronprinzen nach Petersburg com.
31	12	66	**General-Lieutenant** (Patent vom 30. Oktober 1866).

August Schwartz.

Inspecteur der 2. Artillerie-Inspection, Mitglied des Gen.-Artillerie-Comité und Präses der Prüfungs-Commission für Artillerie-Premier-Lieutenants.

✠2 ✠ (OV2b) (RA1 u. s. w.) (TM3)

Tag.	Mon.	Jahr.	
4	4	1811	geboren.
22	6	26	Eingetreten bei der 7. Artillerie-Brigade, 1 Jahr 9 Monat vor vollendetem 17. Lebensjahre.
26	6	31	Seconde-Lieutenant.
		42/44	Abtheilungs-Adjutant.
		44/47	Brigade-Adjutant.
27	2	1844	Premier-Lieutenant.
6	4	48	com. zur Dienstleistung bei dem Generalstabe des VII. Armee-Corps.
6	1	49	Als Hauptmann in den gr. Generalstab versetzt.
		49	Feldzug gegen Dänemark. (Düppel, Alminde und Viuf in Jütland.)
		49	Feldzug in Baden. Zum Stabe des Oberbefehlshabers der deutschen Reichstruppen com.
		50/51	com. beim commandirenden General der Preussischen Truppen in Churhessen und beim Stabe Sr. K. H. des Prinzen von Preussen (Armee-Commando über das II., III. und IV. Armee-Corps).
		51/55	Lehrer der Taktik an der Allgemeinen Kriegsschule.
18	6	1853	Major.
19	5	55	zum General-Commando des VII. Armee-Corps versetzt.
2	7	57	In das 8. Artillerie-Regt. versetzt und zum Com. der Festungs-Abtheilung ernannt.
18	5	58	zum Com. des 4. Artillerie-Regts. ernannt.
22	5	58	Oberst-Lieutenant.
1	7	60	Oberst.
25	6	64	zum General-Major befördert und zum Com. der 4. Artillerie-Brigade ernannt.
		66	Feldzug gegen Oesterreich. Com. der Armee-

Tag	Mon.	Jahr	
			Reserve-Artillerie der I. Armee. (München-grätz, Königgrätz.) Schwerter zum rothen Adler-Orden 2. Kl.
2	10	1866	Inspecteur der 2. Artilerie-Inspection und Mitglied des General-Artillerie-Comité.
10	11	66	Daneben com. als Präses der Prüfungs-Commission für Artillerie-Premier-Lieutenants.
31	12	66	**General-Lieutenant** (Patent vom 30. Oktober 1866).

Louis von Colomier.
Inspecteur der 1. Artillerie-Inspection.

✠2 ✠2 ✠ ✠ (MMV) (ÖEK2.KD) (RA1 u. s. w.)

Tag	Mon.	Jahr	
30	3	1810	geboren.
1	10	27	Eingetreten bei der Garde-Artillerie-Brigade.
1	6	30	Seconde-Lieutenant.
		39/40	Abtheilungs-Adjutant.
17	3	1842	Premier-Lieutenant.
25	2	43	com. als Adjutant zur 2. Artillerie-Inspection.
16	3	48	Als **Hauptmann** in die Adjutantur versetzt und zum 1. Adjutanten der 2. Art.-Inspection ern.
21	8	52	In das 6. Artillerie-Regt. versetzt, mit vordatirtem Patent.
20	10	53	zum **Major** befördert, unter Ernennung zum Artillerie-Offizier des Platzes Danzig.
1	4	56	zum Com. des Trains des III. Armee-Corps ern.
1	1	57	In das 5. Artillerie-Regt. versetzt.
6	6	57	In das Garde-Artillerie-Regt. versetzt.
		57/59	Zugleich Mitglied der Prüfungs-Commission für Artillerie-Premier-Lieutenants.
31	5	1859	**Oberst-Lieutenant.**
13	10	59	zum Com. des III. Artillerie-Regts. ernannt.
18	10	61	**Oberst.**
		64	Feldzug gegen Dänemark. Com. der K. Preuss. Artillerie. (Missunde und mehrere andere Gefechte.) Kgl. Kronen-Orden 2. Kl. mit Schwertern. (Düppel.) Orden pour le mérite. (Alsen.) Mecklenburg-Schwerinsches Militär-Verdienst-Kreuz. K. K. Oesterr. Orden der eisernen Krone 2. Kl. mit der Kriegs-Dekoration.
25	6	64	Bei Neuformation der Artillerie zum Com. der 3. Art.-Brigade ern. und gleichzeitig zu dem General-Commando des mobilen combinirten Armee-Corps in Schleswig com.
3	7	64	**General-Major** als Auszeichnung für den Uebergang nach Alsen.

Tag.	Mon.	Jahr.	
26	8	1864	Unter Entbindung von dem Commando in Schleswig, zum Com. der Garde-Artillerie-Brigade ernannt.
7	12	64	In den Adelstand erhoben für den Feldzug in Schleswig.
		65	Mitglied des Gen.-Artillerie-Comité u. d. Prüfungs-Commission für Artillerie-Premier-Lieutenants.
		66	Feldzug 1866. Com. der Artillerie des Garde-Corps. (Soor, Königinhof, Königgrätz.) Rother Adler-Orden 2. Kl. mit Eichenlaub u. Schwertern.
18	4	67	**General-Lieutenant.**
14	1	68	zum Inspecteur der 1. Artillerie-Inspection ernannt.

Julius von Hartmann.

Commandeur der 2. Division.

✠2s² ✠2 ✠ (BStMV1) (BZL3a) (GHL2b) (RA2) (RSt2)

Tag	Mon	Jahr	
2	3	1817	geboren.
1	5	34	Eingetreten beim 10. Husaren-Regt.
24	9	35	Seconde-Lieutenant.
		39/42	com. zur Allg. Kriegsschule.
		44/46	com. zum topographischen Bureau.
1	4	1847	com. zum grossen Generalstabe.
18	3	48	Strassenkampf in Berlin.
27	3	48	Als Premier-Lieutenant in den Generalstab vers.
6	1	49	**Hauptmann.**
		49	Feldzug in Baden als Generalstabs-Offizier der 4. Division I. Armee-Corps. (Kirchheim-Bolanden, Wiesenthal, Neudorf, Durlach, Kuppenheim, kontusionirt bei Neudorf. Rother Adler-Orden 4. Kl. mit Schwertern.
	1	50	bis April mit Aufträgen des Ministeriums des Auswärtigen com. in Kiel.
	10	50	bis Januar 1851 Generalstabs-Offizier bei dem Corps an der Nahe, der späteren 32. Infanterie-Division.
27	2	51	zum Generalstabe des III. Armee-Corps versetzt.
1	11	53	zum Major befördert und in den grossen Generalstab versetzt.
25	5	54	Wieder zum Generalstabe d. III. Armee-Corps vers.
5	4	55	Als etatsmässiger Stabs-Offizier in das 3. Ulanen-Regt. versetzt.
3	6	56	In gleicher Stellung in das Garde-Cür.-Regt. vers.
14	5	57	zum Com. des 2. Dragoner-Regts. ernannt.
22	11	58	**Oberst-Lieutenant.**
23	12	58	In das Kriegs-Ministerium com.
20	1	59	Als Chef der Abtheilung für Armee-Angelegenheiten in das Kriegsministerium versetzt.
19	11	59	Zugleich Mitglied der Studien-Commission bei der Kriegsakademie.

Tag.	Mon.	Jahr.	
12	6	1860	In den Generalstab versetzt als Chef des Stabes des VI. Armee-Corps.
1	7	60	**Oberst.**
31	7	60	Von dem Verhältniss als Mitglied der Studien-Commission der Kriegsakademie entbunden.
29	1	63	zum Com. der 9. Cavallerie-Brigade ernannt.
	8	63	bis Mai 1864 Com. des 1. und 2. Militär-Grenzdistrikts gegen die Insurgenten im Kgr. Polen.
18	4	65	zum General-Major befördert und zum 1. Commandanten von Coblenz u. Ehrenbreitstein ern.
		66	Feldzug 1866. Com. der Cavallerie-Division der II. Armee. (Königgrätz, Tobitschau, Rokeinitz.) Rother Adler-Orden 2. Kl. mit Schwertern.
1	9	66	Wiederum 1. Commandant von Coblenz und Ehrenbreitstein.
18	4	67	**General-Lieutenant.**
18	5	67	Unter Entbindung von der Stellung als Commandant von Coblenz und Ehrenbreitstein, zu den Offizieren von der Armee versetzt.
5	5	67	com. nach München als Militär-Bevollmächtigter.
19	10	67	Von diesem Commando entbunden.
21	4	68	Com. der 2. Division.

Hugo
Herzog von Ujest, Fürst zu Hohenlohe-Oehringen.
à la suite der Armee.

❋ ❋1 ⊕1 ✠ (HEK1) (BdT) (BZL1) (CHL) (CHW1) (RA2) (HSEH1) (WK1) (WF1)

Tg.	Mon.	Jahr.	
27	5	1816	geboren.
12	5	59	Unter Führung à la suite der Armee, den Charakter als General-Major erhalten.
18	6	65	Charakter als General-Lieutenant.
		66	Feldzug 1866. Im grossen Hauptquartier Sr. Maj. des Königs. (Königgrätz.) Gross-Comthurkreuz des Kgl. Hausordens von Hohenzollern.
18	4	67	Patent als General-Lieutenant.

Victor

Herzog von Ratibor, Fürst von Corvey, Prinz zu Hohenlohe-Waldenburg-Schillingsfürst.

à la suite der Armee.

✻ ⊕ 1 (FEL2) (HEK1) (BdT) (BZL1) (M1) (PGr1) (HSEH1)

Tag	Mon.	Jahr	
10	2	1818	geboren.
27	7	50	zum Major von der Cavallerie à la suite des 22. Landwehr-Regts. ernannt.
		52	Bei der neuen Formation der Landwehr-Cavallerie-Regimenter à la suite des 2. Landwehr-Ulanen-Regts. gestellt.
6	6	57	Charakter als Oberst-Lieutenant.
18	9	58	Patent als **Oberst-Lieutenant.**
31	5	59	Charakter als Oberst.
14	6	59	Bei der Mobilmachung zum Com. des 2. Landwehr-Ulanen-Regts. ernannt.
25	7	59	Bei der Demobilmachung von diesem Commando entbunden und das Patent als **Oberst** erhalten.
7	5	61	Charakter als **General-Major** und zu den Offizieren à la suite der Armee versetzt.
18	6	65	Charakter als General-Lieutenant.
18	4	67	Patent als **General-Lieutenant.**

Ferdinand Wolf Louis Anton von Stülpnagel.
Commandeur der 5. Division.

🕀2 ✚ ✠ (AAB2b) (MMV) (HSEH2b)

Tag.	Mon.	Jahr.	
10	1	1813	geboren.
1	5	29	Eingetreten im 3. Infanterie-Regt.
21	2	31	Seconde-Lieutenant.
		35/37	Bataillons-Adjutant.
		1838	com. bei dem Cadetten-Corps.
12	8	40	Als Premier-Lieutenant in das Cadetten-Corps vers.
27	3	47	Als Hauptmann und Compagniechef in das 24. Infanterie-Regt. versetzt.
4	3	54	zum Major befördert und zum Com. des Landwehr-Bats. (Wriezen) 35. Infanterie-Regts. ern.
8	2	55	Com. des 3. Bats. (Potsdam) 20. Landwehr-Regts.
28	4	57	In den Generalstab vers. und zur 7. Division com.
8	5	58	zum Generalstabe des IV. Armee-Corps versetzt.
31	5	59	Oberst-Lieutenant.
29	10	59	Als Chef des Generalstabes zum III. Armee-Corps versetzt.
18	10	61	Oberst.
10	2	63	Com. des 5. Ostpreuss. Infanterie-Regts. Nr. 41.
21	6	64	Com. der 2. Infanterie-Brigade.
10	12	64	Als Chef des Generalstabes des III. Armee-Corps in den Generalstab versetzt, mit Beibehaltung des Ranges als Brigade-Com.
18	6	65	General-Major.
		66	Feldzug 1866. Ober-Quartiermeister der II. Armee (Nachod, Königgrätz.) Orden pour le mérite.
17	9	66	Von diesem Verhältniss entbunden und in die Stellung als Chef des Generalstabes des III. Armee-Corps zurückgetreten.
30	10	66	Com. der 44. Infanterie-Brigade.
18	5	67	Führer der 5. Division.
16	7	67	zum General-Lieutenant befördert und zum Com. der 5. Division ernannt.

Philipp

Prinz von Croy.

à la suite der Armee.

Tag.	Mon.	Jahr.	
⚔1 ✠ (HEK1) (BrHL1) (ÖL2) (RW3) (RA2mBr) (WF1)			
26	11	1801	geboren.
23	2	26	Als Seconde-Lieutenant in der Preuss. Armee angestellt, als aggregirt dem 2. Garde-Ulanen-(Landwehr-) Regt. — Bisher in Niederländischen Diensten.
19	3	29	Premier-Lieutenant.
6	10	32	zum 5. Ulanen-Regt. als aggregirt versetzt.
30	3	33	Rittmeister.
		40/42	com. als Eskadronsführer beim 2. Bat. (Düsseldorf) 17. Landwehr-Regts.
7	4	1842	zum Major befördert und als aggregirt zum 8. Husaren-Regt. versetzt.
22	3	45	In das Garde-Drag.-Regt. als Eskadronschef vers.
11	10	45	Etatsmässiger Stabsoffizier.
14	10	48	zum Flügel-Adjutant Sr. Maj. des Königs ernannt.
8	5	49	Oberst-Lieutenant.
7	5	50	Com. des 4. Husaren-Regts., unter Verbleib als Flügel-Adjutant.
18	1	51	Oberst.
22	9	51	Als Com. zum 2. Garde-Ulanen-Regt. versetzt.
13	1	53	zum Com. der 13. Cavallerie-Brigade ernannt, unter Belassung als Flügel-Adjutant.
13	7	54	General-Major.
5	11	57	zum General à la suite Sr. Maj. des Königs ernannt, unter Entbindung von der Stellung als Com. der 13. Cavallerie-Brigade.
18	5	58	In Genehmigung seines Abschiedsgesuches von diesem Verhältniss entbunden, und mit dem Charakter als General-Lieutenant zu den Offizieren à la suite der Armee versetzt, unter Beibehaltung der bisherigen Uniform.
22	3	68	Patent als General-Lieutenant.

Peter Friedrich Ludwig von Weltzien.
Attachirt dem Stabe der 15. Division.

✠ 2 (AAB3) (BrHL3) (CHW3 m. Schw.) (HG3) (HSEH2b) (OEz1) (OV2b m. Schw.) (RSt1)

Tag.	Mon.	Jahr.	
1	4	1815	geboren in Bockhorn im Herzogthum Oldenburg.
21	6	29	In das Oldenburgische Infanterie-Regt. eingetr.
30	12	32	Seconde-Lieutenant.
		34/37	com. zur Allg. Kriegsschule.
1	5	1841	Premier-Lieutenant.
		46/48	com. zur Begleitung des Erbgrossherzogs von Oldenburg während Höchstdessen Aufenthalt auf der Universität zu Leipzig.
		1848	Feldzug gegen Dänemark.
29	3	49	Hauptmann.
		49	Feldzug gegen Dänemark. Ritterkreuz des Churhessischen Wilhelms-Ordens mit Schwertern.
19	8	57	Major.
	3	59	Auf 2 Jahre in die Bundes-Militär-Commission nach Frankfurt com.
13	3	60	Oberst-Lieutenant.
1	1	62	Oberst und Regiments-Com.
30	4	65	General-Major und Brigade-Com.
		66	Feldzug bei der Main-Armee. Com. der Oldenburg.-Hanseatischen Brigade. (Werbach, Hohenhausen, Gerchsheim, Würzburg.) Rother Adler-Orden 2. Kl. mit Schwertern. Grossh. Oldenburgisches Ehren-Comthurkreuz mit Schwertern.
25	9	67	Als General-Major in die Preussische Armee, mit Patent vom 30. April 1865, eingetreten und dem Stabe der 15. Division attachirt.
22	3	68	General-Lieutenant.

Karl Friedrich Wilhelm Freiherr von Wrangel.
Commandeur der 18. Division.

✠2 ✠4 ✠ ✠ ✠ (RW4) (RA2mKr) (GSF2b) (HSEH2b) (SS2)

Tag.	Mon.	Jahr.	
29	9	1812	geboren.
13	8	30	Als Seconde-Lieutenant zum 1. Garde-Regt. z. F. aus dem Cadetten-Corps.
		37/40	com. zur Allg. Kriegsschule.
12	12	1841	Der Abschied bewilligt.
20	3	43	Wieder angestellt als Seconde-Lieutenant aggr. dem 1. Infanterie-Regt.
30	3	44	In das 1. Infanterie-Regt. einrangirt.
		44/48	com. zur trigonometrischen Abtheilung des grossen Generalstabes.
21	5	1846	Premier-Lieutenant.
21	4	48	com. zur Dienstleistung als Generalstabs-Offizier bei den Schleswig-Holsteinschen Truppen.
		48	Feldzug 1848. (Schlacht bei Schleswig. Gefechte: Aarhuus, Tomashuus, Hadersleben, Biering, Holnis.)
		49	Feldzug 1849 beim Generalstabe der Avantgarden-Brigade der Schleswig-Holsteinschen Armee; später Bataillons-Com. daselbst. (Gefechte: Ulfshuus, Wonsild. Erstürmung und Schlacht von Colding.) Rother Adler-Orden 4. Kl. mit Schwertern. (Gefechte bei Krybily und Gudsö. Belagerung und Schlacht von Friedericia.)
25	9	49	Als Hauptmann in den grossen Generalstab vers., unter vorläufiger Belassung in der Holsteinschen Armee bis zum 16. April 1850.
		50/51	com. als Generalstabs-Offizier zur 2. combinirten Cavallerie-Division.
		1852	zur Vereinbarung der Grenz-Vermessungen nach Warschau com.
		52	Im Gefolge des General-Feldmarschalls v. Wrangel zu den Manövern nach Petersburg com.
25	5	54	Major.

Tag.	Mon.	Jahr.	
10	9	1854	zum Generalstabe der 11. Division versetzt.
26	4	56	zum grossen Generalstabe, als Dirigent der topographischen Abtheilung, zurückversetzt.
31	5	59	**Oberst-Lieutenant.**
		59	com. in Angelegenheiten des Generalstabes nach den süddeutschen Hauptstädten u. an den Rhein.
		59	Im Gefolge des General-Feldmarschalls v. Wrangel nach Stockholm zur Beglückwünschung des Königs Karl XV. com.
14	6	59	Bei der Mobilmachung zum Com. des 21. Landwehr-Infanterie-Regts. ernannt.
25	7	59	Bei der Demobilmachung mit der ferneren Führung dieses Regts. beauftragt.
8	5	60	zum Führer des neuformirten 21. combinirten Infanterie-Regts., dem späteren 8. Pommerschen Infanterie-Regts. Nr. 61, ernannt.
1	7	60	zum Com. dieses Regts. ernannt.
18	10	61	**Oberst.**
		62/63	Während der polnischen Insurrection mit dem 61. Regiment an der Russischen Grenze bei Wreschen.
21	11	1864	zum Führer der 26. Infanterie-Brigade ernannt.
18	4	65	zum Com. dieser Brigade ernannt.
18	6	65	**General-Major.**
		66	Feldzug gegen Oesterreich. Com. der 26. Infanterie-Brigade bei der Main-Armee. (Dermbach, Wiesenthal, Kissingen, Winkels, Laufach, Aschaffenburg, Tauber-Bischofsheim, Gerchsheim, Beschiessung von Würzburg.) Orden pour le mérite.
10	8	67	Com. der 18. Division.
22	3	68	**General-Lieutenant.**

Carl von Kaphengst.
Commandant von Hannover.

✠2 ✠4 ✠

Tag.	Mon.	Jahr.	
8	9	1806	geboren.
8	4	24	Als Portepee-Fähnrich aus dem Cadetten-Corps zum 12. Infanterie-Regt.
13	11	24	Seconde-Lieutenant im 12. Infanterie-Regt.
		33/35	com. zur Allg. Kriegsschule.
		1836	zur Garde-Artillerie-Brigade com.
		39/47	Lehrer an der 5. Divisionsschule in Frankfurt a. O.
24	8	1841	Premier-Lieutenant.
18	3	48	Strassenkampf in Berlin.
23	4	48	Schlacht bei Schleswig.
8	5	48	Bombardement von Friedericia.
9	5	48	Hauptmann und Compagniechef.
8	5	49	Gefecht bei Veile in Jütland. Rother Adler-Orden 4. Kl. mit Schwertern.
6	7	49	Gefecht bei Vorrel in Jütland.
12	7	49	Vorpostengefecht bei Aarhus in Jütland.
6	6	54	Major.
8	5	56	Com. des 1. Bats. 12. Infanterie-Regts.
12	3	57	Als Com. zum Landwehr-Bat. (Ortelsburg) 34. Infanterie-Regts. versetzt.
2	3	58	Als Com. zum 1. Bat. (Görlitz) 6. Landw.-Rgts. vers.
31	5	59	Oberst-Lieutenant.
8	5	60	Mit der Führung des neuformirten 22. combinirten Infanterie-Regts., späteren 3. Oberschlesischen Infanterie-Regt Nr. 62, beauftragt.
1	7	60	zum Com. dieses Regts. ernannt.
18	10	61	Oberst.
18	12	64	Als Commandant nach Rendsburg versetzt, mit dem Range als Brigade-Com.
18	6	65	General-Major.
7	1	68	zum Commandanten von Hannover ernannt.
22	3	68	General-Lieutenant.

Albert Baron von Rheinbaben.
Commandeur der 9. Division.

✠2 ✠ ✠ (AAB3a) (ÖEK3) (RW4) (RA2mKr) (RSt1) (SA1) (NO3)

Tag	Mon	Jahr	
3	5	1813	geboren.
13	8	30	Als Seconde-Lieutenant zum 1. Cürassier-Regt. aus dem Cadetten-Corps.
		41/43	Regiments-Adjutant.
26	9	1843	com. als Adjutant zur 11. Cavallerie-Brigade.
17	3	46	Premier-Lieutenant.
14	11	46	Als Adjutant zur 9. Division versetzt.
6	1	48	Als Adjutant zur 11. Division versetzt.
29	11	49	Unter Versetzung in d. Adjutantur zum Rittmeister befördert, unter Belassung bei der 11. Division.
18	11	50	Bei der Mobilmachung als Generalstabs-Offizier zur 21. Infanterie-Division com.
22	1	51	In gleicher Eigenschaft zur 11. InfanterieDivision versetzt.
22	2	51	Bei der Demobilmachung in die frühere Stellung als Adjutant der 11. Division zurückgetreten.
18	6	53	Als **Hauptmann** in den Generalstab versetzt, unter Verbleib bei der 11. Division.
10	9	54	Als Generalstabs-Offizier zum Commando der Garde-Cavallerie versetzt.
14	11	54	**Major.**
1	5	55	com. als militärischer Begleiter zu Sr. K. H. dem Prinzen Albrecht (Sohn) von Preussen, unter Aggregirung beim Generalstabe.
4	4	57	Als etatsmässiger Stabs-Offizier in das Regt. der Gardes du Corps versetzt, unter Belassung in seiner Dienststellung.
8	5	57	Von dem Commando bei Sr. K. H. entbunden.
9	7	57	Als Com. zum 2. Cürassier-Regt. (Königin) vers.
25	3	58	In gleicher Eigenschaft zum Garde-Cürassier-Regt. versetzt.
31	5	59	**Oberst-Lieutenant.**

Tag	Mon.	Jahr.	
18	10	1861	**Oberst.**
29	1	63	Führer der 2. Garde-Cavallerie-Brigade.
17	3	63	zum Com. dieser Brigade ernannt.
18	6	65	**General-Major.**
		66	Feldzug 1866. Com. der 1. leichten Cavallerie-Brigade im Cavallerie-Corps der I. Armee. (Königgrätz.) Rother Adler-Orden 2. Kl. mit Eichenlaub und Schwertern.
17	9	66	Bei der Demobilmachung in die frühere Stellung als Com. der 2. Garde-Cav.-Brigade zurückgetr.
30	10	66	zum Com. der neuformirten 3. Garde-Cavallerie-Brigade ernannt.
14	1	68	Com. der 9. Division.
22	3	68	**General-Lieutenant.**

Theophil von Podbielski.

Director des Allgemeinen Kriegs-Departements im Kriegsministerium.

✠2 ⚜2 ✲ ✤ (AAB1) (BZL1) (GHVP1) (GSF1) (MMV) (ÖL2.KD) (RSt2) (SA1) (WF1)

Tag.	Mon.	Jahr.	
17	10	1814	geboren.
1	5	31	Beim 1. Ulanen-Regt. als Avantageur eingetreten.
14	12	31	**Portepee-Fähnrich.**
9	2	33	**Seconde-Lieutenant** nach seinem mit Belobigung bestandenen Examen.
28	3	33	In das 4. Ulanen-Regt. versetzt.
		37/39	com. zur Allg. Kriegsschule.
		1840	com. zur Garde-Cavallerie-Brigade.
26	6	41	Als Adjutant zur 5. Cavallerie-Brigade versetzt.
22	2	45	**Premier-Lieutenant.**
6	1	48	Als Adjutant zur 9. Division versetzt.
30	6	49	Unter Beförderung zum Rittmeister, in die Adjutantur versetzt und zur 6. Division übergetreten.
		50	Zugleich Director der Divisionsschule in Torgau und Präses der Examinations-Commission für Portepee-Fähnrichs daselbst.
18	6	53	Als Adjutant zum Gen.-Commando des III. Armee-Corps versetzt, und in Folge der Umformung der Adjutantur in das 4. Ulanen-Regt. wieder einrangirt.
21	4	55	zum **Major** befördert, unter Versetzung in den Generalstab des Gen.-Commandos des III. Armee-Corps.
12	1	58	zum Com. des 12. Husaren-Regts. ernannt.
31	5	59	**Oberst-Lieutenant.**
18	10	61	**Oberst.**
20	1	63	zum Führer der 16. Cavallerie-Brigade ernannt.
17	3	63	Com. dieser Brigade.
19	12	63	com. als Ober-Quartiermeister bei dem Ober-Commando über die zur Ausführung der Bundes-Exekution in Holstein bestimmte Armee. (Süderbygard, Friedericia, Düppel, Alsen.)

Tag	Mon.	Jahr	
			Kronen-Orden 2. Kl. m. Schwertern. k. k. Oesterr. Leopolds-Orden, Commandeur-Kreuz mit der Kriegs-Dekoration. Mecklenburg-Schwerinsches Militär-Verdienst-Kreuz.
18	12	1864	Unter Entbindung von der Stellung als Ober-Quartiermeister, zur Wahrnehmung der Geschäfte als Chef des Stabes beim Ober-Commando in den Elbherzogthümern com.
18	4	65	Unter Ernennung zum Chef des Stabes beim Ober-Commando über die Truppen in den Elbherzogthümern, von der Stellung als Com. der 16. Cavallerie-Brigade entbunden und in seinem Range als Brigade-Com. mit der Uniform des Husaren-Regts. Nr. 12 zu den Offizieren von der Armee versetzt.
18	6	65	**General-Major.**
9	3	66	zum Director des Allg. Kriegs-Departements im Kriegsministerium ernannt.
		66	Während des Feldzuges General-Quartiermeister der Armee. (Königgrätz.) Orden pour le mérite.
6	9	66	Von dieser Stellung bei der Demobilmachung wieder in das frühere Verhältniss zurückgetr.
21	3	67	Vorsitzender der Commission zur Revision der Verordnung über die Disciplinar-Bestrafung in der Armee.
20	12	67	Charakter als General-Lieutenant, und mit der Vertretung des beurlaubten Kriegsministers, General von Roon, beauftragt.
22	3	68	**Patent als General-Lieutenant.**

Albert
Fürst von Schwarzburg-Rudolstadt.
à la suite der Armee.

Tag.	Mon.	Jahr.	
30	4	1798	geboren.
22	3	1868	General-Lieutenant à la suite der Armee.

Rudolph Ferdinand von Kummer.

Inspecteur der Besatzung von Mainz.

✠2 ✠4 ✠3 ✠ ✠ (ÖEK2)

Tag	Mon.	Jahr.	
11	4	1816	geboren.
1	1	34	Eingetreten in das 18. Infanterie-Regt.
19	7	34	Portepee-Fähnrich.
12	9	35	Seconde-Lieutenant.
		43/47	com. als Adjutant und Rechnungsführer zum 2. Bat. (Samter) 18. Landwehr-Regts.
	4	1848	com. als Generalstabsoffizier bei einer mobilen Kolonne in der Provinz Posen.
	4	48	und Mai, Gefechte gegen die Insurgenten in der Provinz Posen. (Grätz, Buk.) Rother Adler-Orden 4. Kl. mit Schwertern.
	5	48	bis Juni, zum Reorganisations-Com. in der Provinz Posen, General v. Pfuel, com.
8	7	48	Adjutant der 10. Landwehr-Brigade.
8	7	48	zum Premier-Lieutenant befördert, unter Belassung als Adjutant der 10. Landwehr-Brigade.
10	4	49	zum Generalstabe des V. Armee-Corps com.
31	1	50	Als Hauptmann in den Generalstab versetzt, unter Verbleib bei dem V. Armee-Corps.
19	5	55	zum Major befördert und zum Generalstabe der 10. Division versetzt.
22	4	56	zum Generalstabe der 7. Division versetzt.
28	4	57	zum Generalstabe des Garde-Corps versetzt.
		58/60	Lehrer an der Kriegsakademie zu Berlin.
31	5	1859	Oberst-Lieutenant.
1	7	60	zum Chef des Generalstabes des I. Armee-Corps ernannt, unter vorläufigem Commando als Chef des Generalstabes beim Garde-Corps.
14	9	60	zum Chef des Generalstabes des Garde-Corps ern.
18	10	61	Oberst.
9	1	64	Com. des Westphälischen Füsilier-Regts. Nr. 37.
18	4	65	zum Com. der 25. Infanterie-Brigade ernannt.
18	6	65	General-Major.

Tag.	Mon.	Jahr.	
		1866	Feldzug 1866. Com. der 25. Infanterie-Brigade bei der Main-Armee. (Dermbach, Zella, Kissingen, Aschaffenburg, Tauberbischofsheim, Gerchsheim, Würzburg.) Orden pour le mérite.
7	7	68	zum Inspecteur der Besatzung von Mainz ern., unter Verleihung des Ranges eines Divisions-Commandeurs.
23	7	68	**General-Lieutenant.**

Jakob Mathias Ferdinand **von Maliszewski**.

Commandant des Invalidenhauses zu Berlin.

✠1 ✠2 ✠1 S. ✠ (RW4 m. Schw.)

Tag.	Mon.	Jahr.	
25	2	1790	geboren.
14	10	1804	Eingetreten in das Regt. v. Schöning Nr. 11.
		1805	Marsch zur Besetzung der Schles.-Oesterr. Grenze.
		1806	Feldzug 1806. (Gefecht bei und in Soldau. Schlacht von Pr. Eylau. Gefecht bei Königsberg (Karschau). Gefecht im Baumwalde. Gefecht bei Tilsit.)
17	12	1806	**Fähnrich.**
28	7	1807	**Seconde-Lieutenant.**
		13	Feldzug 1813. Schlacht bei Gr.-Görschen (leicht verwundet). Eisernes Kreuz 2. Kl. und Russischer Wladimir-Orden 4. Kl. mit der Schleife. (Bautzen. Bei Breitiz verwundet. Arrieregarden-Gefecht bei Nossen. Gefecht bei Wartenburg. Schlacht bei Möckern. Leipzig (schwer verwundet.) Eisernes Kreuz 1. Kl. und abermals den K. Russischen Wladimir-Orden 4. Kl. (Der gebräuchliche Umtausch gegen einen höheren Orden fand auf eigenen Wunsch nicht statt.)
3	12	13	**Premier-Lieutenant**
20	9	14	In das Cadetten-Corps versetzt.
22	11	14	**Stabs-Capitain.**
11	6	15	**Wirklicher Capitain.**
27	11	15	com. zur Dienstl. bei dem 3. Depart. des Kriegsmin.
28	12	15	Aus dem Cadetten-Corps ausgeschieden und zu den Offizieren von der Armee versetzt.
6	4	20	**Major.**
10	4	37	**Oberst-Lieutenant.**
30	3	39	zum Vorstande der Geh. Kriegskanzlei ernannt.
29	8	41	**Oberst.**
8	7	48	zum Commandanten des Invalidenhauses zu Berlin ernannt.
6	11	48	Charakter als **General-Major.**
6	11	50	Charakter als **General-Lieutenant.**

Wilhelm

Prinz zu Solms-Braunfels.
à la suite der Armee.

✠1 (HEK1) (BrHL1) (HG1) (HEA1) (GHL1) (LEK1) (OV1) (PG1) (HSEH1)

Tag.	Mon	Jahr	
30	12	1801	geboren.
24	6	20	Als Seconde-Lieutenant dem Regt. der Gardes du Corps aggregirt.
18	6	25	Premier-Lieutenant.
17	4	31	Rittmeister.
30	6	31	Als aggregirt zum 4. Dragoner-Regt. versetzt.
20	8	32	Als Major der Abschied bewilligt mit der Armee-Uniform.
20	9	32	Die Erlaubniss zum Tragen der Regiments-Uniform erhalten.
17	10	41	Als Führer des II. Aufgebots des 3. Bats. (Simmern) 29. Landwehr-Regts. wieder angestellt.
12	9	42	Charakter als Oberst-Lieutenant
11	10	45	Als Führer des II. Aufgebots zum 1. Bat. (Neuwied) 29. Landwehr-Regts. versetzt.
31	12	50	Von der Führung des II. Aufgebots entbunden und à la suite des 1. Bats. (Neuwied) 29. Landwehr-Regts. gestellt.
15	2	53	zum Oberst befördert und à la suite des 2. Garde-Landwehr-Cavallerie-Regts. gestellt.
22	5	58	Charakter als General-Major, unter Versetzung zu den Offizieren à la suite der Armee.
18	10	61	Charakter als General-Lieutenant.

Adolph
Prinz zu Bentheim-Tecklenburg-Rheda.
à la suite der Armee.

✠ ✠ (BrHL2a) (GSF1) (HSEH1)

Tag	Mon.	Jahr.	
7	5	1804	geboren.
5	1	33	Als **Premier-Lieutenant** bei dem 4. Cürassier-Regt. als aggr. angestellt. (Früher Capitain in der Hannoverschen Armee.)
21	11	35	Als **Rittmeister** dem 5. Ulanen-Regt. aggr.
24	1	40	Als aggr. zum 11. Husaren-Regt. versetzt.
23	10	42	Charakter als **Major**.
7	10	45	Von seinem bisherigen Dienstverhältniss entbunden und mit der Uniform des 11. Husaren-Regts. zu den Offizieren à la suite der Armee versetzt.
28	9	47	Charakter als **Oberst-Lieutenant**.
6	8	53	Charakter als **Oberst**.
22	5	58	Charakter als **General-Major**.
18	10	61	Charakter als **General-Lieutenant**.

Herrmann
Fürst von Pückler-Muskau.
à la suite der Armee.

Tag	Mon.	Jahr	✣ ✠1 ⊕1 ✠ (BCV1) (EEL3) (RW4) (SN1)
30	10	1785	geboren.
		1802	In sächsische Dienste getreten als Sous-Lieutenant bei dem Regt. der Gardes du Corps. Abschied als Rittmeister.
		13	Unmittelbar nach der Schlacht bei Leipzig in russische Dienste getreten als Oberst-Lieutenant unter dem General-Gouverneur des Königreichs Sachsen, Fürsten Repnin.
		14/15	Den Feldzug als Adjutant des Herzogs Carl August von Weimar, russischer General, mitgemacht.
22	6	1824	zum Oberst-Lieutenant und Führer des II. Aufgebots im 3. Bat. (Sorau) 12. Landwehr-Regts. ernannt.
28	1	26	Charakter als Oberst.
15	9	26	Als Führer des 2. Aufgebots zum 1. Bat. (Görlitz) 6. Landwehr-Regts. versetzt.
11	1	33	Abschied bewilligt als General-Major.
17	5	62	zu den Offizieren à la suite der Armee versetzt.
22	3	63	Charakter als General-Lieutenant.
		66	Feldzug gegen Oesterreich. Im grossen Hauptquartier Sr. Maj. des Königs. Gross-Comthurkreuz des Kgl. Hausordens von Hohenzollern.

Herrmann Erdmann Constantin **Graf von Pückler,**
Freiherr von Groditz.
à la suite der Armee.

🦅1 🍃2 ✳2 ☩ (LA) (HEK1mBr) (AAB1) (BV3) (BZL1)
(BStMV1) (BL1) (BrHL1) (HG2a) (GHL2a) (LEK1) (MWK1)
(NA1) (OEK1) (OV1) (PBd'A1) (RAN u. s. w.) (RW3) (RA1mBr)
(SA1) (GSF1) (HSEH1) (WF1)

Tag	Mon.	Jahr	
24	12	1797	geboren zu Hohlstein in Schlesien.
		1812	bis 1815 im Cadetten-Corps zu Berlin.
28	4	15	Seconde-Lieutenant im 2. Garde-Regt. z. F.
		15	Marsch nach Paris.
23	4	22	Premier-Lieutenant.
13	10	27	Als Capitain mit der Regiments-Uniform der Abschied bewilligt.
6	9	29	Als Hauptmann in das 3 Bat. (Potsdam) 20. Landwehr-Regts. einrangirt.
14	4	38	Major und Führer des II. Aufgebots des 3. Bats. (Potsdam) 20. Landwehr-Regts.
30	3	44	Charakter als Oberst-Lieutenant.
24	8	48	Von der Führung des II. Aufgebots entbunden und dem Bat. aggr.
		49	Feldzug in Baden im Hauptquartier mitgemacht. (Ubstadt, Bruchsal, Durlach, Müggensturm, Kuppenheim, Uebergabe von Rastadt.) Rother Adler-Orden 2. Kl. mit Eichenlaub und Schwertern.
6	6	54	Charakter als Oberst und zum Führer des II. Aufgebots 24. Landwehr-Regts. ernannt.
16	2	56	Als General-Major der Abschied bewilligt.
30	9	56	In die Kathegorie der zur Disposition gestellten Offiziere versetzt.
22	3	63	Charakter als General-Lieutenant.
26	4	65	zu den Offizieren à la suite der Armee versetzt.

Maximilian Heinrich von Roeder.
à la suite der Armee.

⚔2 ✠3 ✠3 ⚔ ✠ (BStMV2b) (WM)

Tag	Mon.	Jahr	
10	10	1804	geboren.
6	4	22	Eingetreten auf Avantage in d. 1. Garde-Regt. z. F.
15	3	23	Seconde-Lieutenant.
17	5	31	com. zur Dienstleistung als Adjutant bei der 14. Division.
30	3	37	Von diesem Commando entbunden.
19	6	38	com. als militärischer Begleiter zu Sr. K. H. dem Prinzen Alexander von Preussen.
18	4	40	zum aggr. Premier-Lieutenant befördert.
13	4	41	zum aggr. Hauptmann befördert.
7	10	50	Unter Entbindung von dem Verhältniss als militärischer Begleiter, zum Adjutanten Sr. K. H. ern.
10	10	51	**Major.**
1	4	51	à la suite des 1. Garde-Regts. z. F. gestellt.
15	4	56	**Oberst-Lieutenant.**
31	5	59	**Oberst.**
17	3	63	**General-Major.**
1	10	64	Unter Entbindung von dem Verhältniss als Adjutant Sr. K. H., behufs Verwendung im diplomatischen Dienste zu den Offizieren à la suite der Armee versetzt.
8	6	66	Charakter als **General-Lieutenant.**

Philipp von Hesse.

von der Armee, Chef der Landes-Triangulation.

✠2 ✠3 ✠ (BL3) (RA2)

Tag	Mon.	Jahr	
10	7	1810	geboren.
16	10	28	In die 2. Artillerie-Brigade eingetreten.
28	9	31	Seconde-Lieutenant.
		34/37	com. zur Allg. Kriegsschule.
		1839	Abtheilungs-Adjutant.
		41/42	com. zum topographischen Bureau.
		42/44	com. zur trigonometrischen Abtheilung des Generalstabes.
27	2	1844	Premier-Lieutenant.
3	4	45	com. zum grossen Generalstabe.
17	3	46	Als Hauptmann in den grossen Generalstab vers.
12	11	50	In das 7. Artillerie-Regt. versetzt, mit Patent vom 27. Februar 1844.
4	3	52	Als Major in den grossen Generalstab versetzt, mit Patent vom 11. April 1851.
18	4	55	zum Generalstabe des II. Armee-Corps versetzt.
15	10	56	Oberst-Lieutenant.
7	3	57	com. zum grossen Generalstabe.
30	3	57	zum Abtheilungs-Chef im grossen Generalstabe ernannt.
31	5	59	Oberst.
17	3	63	Charakter als General-Major.
25	3	64	Patent als General-Major.
2	6	66	zum stellvertretenden Chef des Generalstabes der Armee ernannt.
3	4	66	Unter Belassung als Chef der Landes-Triangulation, zu den Offizieren von der Armee versetzt.
20	9	66	Charakter als General-Lieutenant.

Friedrich Wilhelm Graf von Redern.

à la suite der Armee.

 ⚔ (LA) (HEK1) (AAB1) (BZL1) (BL1) (ÖL1) (RW4) (RA1 u.s.w.) (NO1)

Tag.	Mon.	Jahr.	
9	12	1802	geboren.
15	2	25	zum Seconde-Lieutenant in der Cavallerie des 2. Bats. (Prenzlau) 8. Landwehr-Regts. ernannt, dem späteren 2. Bat. 24. Landwehr-Regts.
3	6	42	zum Wirklichen Geheimen Rath ernannt.
25	11	43	Premier-Lieutenant.
30	3	44	Rittmeister.
31	3	46	Charakter als Major.
17	9	53	Patent als Major.
6	6	57	Charakter als Oberst-Lieutenant.
31	8	61	Ernennung zum Oberst-Kämmerer.
18	10	61	Patent als Oberst-Lieutenant.
22	3	62	zum Oberst befördert.
22	3	63	Charakter als General-Major, unter Versetzung zu den Offizieren à la suite der Armee.
18	1	65	Schwarzer Adler-Orden.
31	12	66	Charakter als General-Lieutenant.

Ludwig **Wilhelm** August
Prinz von Baden, Grossh. H.
à la suite der Armee.

✠ 1 (BV1) (BdT) (BZL1) (FEL1) (GHL1) (ÖL1) (OV1) (RAd u. s. w.) (RG4) (SR) (HSEH1)

Tag.	Mon.	Jahr.	
18	12	1829	geboren.
22	11	49	Als Premier-Lieutenant aggr. dem 1. Garde-Regt. z. F. angestellt.
14	5	50	Hauptmann.
22	9	54	**Major.**
10	1	56	Als à la suite zur Garde-Artillerie-Brigade vers.
23	5	57	Oberst-Lieutenant.
31	5	59	Oberst.
16	1	61	Von dem Dienstverhältniss bei der Garde-Artillerie-Brigade entbunden und mit der Uniform dieser Brigade zu den Offizieren à la suite der Armee versetzt.
18	10	61	zum Brigadier der Garde-Artillerie-Brigade ern.
		62/63	Zugleich Mitglied der Art.-Prüfungs-Commission.
12	5	1863	Unter Entbindung von dem Verhältniss als Brigadier der Garde-Artillerie-Brigade und unter Verleihung des Charakters als General-Major, zu den Offizieren à la suite der Armee versetzt.
		66	Rother Adler-Orden 1. Kl. mit Schwertern.
31	12	66	Charakter als **General-Lieutenant.**

Friedrich Wilhelm Eduard **Herkt.**
Commandeur der 6. Artillerie-Brigade.

✠ 2 ✠

Tag.	Mon.	Jahr.	
2	6	1805	geboren.
11	11	22	Eingetreten in die 6. Artillerie-Brigade.
11	4	26	Portepee-Fähnrich in der 6. Artillerie-Brigade.
11	4	29	Seconde-Lieutenant in der 6. Artillerie-Brigade.
	10	39	bis Oktober 1840 com. zur Lehr-Eskadron.
19	6	42	Premier-Lieutenant.
27	3	47	Als Hauptmann und Compagniechef zur 3. Artillerie-Brigade versetzt.
		48	Feldzug in Schleswig. (Befestigung des Hafens von Eckernförde.)
4	11	54	Unter Beförderung zum **Major**, als Artillerie-Offizier des Platzes nach Luxemburg versetzt.
1	1	57	In die 3. Artillerie-Brigade als Abtheilungs-Com. versetzt.
31	5	59	Oberst-Lieutenant.
12	9	61	Commandant von Wesel.
18	10	61	Oberst.
24	1	63	zum Brigadier der Ostpreuss. Artillerie-Brigade Nr. 1 ernannt.
25	6	64	Com. der 1. Artillerie-Brigade.
18	6	65	General-Major.
12	12	65	Als Com. zur 6. Artillerie-Brigade versetzt.
3	7	66	Feldzug 1866. Com. der Artillerie des VI. Armee-Corps. (Königgrätz.) Rother Adler-Orden 2 Kl. mit Eichenlaub und Schwertern. (Den 5. Juli der Beschiessung von Königgrätz beigewohnt.)
22	3	68	Charakter als General-Lieutenant.

Georg Arnold Carl **von Kameke**.

Ad interim General-Inspecteur des Ingenieur-Corps und der Festungen.

✠2 ✥ ✚ ✠ (CHW2b) (FEL2) (ÖEK3)

Tag.	Mon.	Jahr.	
14	6	1817	geboren.
1	1	34	Eingetreten in die 2. Pionier-Abtheilung.
30	9	36	Als aggr. Seconde-Lieutenant zur 1. Ingenieur-Inspection versetzt.
8	9	37	Von der Artillerie- und Ingenieur-Schule zur 2. Pionier-Abtheilung.
29	9	40	In den Etat einrangirt.
		38/41	Bei der 2. Pionier-Abtheilung.
	10	1841	bis 1844 zum Fortificationsdienst in Posen com.
	9	1844	com. zum Festungsbau in Königsberg i. Pr.
26	3	46	In die 2. Ingenieur-Inspection versetzt, unter Belassung in seinem Verhältniss.
27	4	48	com. zur Dienstleistung als 2. Adjutant der 1. Ingenieur-Inspection, unter Versetzung zu dieser Inspection.
1	7	48	Premier-Lieutenant.
6	3	49	zur Dienstleistung als 1. Adjutant der 1. Ingenieur-Inspection com.
22	10	50	Als Hauptmann in den grossen Generalstab vers.
12	4	51	zum Generalstabe des VII. Armee-Corps com.
1	3	55	Zeugniss der Reife zum Ingen.-Hauptmann 1. Kl.
19	6	55	Unter Beförderung zum **Major**, in den grossen Generalstab versetzt.
	1	56	Dem grossen Generalstabe aggr. und zur Gesandtschaft nach Wien com.
12	1	58	zum General-Commando des I. Armee-Corps versetzt, unter vorläufiger Belassung in Wien.
15	4	58	In das Kriegsministerium, Abtheil. für Ingenieur-Angelegenheiten, versetzt.
31	5	59	Oberst-Lieutenant.
20	10	59	Mit der Führung der Geschäfte des Chefs der Abtheilung für Ingenieur-Angelegenheiten beauftragt.

Tag	Mon	Jahr	
3	5	1860	zum Chef dieser Abtheilung ernannt.
10	5	61	com. zur Dienstleistung beim Kaiser Franz-Garde-Grenadier-Regt.
22	6	61	zum Com. des 11. Infanterie-Regts. ernannt.
18	10	61	**Oberst.**
5	3	63	Unter Versetzung in den Generalstab, als Chef des Generalstabes zum General-Commando des VIII. Armee-Corps com.
18	4	65	Den Rang als Brigade-Com. erhalten.
18	6	65	**General-Major.**
12	12	65	Als Chef des Generalstabes zum General-Commando des II. Armee-Corps versetzt.
14	12	65	Neben dieser Stellung zum Mitglied der Ingenieur-Commission ernannt.
		66	Feldzug gegen Oesterreich. Chef des Generalstabes des II. Armee-Corps (I. Armee). (Podkost, Gitschin, Königgrätz.) Orden pour le mérite.
29	6	67	Unter Versetzung in das Ingenieur-Corps, zum Inspecteur der 2. Ingenieur-Inspection ernannt.
6	8	67	zum Präses der Prüfungs-Commission für Hauptleute und Premier-Lieutenants des Ingenieur-Corps ernannt.
3	10	67	Mit der Wahrnehmung der Geschäfte der General-Inspection des Ingenieur-Corps und der Festungen beauftr., unter Entbindung von der früheren Stellung.
22	3	68	Charakter als **General-Lieutenant.**

General-Majors.

Julius von Gross- gen. von Schwarzhoff.
Commandeur der 13. Infanterie-Brigade.

🎖2 ✠3 ✠ ✠ (IISEII3a) (RA2)

Tag.	Mon.	Jahr.	
21	11	1812	geboren.
13	8	30	Als Seconde-Lieutenant aus dem Cadetten-Corps zum 5. Infanterie-Regt.
		33/36	com. zur Allg. Kriegsschule.
6	10	1835	gestattet, seinem Namen den seines Oheims, von Schwarzhoff, hinzuzufügen.
		36	com. zur 1. Artillerie-Brigade.
		39/41	com. zum 3. Cürassier-Regt.
		1841	Bataillons-Adjutant.
		42/43	Regiments-Adjutant.
20	1	1844	Als Premier-Lieutenant in das 32. Infanterie-Regt. versetzt.
		45/47	com. als Compagnie-Führer zum 3. Bat. (Naumburg) 32. Landwehr-Regts.
14	12	1848	**Hauptmann und Compagniechef.**
16	6	55	**Major.**
6	3	56	Director der comb. 7. und 8. Divisionsschule und Präses der Examin.-Commission für Portepee-Fähnrichs.
21	6	56	Als 2. Com. zum 3. Bat. (Düsseldorf) 4. Garde-Landwehr-Regts. versetzt.
16	1	58	In das 2. Garde-Regt. z. F. versetzt.
31	5	59	**Oberst-Lieutenant.**
8	5	60	Mit der Führung des 2. Infanterie- (Königs-) Regts. beauftragt.
1	7	60	Com. dieses Regts.
18	10	61	**Oberst.**
18	4	65	zum Com. der 13. Infanterie-Brigade ernannt.
18	6	65	**General-Major.**
		66	Feldzug 1866. Com. der 13. Infanterie-Brigade (I. Armee). (Münchengrätz, Königgrätz, Blumenau.) Orden pour le mérite.

Gustav Carl Bernhard Thilo von Schimmelmann.
Commandeur der 9. Infanterie-Brigade.

✠2 ✠4 ✲ ✠ (BZL3b) (FEL3) (HG3) (LEK3) (ÖL3) (RW3) (RA2) (RSt2)

Tag.	Mon.	Jahr.	
3	8	1816	geboren.
16	1	34	Eingetreten in das 1. Garde-Regt. z. F.
20	8	34	Portepee-Fähnrich.
15	12	34	zum aggr. Seconde-Lieutenant ernannt.
17	8	37	einrangirt.
		41/43	com. zur Allg. Kriegsschule.
		1847	com. zum topographischen Bureau.
	4	48	Beurlaubt zum Eintritt in die Schleswig-Holsteinsche Armee. Dort als Hauptmann in der Adjutantur angestellt, und Stabschef der 2. Infanterie-Brigade.
22	8	48	Premier-Lieutenant.
5	9	48	Von seinem Urlaub nach Schleswig zum Regt. zurückgekehrt.
		49	com. als Compagnie-Führer zum 2. Bat. (Coblenz) 4. Garde-Landwehr-Regts.
		49	Feldzug in Baden in dieser Eigenschaft. Rother Adler-Orden 4. Kl. mit Schwertern.
		50	com. zur topographischen Abtheilung des grossen Generalstabes.
27	10	50	Als Hauptmann in den grossen Generalstab vers.
25	1	51	com. zu Sr. K. H. dem Prinzen von Preussen, Militär-Gouverneur der Rheinprovinz u. Westphalen.
18	7	55	zum Major befördert, unter Versetzung zum Generalstabe der 16. Division.
8	9	55	Neben dieser Stellung zum Director der comb. 15. und 16. Divisionsschule, sowie zum Präses der Examinations-Commission für Portepee-Fähnrichs ernannt.
15	10	55	Unter Entbindung von diesen beiden Commandos und Versetzung zum gr. Generalstabe, in sein früheres Verhältniss zu Sr. K. H. zurückgetr.

Tag.	Mon	Jahr.	
16	10	1858	zur Dienstleistung als persönlicher Adjutant zu Sr. K. H. dem Prinz-Regenten com., unter Aggregirung beim Generalstabe der Armee.
31	5	59	**Oberst-Lieutenant.**
7	1	61	zum Flügel-Adjutant Sr. Maj. des Königs ernannt.
18	10	61	Unter Beförderung zum **Oberst** und Verbleib als Flügel-Adjutant, zum Com. des Niederrheinischen Füsilier-Regts. Nr. 39 ernannt.
18	4	65	Com. der 9. Infanterie-Brigade, unter Belassung in der Stellung als Flügel-Adjutant.
18	6	65	**General-Major.**
		66	Feldzug 1866. Com. der 9. Infanterie-Brigade (I. Armee.) (Gitschin, Königgrätz.) Orden pour le mérite.

Otto von Tiedemann.

Commandeur der 19. Infanterie-Brigade.

✠2 ✠4 ✠3 ✪ ✠ (HSEH2b)

Tag.	Mon.	Jahr.	
17	10	1811	geboren zu Königsberg in Pr.
15	8	28	Eingetreten in das 31. Infanterie-Regt.
15	9	30	Seconde-Lieutenant im 31. Infanterie-Regt.
		34/36	com. zur Allg. Kriegsschule.
		37/41	Bataillons-Adjutant.
		42/45	Regiments-Adjutant.
22	3	1845	com. als Adjutant zur 7. Infanterie-Brigade.
11	7	48	Premier-Lieutenant.
12	9	48	Als Adjutant zur 7. Division com.
22	3	49	com. als Adjutant bei der nach Schleswig-Holstein gesandten Division unter General-Major von Hirschfeld I.
		49	Feldzug in Schleswig. (7. 5. Alminde, 8. 5. Viuf, 31. 5. Aarhus.) Rother Adler-Orden 4. Kl. mit Schwertern.
12	4	51	Als Hauptmann in den grossen Generalstab vers.
19	5	55	zum Generalstabe der 6. Division com.
18	7	55	Major.
12	7	58	In den grossen Generalstab versetzt.
23	11	58	Als Bats.-Com. zum 8. (Leib-) Inf.-Regt. vers.
31	5	59	Oberst-Lieutenant.
14	6	59	Bei der Mobilm. zum Com. d. 8. Landw.-Regts. ern.
25	7	59	Bei der Demobilm. zum Führer dieses Regts. ern.
8	5	60	zum Führer des neuform. 8. comb. Inf.-Regts., späteren 5. Brandenburg. Inf.-Regt. Nr. 48, ern.
1	7	60	Com. dieses Regts.
18	10	61	Oberst.
13	5	65	zum Com. der 19. Infanterie-Brigade ernannt.
18	6	65	General-Major.
		66	Feldzug gegen Oesterreich. Com. der 19. Infanterie-Brigade (II. Armee). (Nachod, Skalitz, Schweinschädel, Gradlitz, Königgrätz.) Orden pour le mérite.

Carl Friedrich **Graf von der Goltz**.

General à la suite Sr. Maj. des Königs und Führer der Garde-Cav.-Division.

🎖 2s² m. St. ✠2 ✠3 ✠ ✠ (AAB3a) (BV3) (BZL2b)
(BrHL3) (FEI.2) (HG3) (CHW3) (NL3) (LEK3) (ÖEK3) (OV2b)
(RW3) (RA2) (RSt1) (GSF3a)

Tag.	Mon.	Jahr.	
12	4	1815	geboren.
			Eingetreten im 1. Cürassier-Regt.
14	9	33	**Seconde-Lieutenant.**
3	5	38	Als aggr. zum Garde-Cürassier-Regt. versetzt.
15	3	45	**Premier-Lieutenant.**
25	11	45	com. auf 1 Jahr als 2. Hof-Cavalier zu I. K. H. der Frau Prinzessin Albrecht von Preussen.
10	1	48	com. zur Dienstleistung bei Sr. K. H. dem Prinzen von Preussen.
18	1	49	zum Rittmeister bef. und zum persönl. Adjutanten Sr. K. H des Prinzen von Preussen ernannt.
		49	Feldzug in Baden in dieser Stellung mitgemacht. Rother Adler-Orden 4. Kl. mit Schwertern.
7	7	55	**Major** (Patent vom 15. Oktober 1855).
22	3	59	zum Com. des 7. Husaren-Regts. ernannt, unter Belassung in seinem Verhältniss als Adjutant.
31	5	59	**Oberst-Lieutenant.**
7	1	61	zum Flügel-Adjutant Sr. Maj. des Königs ernannt, unter Belassung als Regiments-Com.
18	10	61	**Oberst.**
4	9	64	zum Com. der 14. Cavallerie-Brigade ernannt, unter Verbleib als Flügel-Adjutant.
18	6	65	zum **General-Major** befördert, unter Ernennung zum General à la suite Sr. Maj. des Königs mit Belassung in seinem Verhältniss als Brig.-Com.
		66	Feldzug 1866. Com. der 14. Cavallerie-Brigade (5. Ulanen- und 11. Husaren-Regt.) bei der Elb-Armee. (Königgrätz.) Rother Adler-Orden 2. Kl. mit dem Stern, Eichenlaub u. Schwertern.
30	10	66	zum Com. der 19. Cavallerie-Brigade ernannt.
14	1	68	Mit der Führung der Garde-Cav.-Division beauftr.

Georg Reinhold **Graf von der Gröben.**
Commandeur der 14. Cavallerie-Brigade.

⚔2 ✠3s²or ✠3 ✠3 ✠ ✠ (BZL2b) (BCV3) (BStMV3a)
(HG2b) (JMuL4) (GHL3b) (MMV) (OEK2.KD) (RSt2) (WF2b)

Tag.	Mon.	Jahr.	
16	6	1817	geboren.
1	4	36	Eingetreten in das 2. Garde-Ulanen-Regt.
16	1	37	**Seconde-Lieutenant.**
		41	com. zur Allg. Kriegsschule.
15	11	41	zum 2. Adjutanten Sr. K. H. des Prinzen Wilhelm von Preussen ernannt, unter Einrangirung in die Adjutantur.
27	3	47	**Premier-Lieutenant.**
	7	49	Feldzug in Baden als Adjutant beim Armee-Corps des Generals Grafen von der Gröben. (Gefecht bei Kuppenheim, am Hirschgrund, Belagerung von Rastatt.) Rother Adler-Orden 4. Kl. mit Schwertern.
28	12	50	**Rittmeister.**
7	10	51	zur Dienstleistung bei dem 1. Garde-Ulanen-Regt. com., unter vorläufiger Belassung bei den Offizieren der Adjutantur.
20	10	51	Dem 1. Garde-Ulanen-Regt. à la suite gestellt.
11	5	52	Als Eskadronschef in dieses Regt. einrangirt.
1	10	53	zur Dienstleistung bei Sr. Maj. dem Könige com., unter Aggregirung beim 1. Garde-Ulanen-Regt.
2	5	54	zum Flügel-Adjutant Sr. Maj. des Königs ernannt.
15	10	55	**Major.**
20	7	58	Com. der Leib-Gendarmerie.
4	12	58	Als Com. zum 3. Husaren-Regt. versetzt, unter Belassung als Flügel-Adjutant.
31	5	59	**Oberst-Lieutenant.**
18	10	61	**Oberst.**
		64	Feldzug gegen Dänemark. Com. der Avantgarde des I. Corps. (Gefechte bei Windebye und Eckernförde, Gefecht bei Missunde, Belagerung und Sturm von Düppel.) Erkrankt am Typhus

Tag	Mon.	Jahr	
			(4 Monate). Rother Adler-Orden 3. Kl. mit Schwertern, u. Grossh. Mecklenburg-Schwerinsches Militär-Verdienst-Kreuz.
14	6	1864	Von dem Commando des 3. Husaren-Regts. entbunden und zu den dienstthuenden Flügel-Adjutanten übergetreten.
21	11	64	Com. der 8. Cavallerie-Brigade, unter Belassung als Flügel-Adjutant.
18	6	65	**General-Major.**
		66	Feldzug gegen Oesterreich. Com. der 3. leichten Cavallerie-Brigade im Cavallerie-Corps der I. Armee. (Münchengrätz, bei Königgrätz durch die Hüfte geschossen.) Orden pour le mérite.
17	9	66	Von dem Commando der 3. leichten Cavallerie-Brigade entbunden und in die frühere Stellung zurückgetreten.
30	10	66	zum Com. der 14. Cavallerie-Brigade ernannt.

Leopold **Freiherr von Loën**.
Commandeur der 4. Garde-Infanterie-Brigade.

♣2 ✠3 ⚔ (AAB2b) (BL2a) (BrHL3) (HG3) (ÖL3) (OV3) (RW3) (RA1 u. s. w.) (RA2mBr) (HSEH1) (GSF3a)

Tag.	Mon.	Jahr.	
24	6	1817	geboren.
1	10	34	Eingetreten in das 1. Garde-Regt. z. F.
19	5	36	**Seconde-Lieutenant.**
	6	40	com zum 3. Bat. (Düsseldorf) 4. Garde-Ldw.-Regts.
1	10	40	com. zum comb. Garde-Reserve-Bat. (Spandau) auf 6 Monate.
		42/44	Bataillons-Adjutant.
18	3	1848	Strassenkampf in Berlin.
		45/49	Regiments-Adjutant.
10	5	1849	**Premier-Lieutenant**
20	11	49	com. als Adj. zum Commando der Garde-Infanterie.
2	12	51	com. zur Dienstleistung bei Sr. Maj. dem Könige.
4	5	52	zum Flügel-Adjutant Sr. Maj. des Königs ernannt.
7	5	52	**Hauptmann.**
15	10	55	**Major.**
9	8	56	Zugleich Com. der Garde-Unteroffizier-Compagnie.
27	7	57	com. zur interimistischen Dienstleistung als Militär-Bevollmächtigter in St. Petersburg.
5	11	57	zum Militär-Bevollmächtigten am K. Russischen Hofe ernannt.
31	5	59	**Oberst-Lieutenant.**
18	10	61	**Oberst.**
		64	Feldzug in Schleswig-Holstein.
18	6	65	**General-Major** und Com. der 4. Garde-Infanterie-Brigade, unter Entbindung von der Stellung als Militär-Bevollmächtigter in St. Petersburg.
		66	Feldzug gegen Oesterreich. Com. der 4. Garde-Infanterie-Brigade bei der II. Armee. (Soor und Trautenau, Königgrätz.) Rother Adler-Orden 2. Kl. mit Eichenlaub und Schwertern, und Ritterkreuz des Kgl. Hausordens von Hohenzollern mit Schwertern.

Herrmann von Tresckow.

General-Adjutant Sr. Maj. des Königs und Chef der Abtheilung für die persönlichen Angelegenheiten im Kriegsministerium.

✠2 m. St. ✠4 ✠2 ✠ ✠ (BZL1) (HEK1 m. Schw.) (FEL2) (GSF1) (ÖL3) (ÖEK3) (RW3) (RA1 u. s. w) (RA2mBr) (SA1) (TM1) (HSEH1)

Tag	Mon	Jahr	
1	5	1818	geboren.
12	8	35	Als Seconde-Lieutenant aus dem Cadetten-Corps zum Kaiser Alexander-Grenadier-Regt., als aggr.
21	9	36	In das Regt. einrangirt.
		46/48	Regiments-Adjutant.
18	3	1848	Strassenkampf in Berlin.
26	3	48	com. als Adjutant zum General v. Bonin, Oberbefehlshaber eines bei Havelberg aufzustellenden Detachements und demnächst während des Feldzuges in Schleswig Com. einer comb. Infanterie-Brigade. (Schleswig, Satrup, Nübel.) Rother Adler-Orden 4. Kl. mit Schwertern.
28	9	48	gestattet, als Adjutant fernerhin bei Gen. v. Bonin, jetzt command. General der Schleswig-Holsteinschen Armee, zu verbleiben. (Auenbüll und Beuschau, Schlacht von Colding, Alminde, Gudsö und Taulow-Kirche, Belagerung und Gefechte vor Friedericia, 13. Mai und 3. u. 25. Juni Schlacht bei Friedericia.)
19	10	48	Premier-Lieutenant.
9	4	50	In Folge der Zurückberufung des Gen. v. Bonin, zum Regimente zurückgetreten.
12	11	50	zur Dienstleistung als Adjutant bei dem General-Commando des Garde-Corps com.
6	6	51	com. zum grossen Generalstabe.
31	1	52	Als Hauptmann in den grossen Generalstab vers.
2	3	54	zur Gesandtschaft in Paris com.
30	10	55	Major.
18	11	56	Unter Entbindung von dem Commando nach Paris. zum Flügel-Adjutant Sr. Maj. des Königs ern.

Tag	Mon.	Jahr	
5	11	1857	Daneben Com. der Garde-Unteroffizier-Compagnie.
31	5	59	**Oberst-Lieutenant.**
1	7	60	zum Com. des 27. Infanterie-Regts. ernannt, unter Belassung als Flügel-Adjutant.
18	10	61	**Oberst.**
14	2	63	com. in das Hauptquartier der Russischen Armee nach Warschau.
16	1	64	Von diesem Commando entbunden und das Commando des 2. Magdeburg. Infanterie-Regts. Nr. 27 wieder übernommen.
7	4	64	com. als Chef des Stabes des Generals v. Werder (Oberbefehlshaber des I., II., V. und VI. Armee-Corps) nach Posen.
25	6	64	Unter Entbindung von diesem Commando, in seiner Eigenschaft als Regts.-Com. zum Kaiser Alexander-Garde-Gren.-Regt. Nr. 1 versetzt.
18	4	65	Von der Stellung als Regts.-Com. entbunden und zu den dienstthuenden Flügel-Adjutanten übergetreten; gleichzeitig in das Militär-Cabinet com.
18	6	65	**General-Major**, unter Erneuerung zum General à la suite Sr. Maj. des Königs.
29	6	65	zum Chef der Abtheilung für persönliche Angelegenheiten im Kriegsministerium ern., unter Belass. als General à la suite Sr. Maj. d. Königs.
		66	Feldzug 1866. Im grossen Hauptquartier Sr. Maj. des Königs. Comthurkreuz des Kgl. Hausordens von Hohenzollern mit Schwertern.
20	9	66	General-Adjutant Sr. Maj. des Königs.

Friedrich **Wilhelm** Nikolaus
Herzog zu Mecklenburg-Schwerin, H.
Commandeur der 6. Cavallerie-Brigade.

✠ 1 ✠ (BdT) (BZL1) (BrHL1) (HG1) (MWK1) (MMV) (MDK) (ÖL1) (ÖMV.KD) (RAd u. s. w.) (HSEH1)

Tag.	Mon.	Jahr.	
5	3	1827	geboren.
20	2	47	Als **Premier-Lieutenant** aggr. dem Regt. der Gardes du Corps angestellt.
9	8	49	**Rittmeister.**
27	11	52	Mit der Führung der 5. Compagnie und 3. Eskadron beauftragt.
21	9	53	**Major.**
31	10	54	Als aggr. zum Garde-Cürassier-Regt. versetzt.
26	7	56	Der Abschied bewilligt.
31	1	59	Als Major à la suite des 11. Husaren-Regts. wieder angestellt.
14	6	59	Bei der Mobilmachung der Armee zum Com. des 6. Cürassier-Regts. ernannt.
25	7	59	Bei der Demobilmachung zum Führer dieses Regts ernannt.
1	1	60	**Oberst-Lieutenant.**
12	5	60	zum Com. des 6. Cürassier-Regts. ernannt.
18	10	61	**Oberst.**
		64	Feldzug in Schleswig.
25	6	64	Com. der 8. Cavallerie-Brigade.
21	11	64	Com. der 6. Cavallerie-Brigade.
18	6	65	**General-Major.**
9	12	65	Die Erlaubniss zum Tragen der Uniform des Brandenburgischen Cür.-Regts. (Kaiser Nikolaus I. von Russland) Nr. 6 erhalten, unter Stellung à la suite desselben.
		66	Feldzug 1866. Com. der 2. leichten Cavallerie-Brigade im Cavallerie-Corps der I. Armee. (Königgrätz.) Orden pour le mérite.
17	9	66	Bei der Demobilmachung wieder das Commando der 6. Cavallerie-Brigade übernommen.

Friedrich Wilhelm Nikolaus **Albrecht**
Prinz von Preussen, K. H.

Commandeur der 2. Garde-Cavallerie-Brigade, Chef des Brandenburgischen Dragoner-Regts. Nr. 2 und 1. Commandeur des 2. Bats. (Stettin) 1. Garde-Landwehr-Regts.

🎖 ✹ ✹ 1 ✹ ✹ (HEK1 m. Schw.) (BdT) (BZL1 (BH) (BL1) (CHL) (NL1) (MWK1) (MMV) (ÖSt1) (ÖMV.KD) (OV1) (RAd u. s. w.) (HSEH1) (NO1) (SicF1)

Tag.	Mon.	Jahr.	
8	5	1837	geboren.
8	5	47	Seconde-Lieutenant im 1. Garde-Regt. z. F. und à la suite des 1. Bats. (Königsberg) 1. Garde-Landwehr-Regts.
15	10	54	Premier-Lieutenant.
11	8	57	Hauptmann.
22	2	59	Als **Rittmeister** à la suite zum Garde-Dragoner-Regt. versetzt.
22	3	60	**Major.**
18	10	61	**Oberst.**
24	5	62	Mit der Führung des 1. Garde-Dragoner-Regts. beauftragt.
18	6	62	zum 1. Com. des 2. Bats. (Stettin) 1. Garde-Landwehr-Regts. ernannt.
29	1	63	zum Com. des 1. Garde-Dragoner-Regts. ernannt.
		64	Feldzug in Schleswig im Hauptquartier Sr. K. H. des Prinzen Friedrich Carl. Insignien des rothen Adler-Ordens mit Schwertern. Oesterr. Militär-Verdienst-Kreuz mit der Kriegsdekoration. Mecklenburg. Militär-Verdienst-Kreuz.
7	12	64	zum Chef des Brandenburg. Dragoner-Regts. Nr. 2 ernannt, als Auszeichnung für Höchstsein Verhalten im Feldzuge 1864.
18	6	65	zum **General-Major** befördert, unter Belassung als Com. des 1. Garde-Dragoner-Regts. und mit der Berechtigung, die Uniform dieses Regts. zu tragen.
3	4	66	zum Com. der 1. Garde-Cavallerie-Brigade ern.

Tag	Mon	Jahr	
		1866	Feldzug 1866. Com. der 1. schweren Cavallerie-Brigade im Cavallerie-Corps der I. Armee, abcommandirt zur II. Armee. (Skalitz, Schweinschädel, Königgrätz.) Orden pour le mérite.
17	9	66	Bei der Demobilmachung wiederum das Commando der 1. Garde-Cavallerie-Brigade übernommen.
30	10	66	zum Com. der 2. Garde-Cavallerie-Brigade ernannt.

Ferdinand Alexander Ludwig von Meyerfeld.
Commandeur der 14. Infanterie-Brigade.

🎖3 ✠2 m. St. (BrHL3) (CHW2b) (CHDK) (GHVP2b) (OV2b)

Tag	Mon.	Jahr	
11	11	1808	geboren.
20	4	20	Cadet im Kurfürstl. Cadetten-Corps zu Cassel.
15	1	26	Eingetreten im Kurhessischen Leibgarde-Regt. als Portepee-Fähnrich.
20	4	26	Seconde-Lieutenant im Leibgarde-Regt.
26	8	35	Premier-Lieutenant in demselben Regt.
16	5	38	Als Lehrer zum Cadetten-Corps com.
20	6	43	Hauptmann u. Compagniechef im Leibgarde-Regt.
6	6	47	zum Generalstabe versetzt.
	4	48	Erster Generalstabs-Offizier bei der nach dem Grossherzogthum Baden entsendeten hessischen Division des General-Lieutenants Bauer (6½ Bat., 6 Eskadrons, 2 Batterien, 1 Pionier-Compagnie).
15	4	49	bis 24. Juli Feldzug gegen Dänemark. Erster Generalstabs-Offizier bei der Reserve-Division des General-Lieutenants Bauer. (17. Mai Geschützkampf der noch unvollendeten u. schwach armirten diesseitigen Batterien gegen die dänischen Batterien auf Alsen u. im Brückenkopf von Sonderburg, 6. Juni Vorpostengefecht auf den Düppeler Höhen, 24. Juni nächtliches Vorpostengefecht ebendaselbst.) Ritterkreuz mit Schwertern des Oldenburg. Haus- und Verdienstordens des Herzogs Peter Friedrich Ludwig. Braunschweigisches Ritterkreuz des Ordens Heinrichs des Löwen.
27	5	52	Major im Generalstabe.
22	3	54	Oberst-Lieutenant im Generalstabe.
3	6	54	interimistischer Chef des Generalstabes.
30	9	56	Wirkl. Chef des Generalstabes.
2	10	58	zum Oberst ernannt (Patent vom 29. März 1859).
24	3	63	zum General-Adjutanten ernannt.
15	8	63	Charakter als General-Major.

Tag.	Mon.	Jahr.	
3	1	1864	zum Chef des Generalstabes ernannt.
25	11	65	Patent als **General-Major**.
16	5	66	zum Kriegsminister ernannt.
30	10	66	In der Preussischen Armee angestellt als **General-Major** und Com. der 14. Infanterie-Brigade, mit Patent vom 25. November 1865.

Ludwig Friedrich Ernst **von Bothmer**.
Commandeur der 12. Infanterie-Brigade.

✠3 (HG3) (HWK)

Tag.	Mon.	Jahr.	
3	3	1817	geboren zu Nienburg an der Weser.
21	11	35	Eingetreten als Cadet in das Kgl. Hannoversche Garde-Jäger-Bat.
6	6	36	zum **Seconde-Lieutenant** im Bat. ernannt.
8	11	42	**Premier-Lieutenant**.
2	10	46	**Hauptmann**.
24	5	57	zum **Major** im 2. Jäger-Bat. ernannt.
15	5	59	**Oberst-Lieutenant** und Com. des 2. Jäger-Bats.
27	5	62	In seiner Eigenschaft als Bats.-Com. zum 3. Jäger-Bat. versetzt.
24	5	63	Charakter als Oberst und zum Com. der 4. Infanterie-Brigade ernannt.
26	5	64	Patent als **Oberst**.
27	5	65	**General-Major**.
		66	Den Feldzug gegen Preussen als Brigade-Com. mitgemacht.
9	3	67	In der Kgl. Preuss. Armee als **General-Major** mit Patent vom 26. November 1865 als Offizier von der Armee angestellt und der 20. Division attachirt.
10	8	67	zum Com. der 12. Infanterie-Brigade ernannt.

Alexander von Stückradt.
Commandeur der 29. Infanterie-Brigade.

✠2 ✠ (TM2)

Tag.	Mon.	Jahr.	
20	2	1814	geboren.
10	8	31	Als Seconde-Lieutenant aus dem Cadetten-Corps zum 30 Infanterie-Regt.
		35/38	com. zur Allg. Kriegsschule.
		38/41	com. zum Cadetten-Corps.
30	11	1841	Als Premier-Lieutenant in das Cadetten-Corps versetzt.
4	4	46	In das 4. Infanterie-Regt. versetzt.
		47/48	com. als Compagnie-Führer beim 3. Bat. (Graudenz) 4. Landwehr-Regts.
		1848	com. als Compagnie-Führer beim 1. combinirten Reserve-Bat.
22	8	48	Hauptmann und Compagniechef.
15	3	55	zum Major befördert und als Com. zum Landwehr-Bat. (Ortelsburg) 34. Infanterie-Regts. vers.
12	3	57	In das 24. Infanterie-Regt. als Com. des Füsilier-Bats. versetzt.
19	1	59	zum 13. Infanterie-Regt. versetzt.
1	7	60	Oberst-Lieutenant.
23	8	60	zum Com. des 1. Oberschlesischen Infanterie-Regts. Nr. 22 ernannt.
18	10	61	Oberst.
4	1	66	Com. der 29. Infanterie-Brigade.
8	6	66	General-Major.
		66	Feldzug 1866. Com. der 29. Infanterie-Brigade. (Münchengrätz, Königgrätz.) Rother Adler-Orden 2. Kl. mit Eichenlaub und Schwertern.

Theodor **Wittich.**

Commandeur der 20. Infanterie-Brigade.

🎖3 ⚜4 ✸2 ✠

Tag.	Mon.	Jahr.	
26	3	1812	geboren.
29	7	29	Als Seconde-Lieutenant aus dem Cadetten-Corps zum 17. Infanterie-Regt.
		32 35	com. zur Allg. Kriegsschule.
		37/46	Bataillons-Adjutant.
20	4	1843	**Premier-Lieutenant.**
18	4	48	**Hauptmann** und Compagniechef.
		49	Feldzug in Baden. (Philippsburg, Waghäusel, Bischweier, Kuppenheim.) Rother Adler-Orden 4. Kl. mit Schwertern.
1	5	55	bis 11. August com. zur Commission für die erste Umarbeitung der Schiessinstruction für das Zündnadelgewehr.
15	9	55	**Major.**
26	7	56	zum Com. des 1. Bats. (Wesel) 17. Landwehr-Regts. ernannt.
27	7	56	bis 7 August, Generalstabsreise beim VII. Armee-Corps.
8	5	60	com. zum neuformirten 17. comb. Infanterie-Regt., dem späteren 8. Westphälischen Infanterie-Regt. Nr. 57, als Führer des 1. Bats.
1	7	60	zum **Oberst-Lieutenant** befördert u. in das 57. Infanterie-Regt. als Bats.-Com. versetzt.
21	7	60	In das 4. Westphälische Infanterie-Regt. Nr. 17 als Com. des Füsilier-Bats. versetzt.
21	6	61	zum Com. d. 3. Pomm. Infanterie-Regts. Nr. 14 ern.
18	10	61	**Oberst.**
3	4	66	Com. der 20. Infanterie-Brigade.
8	6	66	**General-Major.**
		66	Feldzug 1866. Com. der 20. Infanterie-Brigade beim V. Armee-Corps (II. Armee). (Nachod, Skalitz, Schweinschädel, Kanonade von Gradlitz, Königgrätz.) Kronen-Ord. 2. Kl. mit Schwertern.

Friedrich Johann Eduard Christoph von Schmidt.
Commandeur der 16. Infanterie-Brigade.

🎖2 ✠ (HSEH2a) (SEK1) (RA2)

Tag	Mon.	Jahr	
26	7	1809	geboren in Königsberg.
5	4	26	Eingetreten in das 4. Infanterie-Regt. als Portepee-Fähnrich, aus dem Cadetten-Corps.
12	2	27	Seconde-Lieutenant.
		36/41	com. als Bats.-Adjutant und Rechnungsführer beim 1. Bat. (Bartenstein) 4. Landwehr-Regts.
16	5	1842	Premier-Lieutenant.
	5	42	com. als Compagnie-Führer beim 1. Bat. (Bartenstein) 4. Landwehr-Regts.
		42/43	com. als einstweiliger Adjutant und Rechnungsführer beim 1. Bat. (Osterode) 4. Landwehr-Regts., bei Formation dieses Bats.
		43/44	Compagnieführer bei diesem Bat.
		44/45	Führer der Strafabtheilung in Danzig.
29	9	1845	com. als Adjutant zur 1. Landwehr-Brigade.
16	1	49	Als Hauptmann in die Adjutantur versetzt, unter Beibehalt des bisherigen Verhältn. als Adjutant.
30	6	49	Als Adjutant zur 4. Division versetzt.
18	6	53	Als Compagniechef in das 6. Infanterie-Regt. vers.
14	2	56	zum Major befördert und als Com. zum 2. Bat. (Wehlau) 1. Landwehr-Regts. versetzt.
12	4	59	In das 5. Inf.-Regt. vers. als Com. des Füs.-Bats.
1	7	60	Oberst-Lieutenant.
7	8	60	bis 10. November com. zur Dienstleistung in das Kriegsministerium.
24	7	61	Als Com. zum 8. Ostpreussischen Infanterie-Regt. Nr. 45 versetzt.
18	10	61	Oberst.
8	5	66	zum Com. der 16. Infanterie-Brigade ernannt.
		66	Feldzug 1866. Com. dieser Brigade bei der I. Armee. (Liebenau, Münchengrätz, Königgrätz, Pressburg.) Rother Adler-Orden 2. Kl. mit Eichenlaub und Schwertern.

Tag	Mon	Jahr	
8	6	1866	**General-Major.**
10	10	66	bis 1. März 1867 zur Regelung der Landwehr- und Ersatz-Verhältnisse in den Bezirk des XI. Armee-Corps com.
18	5	67	bis 5. Juli 1868 das Commando über die zum Schutzdienst gegen Weiterverbreitung der Rinderpest in den Thüringischen Staaten verwendeten Truppen übertragen.
4	2	68	bis 1. März als Präses der Commission zur Prüfung des Entwurfs zu einer Militär-Ersatz-Instruction für den Norddeutschen Bund com.

Franz Wilhelm von Kleist.

Inspecteur der 1. Ingenieur-Inspection und der vereinigten Artillerie- und Ingenieur-Schule.

✠ 2 ✠

Tag.	Mon.	Jahr.	
19	9	1806	geboren.
1	10	23	Eingetreten in die 3. Pionier-Abtheilung.
1	4	29	zum Seconde-Lieutenant, aggr. dem Ingenieur-Corps, ernannt.
		29/32	Bei der 2. Pionier-Abtheilung.
28	12	1830	einrangirt.
		33/39	Bei der Fortification in Küstrin.
		40/42	Bei der Fortification in Spandau.
25	3	1843	Premier-Lieutenant.
		43/47	Adjutant der 2. Festungs-Inspection.
26	10	1847	Hauptmann.
		48/50	Bei der Fortification in Stettin.
14	11	1850	Mit Wahrnehmung d. Geschäfte als Platz-Ingenieur von Stettin und Alt-Damm beauftragt.
8	6	52	zum Festungsbau-Director in Swinemünde ern.
16	2	56	zum Major befördert, unter Versetzung zum Stabe des Ing.-Corps und Verbleib in seiner Stellung.
27	6	57	In gleicher Eigenschaft nach Königsberg versetzt.
1	7	60	Oberst-Lieutenant.
11	10	61	zum Inspecteur der 7. Festungs-Inspection ern.
18	10	61	Oberst.
5	11	61	Zugleich Mitglied der Prüf.-Commission für Hauptleute und Premier-Lieutenants des Ing.-Corps.
12	9	65	zum Inspecteur der 2. Festungs-Inspection ern.
8	6	66	General-Major.
		66	Feldzug gegen Oesterreich. 1. Ingenieur-Offizier beim General-Commando des V. Armee-Corps. (Nachod, Skalitz, Schweinschädel, Königgrätz.) Rother Adler-Orden 2. Kl. mit Eichenlaub und Schwertern.
3	10	67	zum Inspecteur der 1. Ingenieur-Inspection ern.
9	11	67	Zugleich zum Inspecteur der vereinigten Artillerie- und Ingenieur-Schule ernannt.

Otto von Hoffmann.

Commandeur der 22. Infanterie-Brigade.

✠3 ✠ ✠ (HEK3) (ÖEK2)

Tag.	Mon.	Jahr.	
25	10	1816	geboren.
1	4	34	Eingetreten in das 11. Infanterie-Regt.
5	12	35	zum **Seconde-Lieutenant** im 11. Infanterie-Regt. ern., wegen Kenntniss u. Führung ohne Vorschlag.
		39/42	com. zur Allg. Kriegsschule.
		42/45	Lehrer an der 11. Divisionsschule.
30	5	1845	com. als Adjutant zur 12. Infanterie-Brigade.
27	3	47	Als **Premier-Lieutenant** zum 24. Infanterie-Regt. versetzt, unter Belassung als Adjutant.
20	7	50	Von dem Commando als Adjutant entbunden.
18	1	51	**Hauptmann** und Compagniechef.
31	5	55	In das Kriegsministerium, Abtheilung für Armee-Angelegenheiten, versetzt.
3	4	56	**Major.**
14	10	56	zum Adjutant bei der Gen.-Inspection des Militär-Erziehungs- u. Bildungswesens ern., unter Versetzung als à la suite zum 35. Infanterie-Regt.
14	4	57	In das 21. Infanterie-Regt. als Bats.-Com. versetzt.
28	4	57	Als Com. zum 3. Bat. (Löwenberg) 7. Ldw.-R. vers.
3	2	59	In d. 22. Infanterie-Regt. vers. als Com. d. Füs.-Bats.
1	7	60	**Oberst-Lieutenant.**
22	6	61	Mit der Führung des 2. Thüringischen Infanterie-Regts. Nr. 32 beauftragt.
24	7	61	Com. dieses Regts.
18	10	61	**Oberst.**
25	6	64	In das Kriegsministerium versetzt und zum Chef der Abtheilung für Armee-Angelegenheiten ern.
2	8	64	Zugleich militär. Directions-Mitglied der Central-Turnanstalt.
3	4	66	zum Com. der 22. Infanterie-Brigade ernannt.
8	6	66	**General-Major.**
		66	Feldzug 1866. Com. dieser Brigade. (Skalitz, Königgrätz.) Orden pour le mérite.

Adolph von Glümer.
Commandeur der 32. Infanterie-Brigade.

✠3 ✠2 ✠ ✠ (BZL3b) (ÖEK2)

Tag.	Mon.	Jahr.	
5	6	1814	geboren.
1	3	31	Eingetreten in das 26. Infanterie-Regt.
14	9	31	Portepee-Fähnrich.
14	6	32	**Seconde-Lieutenant.**
		36/38	com. zur Allg. Kriegsschule.
		40/42	Bataillons-Adjutant.
		42/43	com. zur Dienstleistung bei der Garde-Artillerie-Brigade.
		43/46	com. zur topographischen Abtheilung des Generalstabes.
		46/47	Compagnie-Führer beim 3. Bat. (Neuhaldensleben) 26. Landwehr-Regts.
27	3	1847	com. als Adjutant zur 7. Landwehr-Brigade.
25	4	48	**Premier-Lieutenant.**
		49	Feldzug in Baden. Adjutant des II. Rhein-Corps. (Belagerung von Rastatt, Gefecht bei Ladenburg und am Federbach vor Rastatt.) Grossh. Badenscher Orden vom Zähringer Löwen 3. Kl. u. belobt für sein Verhalten währ. des Feldzuges durch Allerh. Cab.-Ordre v. 20. Sept. 1849.
		50/51	Adjutant der mobilen 14. Division.
6	12	1851	Hauptmann und Compagniechef, unter Entbindung von der Stellung als Adjutant der 7. Landwehr-Brigade.
22	4	56	zum **Major** befördert, unter Versetzung in den Generalstab, und zur 11. Division als Generalstabsoffizier com.
12	1	58	zum Generalstabe des General-Commandos des VI. Armee-Corps versetzt.
12	3	59	In das 23. Infanterie-Regt. versetzt als Bats.-Com. (Füsilier-Bat.)
8	5	60	Daneben Director der vereinigten Divisionsschule beim VI. Armee-Corps.

Tag	Mon	Jahr	
1	7	1860	**Oberst-Lieutenant.**
13	8	61	Mit der Führung des 1. Westpreuss. Grenadier-Regts. Nr. 6 beauftragt.
18	10	61	zum **Oberst** befördert und zum Com. dieses Regts. ernannt.
14	6	66	com. als Brigade-Com. bei dem Detachement des General von Beyer. (Hünfeld, Hammelburg, Werbach, Helmstadt, Rossbrunn.) Comthurkreuz des Kgl. Hausordens von Hohenzollern mit Schwertern.
15	6	66	**General-Major.**
15	9	66	zum Com. der 32. Infanterie-Brigade ernannt.

Albrecht von Stosch.

Director des Militär-Oekonomie-Departements im Kriegsministerium.

✠2 ✠2 ✠ ✠ (AAB2a) (BZL2a) (BStMV1) (GSF1) (SA1) (ΠSEH2a) (JMuL1)

Tag.	Mon.	Jahr.	
20	4	1818	geboren.
12	8	35	Als Seconde-Lieutenant aus dem Cadetten-Corps zum 29. Infanterie-Regt.
		39/42	com. zur Allg. Kriegsschule.
		43/44	com. zur Garde-Artillerie-Brigade.
		44/47	com. zum topogr. Bureau des Generalstabes.
24	10	1848	com. als Adjutant zur 16. Landwehr-Brigade.
26	6	49	Premier-Lieutenant.
29	1	52	Als Adjutant zur 16. Division versetzt.
22	6	52	Hauptmann.
18	6	53	zum Regt. zurückgetreten.
		55	com. als Compagnie-Führer zum 8. combinirten Reserve-Bat.
18	7	55	In den Generalstab versetzt und zum General-Commando des VIII. Armee-Corps com.
22	4	56	zum Major befördert und zum Generalstabe der 10. Division versetzt.
12	1	58	zum Generalstabe des General-Commandos des V. Armee-Corps versetzt.
1	7	60	Oberst-Lieutenant.
28	5	61	Als Chef des Generalstabes zum General-Commando des IV. Armee-Corps versetzt.
18	10	61	Oberst.
15	6	66	General-Major.
		66	Feldzug gegen Oesterreich. Ober-Quartiermeister beim Ober-Commando der II. Armee. (Nachod, Königgrätz.) Orden pour le mérite.
17	9	66	Unter Entbindung von obiger Stellung, sowie von seiner Friedensstellung, zu den Offizieren von der Armee versetzt.
18	12	66	zum Director des Militär-Oekonomie-Departements im Kriegsministerium ernannt.

Rudolph Otto von Budritzki.
Commandeur der 3. Garde-Infanterie-Brigade.

✠3 ✠4 ✠2 ✠ ✠ (BrHL3) (MMV) (ÖL3.KD) (RA2) (RSt1) (SH2) (HSEH2a)

Tag	Mon.	Jahr.	
17	10	1812	geboren.
13	8	30	Als **Seconde-Lieutenant** aus dem Cadetten-Corps zum Kaiser Alexander-Gren.-Regt.
		40/48	Bataillons-Adjutant.
26	9	44	**Premier-Lieutenant.**
		48	Feldzug gegen Dänemark. (Gefecht bei Schleswig.) Herzogl. Braunschw. Orden Heinrichs des Löwen.
14	12	48	**Hauptmann** und Compagniechef.
		49	Strassenkampf in Dresden. Rother Adler-Orden 4 Kl. mit Schwertern, k. k. Oesterr. Leopolds-Orden, Ritterkreuz K. D., k. Sächsische Heinrichs-Orden.
6	5	56	**Major.**
1	7	60	**Oberst-Lieutenant.**
1	8	61	Unter Stellung à la suite des Kaiser Alexander-Garde-Grenadier-Regts., mit dem Range und den Prärogativen eines Preuss. Regts.-Com. zur Dienstleistung bei dem Herzogl. Sachsen-Coburg-Gothaischen Contingent, behufs Uebernahme des Regts.-Commandos desselben, nach Gotha com.
18	10	61	**Oberst.**
21	5	64	zum Com. des 4. Garde-Grenadier-Regts. ernannt.
		64	Feldzug in Schleswig.
18	4	65	Als Com. zum Kaiser Alexander-Garde-Grenadier-Regt. Nr. 1 versetzt.
		66	Feldzug gegen Oesterreich. Com. der 3. Garde-Infanterie-Brigade. (Königgrätz.) Kgl. Kronen-Orden 2. Kl. mit Schwertern.
15	6	66	**General-Major.**
17	9	66	Bei der Demobilmachung als Com. der 3. Garde-Infanterie-Brigade bestätigt.

Hans von Schachtmeyer.
Commandeur der 41. Infanterie-Brigade.

✠2 ✠ (AAB3a)

Tag.	Mon.	Jahr.	
6	11	1816	geboren.
5	8	33	Als Seconde-Lieutenant aus dem Cadetten-Corps zum 2. Garde-Regt. z. F., mit Patent vom 6. November 1833.
		36/37	com. zur Allg. Kriegsschule.
31	3	1840	com. zur Unteroffizierschule in Potsdam.
14	6	41	bis 1. April 1846 zur Handwerkssection in Sömmerda com.
13	5	47	zur Dienstleistung bei der 8. Jäger-Abtheil. com.
3	9	47	Von diesem Commando entbunden.
14	3	48	**Premier-Lieutenant.**
18	4	48	com. zur Dienstleistung bei der Artillerie-Abtheilung des Allg. Kriegs-Departements im Kriegsministerium.
31	12	50	Von diesem Commando entbunden und zum Regt. zurückgetreten.
11	5	52	Als **Hauptmann** u. Compagniechef in das 1. Garde-Regt. z. F. versetzt.
30	6	55	Unter Führung à la suite dieses Regts. mit der Wahrnehmung der Funktionen des Vorsitzenden der Gewehr-Prüfungs-Commission beauftragt.
8	5	56	zum **Major** à la suite des 2. Infanterie- (Königs-) Regts. ernannt und als Vorsitzender der Gewehr-Prüfungs-Commission bestätigt.
14	6	59	In das 1. Garde-Regt. z. F. als Bats.-Com. versetzt.
31	1	60	zum Com. des Lehr-Infanterie-Bats. ernannt.
1	7	60	**Oberst-Lieutenant.**
22	3	61	Unter Belassung in seiner Stellung, dem 1. Garde-Regt. z. F. aggregirt.
20	9	61	Mit der Führung des Hohenzollernschen Füsilier-Regts. Nr. 40 beauftragt.
18	10	61	zum **Oberst** befördert und zum Com. dieses Regts. ernannt.

Tag.	Mon.	Jahr.	
14	6	1866	Feldzug 1866. Brigade-Com. beim Detachement des General-Majors von Beyer. (Hünfeld, Hammelburg, Schuss in die rechte Hand.) Rother Adler-Orden 2. Kl. m. Eichenlaub u. Schwertern.
15	6	66	**General-Major.**
15	9	66	Bei der Demobilmachung zu den Offizieren von der Armee versetzt.
30	10	66	zum Com. der 41. Infanterie-Brigade ernannt.

Anton August von Below.
Commandeur der 17. Cavallerie-Brigade.

3or (LA) (RSt3) (GSF2a)

Tag.	Mon.	Jahr.	
23	8	1808	geboren.
4	4	26	Eingetreten in das 3. Cürassier-Regt.
15	8	28	Seconde-Lieutenant.
29	8	36	bis 1. Oktober 1837 com. zur Lehr-Eskadron.
19	12	39	Ausgeschieden aus dem stehenden Heere als Premier-Lieutenant mit der Armee-Uniform.
14	8	42	Bei der Cavallerie der Landwehr einrangirt, und zwar zuerst beim 1 Bat. 4. Landwehr-Regts., dann zur Eskadron des Landwehr-Bats. 33. Infanterie-Regts., zuletzt beim 2. Bat 1. Landwehr-Regts.
17	8	45	Premier-Lieutenant bei der Landwehr.
3	2	47	Im stehenden Heere wieder angestellt als Premier-Lieutenant, aggr. dem 3. Cürassier-Regt., mit Patent vom 17. December 1841.
17	11	48	bis 3. Juni 1849. Bei der Mobilmachung com. als Adjutant beim General-Commando des I. Armee-Corps.
13	11	49	zum aggr. Rittmeister befördert, unter Commandirung als Adjutant bei der 2. Division.
3	6	49	Als Hülfsoffizier zur Remonte-Ankaufs-Commiss. für Preussen com.
19	3	50	Als Eskadronchef in das 3. Cürassier-Regt. vers.
3	6	56	zum Major befördert und zum Director der Militär-Reitschule ern., unter Stellung à la suite des 3. Cürassier-Regts.
9	3	58	Als etatsmässiger Stabsoffizier in das 5. Cürassier-Regt. versetzt.
12	3	59	Mit der Führung des 8. Cürassier-Regts. beauftr.
11	6	59	zum Com. dieses Regts. ernannt.
1	7	60	Oberst-Lieutenant.
18	10	61	Oberst.
18	4	65	Com. der 16. Cavallerie-Brigade.

Tag.	Mon.	Jahr.	
		1866	Feldzug gegen Oesterreich. Com. der 16. Cavallerie-Brigade. (Münchengrätz, Königgrätz.)
11	7	66	Mit der Führung der comb. Cavallerie-Brigade bei dem Corps des Generals von Manteuffel beauftragt. Rother Adler-Orden 3. Kl. mit Schwertern.
15	6	66	**General-Major.**
15	9	66	Bei der Demobilmachung definitiv zum Com. der 16. Brigade ernannt.
30	10	66	Als Com. zur 17. Cavallerie-Brigade versetzt.

Rudolph von Schoen.

Remonte-Inspecteur und Chef der Abtheilung für das Remonte-Wesen im Kriegsministerium.

✠3 ✠2 ✠ (BZL2a) (RA2mKr)

Tag	Mon.	Jahr	
6	10	1810	geboren.
15	10	29	Eingetreten in das 3. Cürassier-Regt.
15	8	32	Seconde-Lieutenant im 3. Cürassier-Regt.
		41	com. zur Lehr-Eskadron.
4	1	44	com. als Hülfslehrer zur Lehr-Eskadron.
15	2	45	**Premier-Lieutenant.**
17	7	45	Als Reitlehrer bei der Lehr-Eskadron bestätigt.
26	5	49	Bei Auflösung der Lehr-Eskadron zum Regt. zurückgetreten.
9	10	49	com. als Lehrer bei der neuformirten Militär-Reitschule in Schwedt.
22	4	51	**Rittmeister**, unter Aggr. beim 2. Cürassier-Regt. (Königin) und Belassung in seinem Commando.
3	6	56	zum **Major** befördert und als Eskadronschef in das 2. Dragoner-Regt. versetzt.
1	11	56	Als etatsmässiger Stabsoffizier in das 6. Ulanen-Regt. versetzt.
12	3	59	Mit der Führung des 5. Cürassier-Regts. beauftr.
11	6	59	Com. dieses Regts.
1	7	60	**Oberst-Lieutenant.**
18	10	61	**Oberst.**
3	4	66	zum Com. der 10. Cavallerie-Brigade ernannt.
15	6	66	**General-Major.**
		66	Feldzug 1866. Com. der Cürassier-Brigade bei der Cavallerie-Division der II. Armee (1. und 5. Cür.-Regt.) (Königgrätz, Tobitschau.) Kronen-Orden 2. Kl. mit Schwertern.
6	9	66	com. in das Kriegsministerium, Abtheilung für das Remonte-Wesen.
3	11	66	zum Remonte-Inspecteur und Chef der Abtheilung für das Remonte-Wesen im Kriegsministerium ernannt.

Herrmann von Decker.

Commandeur der 7. Artillerie-Brigade.

⚓ 2 s² ✠ 2 ▨ (OV2b m. Schw.)

Tag.	Mon.	Jahr.	
3	8	1815	geboren.
5	8	33	Als Seconde-Lieutenant aus dem Cadetten-Corps zum 4. Infanterie-Regt.
		35/37	com. bei der 1. Artillerie-Brigade.
12	2	1837	Als aggr. zur 1. Artillerie-Brigade versetzt.
30	6	40	Als Artillerie-Offizier einrangirt.
19	6	42	**Premier-Lieutenant**, mit Patent vom 19. Juni 1839. und zur 3. Artillerie-Brigade versetzt.
17	3	47	**Hauptmann** und Compagniechef.
		48	Feldzug in Schleswig. Com. der 6pfündigen Fuss-Batterie Nr. 11. (Schleswig, Friedericia, Düppel.) Rother Adler-Orden 4. Kl. mit Schwertern.
		49	Feldzug in Baden. Com. der 6pfündigen Fuss-Batterie Nr. 11. (Homburg, Rinnthal, Ubstadt, Bischweier. Kuppenheim.)
27	5	52	zum Artillerie-Offizier des Platzes Cüstrin ern.
2	2	56	Unter Beförderung zum **Major**, zum Com. des Trains des Garde-Corps ernannt.
1	5	58	In das 3. Art.-Regt. als Abtheilungs-Com. vers.
1	7	60	**Oberst-Lieutenant**.
18	10	61	Charakter als Oberst.
17	3	63	Patent als **Oberst**.
9	1	64	zum Brigadier der Pomm. Art.-Brigade Nr. 2 ern.
	5	64	zum Com. des Pomm. Feld-Art.-Regts. Nr. 2 ern.
18	4	65	Com. der 7. Artillerie-Brigade.
		66	Feldzug 1866. Com. der Artillerie der Main-Armee. (Hammelburg, Aschaffenburg, Werbach und Hochhausen, Helmstadt, Uettingen, Rossbrunn, Beschiessung von Würzburg.) Rother Adler-Orden 2. Kl. m. Eichenlaub u. Schwertern. Oldenburgischer Haus- und Verdienst-Orden Ehren-Comthurkreuz mit Schwertern.
20	9	66	**General-Major**.

Hugo von Obernitz.

General à la suite Sr. Maj. des Königs, Inspecteur der Jäger und Schützen und mit der Führung der Geschäfte des Commandos des reitenden Feldjäger-Corps beauftragt.

✠3 ✠3 ✠ ✤ (MMV) (ÖL2) (ÖEK2) (RA2) (RSt2) (SA1) (TJf2) (WF1)

Tag.	Mon.	Jahr.	
16	4	1819	geboren.
18	8	36	Als **Seconde-Lieutenant** aus dem Cadetten-Corps zum 4. Infanterie-Regt.
		40/42	Bataillons-Adjutant.
		43/45	com. zur Allg. Kriegsschule.
		46/48	Regiments-Adjutant.
30	6	1849	com. als Adjutant zur 1. Landwehr-Brigade.
21	7	49	**Premier-Lieutenant.**
		51/52	com. zur topographischen Abth. des Generalstabes.
10	4	1852	Von der Stellung als Adjutant der 1. Landwehr-Brigade definitiv entbunden, unter Verbleib bei der topographischen Abtheilung.
22	6	52	**Hauptmann.**
9	12	52	com. zur Dienstleistung als Adjutant bei der 1. Div.
18	6	53	In den Generalstab versetzt und zum General-Commando des I. Armee-Corps com.
30	10	55	zum Generalstabe der 3. Division versetzt.
15	11	55	Neben dieser Stellung zum Director der comb. Divisionsschule des II. Armee-Corps und zum Präses der Examinations-Commission für Portepee-Fähnrichs bei demselben ernannt.
6	7	56	**Major.**
7	3	57	zum Generalstabe der 1. Garde-Division versetzt.
11	8	57	In das 1. Garde-Regt. z. F. versetzt.
6	11	58	zum persönlichen Adjutanten Sr. K. H. des Prinzen Friedrich Wilhelm von Preussen ernannt, unter Aggregirung beim 1. Garde-Regt. z. F.
28	6	59	Unter Belassung als persönlicher Adjutant Sr. K. H., mit der Führung der Geschäfte als Generalstabsoffizier der 1. Garde-Infanterie-Div. beauftr.
10	12	59	à la suite des 1. Garde-Regts. z. F. gestellt.

Tag	Mon	Jahr	
24	12	1860	Von dem Verhältniss als mit der Führung der Geschäfte als Generalstabsoffizier der 1. Garde-Infanterie-Division beauftragt, entbunden.
18	6	61	Oberst-Lieutenant.
7	3	63	zum Com. des Garde-Füsilier-Regts. ernannt.
17	3	63	Oberst.
		66	Feldzug 1866. Com. der 1. Garde-Infanterie-Brigade (II. Armee). (Soor, Königinhof, Königgrätz.) Orden pour le mérite.
17	9	66	In seiner Stellung als Com. der 1. Garde-Infanterie-Brigade bestätigt.
20	9	66	General-Major.
29	9	66	Neben seiner Stellung, mit Wahrnehmung der Commandantur-Geschäfte in Potsdam beauftr.
18	5	67	Unter Entbindung von seinen bisherigen Stellungen, zum General à la suite Sr. Majestät des Königs ernannt.
		67	Als Militär-Bevollmächtigter nach Stuttgart com.
13	1	68	Unter Belassung als General à la suite Sr. Maj. des Königs, von seiner Stellung als Militär-Bevollmächtigter in Stuttgart entbunden und zum Inspecteur der Jäger und Schützen ernannt, sowie mit der Führung der Geschäfte des Commandos des reitenden Feldjäger-Corps beauftragt.

Eberhard Graf zu Stolberg-Wernigerode.
à la suite der Armee.

✠1 m. Joh.   ✠2 m. Joh. w.   ✠C. (LA) (GHL3b) (MWK1)
(ÖEK1) (RA2mBr) (RSt1)

Tag	Mon	Jahr	
11	3	1810	geboren.
24	5	30	Eingetr. in d. 2. Garde-Ulan.-Regt. als Avantageur.
15	6	31	Seconde-Lieutenant.
		34/36	com. als Adjutant bei der Garde-Cav.-Inspection.
30	12	1836	zum 2. Adjutanten Sr. K. H. des Prinzen Wilhelm von Preussen (Bruder) ernannt.
26	3	41	Premier-Lieutenant.
15	11	42	Ausgeschieden aus dem stehenden Heere als Rittmeister und zu den beurlaubten Offizieren des 2. Bats. (Breslau) 3. Garde-Landw.-R. übergetr.
11	3	43	zum 1. Bat. (Görlitz) des 3. Garde-Landw.-R. vers.
26	6	45	Rittmeister.
16	9	48	Als Esk.-Führer z. 1. Bat. (Jauer) 7. Landw-R. vers.
12	2	52	In derselben Eigenschaft zum 2. Bat. (Hirschberg) 7. Landwehr-Regts. versetzt.
11	4	54	Major.
8	7	58	Von der Führung der Eskadron entbunden und derselben à la suite gestellt.
14	6	59	Bei der Mobilm. zum Com. d. 12. Ldw.-Hus.-R. ern.
25	7	59	Bei der Demobilm. den Charakter als Oberst-Lieut. erh. u. von d. Commando d. 12. Ldw.-Hus.-R. entb.
19	11	59	Dem 12. Landwehr-Husaren-Regt. à la suite gest.
18	10	61	Patent als Oberst-Lieutenant.
17	3	63	Oberst.
		64	Feldzug geg. Dänemark im Hauptquart. d. G.-F.-M. Grafen v. Wrangel. Ord. d. eisernen Krone 1. Kl.
		66	Feldzug 1866. Königl. Commissar und Militär-Inspecteur der freiwill. Krankenpflege bei der Armee im Felde, im Hauptquart. Sr. Maj. d. Königs.
20	9	66	General-Major, unter Versetzung zu den Offizieren à la suite der Armee.
18	1	67	Kreuz der Comthure d. K. Hausord. v. Hohenzollern mit Schwertern u. Johanniterkreuz am w. Bande.

Udo von Tresckow.

Commandeur der 33. Infanterie-Brigade.

			(HG2b) (MWK2) (MMV) (HSEH2a) (HSDK)
Tag.	Mon.	Jahr.	
7	4	1810	geboren.
26	11	26	Eingetreten in die 4. Jäger-Abtheilung.
13	9	29	Seconde-Lieutenant.
		35/48	Adjutant bei der 1. Jäger-Abtheilung.
7	3	1846	Premier-Lieutenant.
21	11	48	Als Hauptmann und Compagniechef zum neuformirten 3. Jäger-Bat. versetzt.
20	11	50	Während der Mobilmachung als Generalstabs-Offizier zur 11. Division com.
25	7	54	In das 17. Infanterie-Regt. versetzt.
15	4	56	com. zum Lehr-Infanterie-Bat.
14	6	56	zum Major befördert und als aggr. zum 13. Infanterie-Regt. versetzt.
26	6	56	Dem Regt. à la suite gestellt.
1	8	56	com. zur Uebernahme des Commandos über das Herzogl. Sachsen-Altenbg. Truppen-Contingent.
18	10	61	Oberst-Lieutenant.
17	3	63	Oberst.
3	7	64	Unter Entbindung von seinem bisherigen Commando, zum Com. des 5. Westphäl. Infanterie-Regts. Nr 53 ernannt.
		64	Feldzug gegen Dänemark.
		66	Feldzug bei der Main-Armee. (Dernbach, Zella, Waldfenster, Kissingen, Waldaschach, Aschaffenburg.) Kronen-Orden 3. Kl. mit Schwertern.
8	7	66	Com. der combinirten Garde-Infanterie-Brigade und Feldzug des II. Reserve-Armee-Corps gegen Süddeutschland. Grossh. Mecklenb.-Schwerinsches Militär-Verdienstkreuz.
15	9	66	Com. der 1. combinirten Infanterie-Brigade in den Elbherzogthümern.
20	9	66	General-Major.
30	10	66	Com. der 33. Infanterie-Brigade.

Leonhard von Selchow.
Commandeur der 43. Infanterie-Brigade.

3 or ✠

Tag.	Mon.	Jahr.	
11	10	1809	geboren.
13	6	27	Eingetreten in das Kaiser Franz-Grenadier-Regt.
14	6	29	Seconde-Lieutenant im Kaiser Franz-Grenadier-Regt.
		38	com. zur Gewehrfabrik in Potsdam.
		43	zum combinirten Garde-Reserve-Bat. com.
19	4	46	Premier-Lieutenant.
		48	Feldzug in Schleswig. (Gefecht b. Schleswig 23. 4.)
14	12	48	Hauptmann und Compagniechef.
14	6	56	zum Major befördert und in das 15. Infanterie-Regt. versetzt.
18	10	61	Oberst-Lieutenant.
6	5	62	zum Com. des 4. Rheinischen Infanterie-Regts. Nr. 30 ernannt.
17	3	63	Oberst.
		66	Während des Feldzuges Führer einer Brigade der Division v. Beyer bei der Main-Armee. (Gefecht bei Hammelburg.) Vom 24. Juli an Com. einer Brigade im I. Reserve-Armee-Corps. Rother Adler-Orden 3. Kl. mit Schwertern.
17	9	66	Unter Entbindung von obigem Commando, zum Commandanten von Cassel ernannt.
20	9	66	General-Major.
30	10	66	zum Com. der 43. Infanterie-Brigade ernannt.

14*

Friedrich Wilhelm Adalbert von Bredow.
Commandeur der 7. Cavallerie-Brigade.

3or (HG3) (RA2) (RSt2)

Tag.	Mon.	Jahr.	
25	5	1814	geboren.
16	2	32	Eingetreten in das Garde-Husaren-Regt.
18	8	32	Portepee-Fähnrich.
16	12	32	Seconde-Lieutenant im Garde-Husaren-Regt.
10	8	35	bis 16. Oktober 1835 com. mit dem Detachement des Garde-Corps nach Kalisch.
16	9	42	Premier-Lieutenant.
11	3	45	bis 1. März 1846 com. zur Dienstleistung bei der 5. Artillerie-Brigade.
16	1	46	Rittmeister und Eskadronschef.
14	6	56	zum Major befördert und als etatsmässiger Stabsoffizier zum 1. Dragoner-Regt. versetzt.
8	1	57	In gleicher Eigenschaft zum 3. Husaren-Regt. vers.
19	5	59	Mit der Führung des 4. Dragoner-Regts. beauftr.
11	6	59	Com. dieses Regts.
18	10	61	Oberst-Lieutenant.
17	3	63	Oberst.
2	5	66	zum Com. der 2. Cavallerie-Brigade ernannt.
		66	Feldzug gegen Oesterreich. Com. der Reserve-Cavallerie-Brigade des I. Armee-Corps [8. u. 12. Ulanen- und 3. Cürassier-Regt]. (Trautenau, Königgrätz.) Rother Adler-Orden 3. Kl. mit Schwertern.
17	9	66	Als Com. zur 7. Cavallerie-Brigade versetzt.
20	9	66	General-Major.

Wilhelm Otto August **von Mirbach.**
Commandeur der 18. Infanterie-Brigade.

✠3 ✠

Tag.	Mon.	Jahr.	
20	1	1810	geboren.
12	2	29	Seconde-Lieutenant im 2. Infanterie-Regt.
		42/43	com. als Compagnie-Führer beim 3. Bat. (Anklam) 2. Landwehr-Regts.
14	8	1842	Premier-Lieutenant.
		46	com. als Compagnie-Führer beim Landwehr-Bat. 34. Infanterie-Regts.
		48	com. als Compagnie-Führer beim 2. combinirten Reserve-Bat.
27	6	48	Hauptmann und Compagniechef.
21	6	56	Major.
6	3	58	Als Com. zum 2. Bat. (Prenzlau) 24. Landwehr-Regts. versetzt.
8	5	60	com. als Bats.-Führer zum neuformirten 24. comb. Infanterie-Regt., dem späteren 8. Brandenburg. Infanterie-Regt. Nr. 64.
1	7	60	In dies Regt. als Bats.-Com. versetzt.
18	10	61	Oberst-Lieutenant.
16	9	62	Mit der Führung des Magdeburgischen Füsilier-Regts. Nr. 36 beauftragt.
29	1	63	zum Com. dieses Regts. ernannt.
17	3	63	Oberst.
3	4	66	zum Commandanten von Torgau ernannt.
15	9	66	zu den Offizieren von der Armee versetzt und gleichzeitig mit den Geschäften als Commandant von Leipzig beauftragt.
20	9	66	General-Major.
30	10	66	zum Com. der 18. Infanterie-Brigade ernannt.

Emil von Frankenberg-Ludwigsdorff.

Commandant von Frankfurt am Main.

3or ✠ (OV3a) (PT2) (RA2)

Tag	Mon.	Jahr	
7	10	1813	geboren.
26	6	30	Eingetreten in das 1. Cürassier-Regt.
17	7	31	zum Seconde-Lieutenant im 1. Cürassier-Regt. befördert, nach einem mit Belobigung bestandenen Offizier-Examen.
		34/37	com. zur Allg. Kriegsschule.
		39/40	zur Lehr-Eskadron com.
		41/44	com. zum topographischen Bureau.
23	12	1846	Als Adjutant zur 9. Cavallerie-Brigade com.
19	6	47	Premier-Lieutenant mit Patent v. 27. März 1847.
28	8	50	zum Rittmeister befördert, unter Versetzung in die Adjutantur und unter Verbleib in der bisherigen Stellung.
14	10	51	Als Adjutant zur 2. Division versetzt.
18	6	53	Bei der Neuformirung der Adjutantur in das 1. Cürassier-Regt. wieder einrangirt, und als Adjutant und stellvertretender Generalstabs-Offizier zur 6. Division übergetreten.
5	5	55	Als Adjutant und stellvertretender Generalstabs-Offizier zum Commando d. Garde-Cavallerie com.
26	6	56	zum Major befördert und als Eskadronschef in das 2. Ulanen-Regt. versetzt.
12	1	58	Als etatsmässiger Stabsoffizier in das 4. Cürassier-Regt. versetzt.
12	5	60	Mit der Führung des neuformirten 2. combinirten Ulanen-Regts., dem späteren Posenschen Ulanen-Regt. Nr. 10 beauftragt.
1	7	60	zum Com. dieses Regts. ernannt.
18	10	61	Oberst-Lieutenant.
17	3	63	Oberst.
		66	Feldzug gegen Oesterreich. Com. der 5. Landwehr-Cavallerie-Brigade (2. Landwehr-Husaren- und 1. Landwehr-Ulanen-Regt.) der II. Armee. (To-

Tag	Mon.	Jahr	
			bitschau, Rokeinitz.) Schwerter zum rothen Adler-Orden 3. Kl. mit der Schleife.
17	9	1866	Unter Entbindung von dieser Stellung, zum Com. der 1. Cavallerie-Brigade ernannt.
20	9	66	**General-Major.**
18	5	67	zum Commandanten von Frankfurt a. M. ernannt.

Fritz von Gerstein-Hohenstein.
Commandant von Altona.

⚔3 ⚜2 ✠ ⚜ (GПVP3a) (ÖEK3)

Tag.	Mon.	Jahr.	
7	5	1814	geboren zu Hannöversch-Münden.
21	3	31	Eingetreten in das 6. Infanterie-Regt.
15	3	33	Seconde-Lieutenant.
30	3	36	zum 13. Infanterie-Regt. versetzt.
		37/38	com. zur Allg. Kriegsschule.
2	5	1844	com. als Adjutant zur 14. Infanterie-Brigade.
27	3	47	Als Premier-Lieutenant in das 16. Infanterie-Regt. versetzt, unter Belassung als Adjutant.
19	9	50	zur Commandantur v. Mainz als Adjutant übergetr.
28	12	50	Als Hauptmann in die Adjutantur versetzt, unter Verbleib in dem bisherigen Verhältniss.
18	6	53	In das 29. Infanterie-Regt. vers. als Compagniechef.
26	7	56	Als Major in den Generalstab versetzt (mit Patent vom 6. Juli 1856) und zur 15. Division com.
25	7	57	zum Generalstabe der 14. Division versetzt.
8	5	60	com. bei dem neuformirten 28. comb. Infanterie-Regt., dem späteren 6. Rheinischen Infanterie-Regt. Nr. 68, als Com. des Füsilier-Bats.
23	5	60	Unter Beibehalt dieses Commandos, zum Com. des 3. Bats. (Siegburg) 28. Landwehr-Regts. ern.
1	6	60	In das 6. Rheinische Infanterie-Regt. Nr. 68 als Bats.-Com. versetzt.
18	10	61	**Oberst-Lieutenant.**
29	1	63	Com. des 2. Rheinischen Infanterie-Regts. Nr. 28.
17	3	63	**Oberst.**
		66	Feldzug 1866. Com. der Infanterie der Avantgarde der Elb-Armee. (Hühnerwasser, Münchengrätz, Königgrätz.) Kronen-Ord. 2. Kl. m. Schwertern.
17	9	66	Bei der Demobilmachung zum Com. der 31. Infanterie-Brigade ernannt.
20	9	66	**General-Major.**
22	3	68	zum Commandanten von Altona und über die in Hamburg garnisonirenden Truppen ernannt.

Ernst Baron Schuler von Senden.
Commandeur der 27. Infanterie-Brigade.

✠3 ✣3 ✠ (AAB2b m. Schw.) (MMV)

Tag.	Mon.	Jahr.	
25	4	1812	geboren.
29	7	29	Eingetreten in das 2. Infanterie-Regt.
11	11	30	**Seconde-Lieutenant.**
10	12	30	zum 34. Infanterie-Regt. versetzt.
		36/37	com. zur Allg. Kriegsschule.
11	5	1838	com. zur Dienstleistung auf 1 Jahr bei der Garde-Artillerie-Brigade.
		40/43	Lehrer bei der 15. Divisionsschule.
20	1	1844	**Premier-Lieutenant.**
15	7	48	**Hauptmann** und Compagniechef.
14	7	56	zum **Major** befördert und als Com. zum 3. Bat. (Anklam) 2. Landwehr-Regts. versetzt.
18	1	59	zum 21. Infanterie-Regt. als Bats.-Com. versetzt.
18	10	61	**Oberst-Lieutenant.**
29	1	63	zum Com. des 3. Rheinischen Infanterie-Regts. Nr. 29 ernannt.
17	3	63	**Oberst.**
		66	Feldzug 1866. Com. des 29. Infanterie-Regts. (Elb-Armee). (Münchengrätz.) Stellvertretender Com. der 31. Infanterie-Brigade. (Königgrätz.) Com. der comb. Infanterie-Brigade im II. Reserve-Armee-Corps. Kgl. Kronen-Orden 3. Kl. mit Schwertern.
15	9	66	Com. der 17. Infanterie-Brigade.
20	9	66	**General-Major.**

Otto Eduard Leopold
Graf von Bismarck-Schönhausen.

Chef des 1. Magdeburgischen Landwehr-Regts. Nr. 26 und à la suite des
Magdeburgischen Cürassier-Regts. Nr. 7.

🏵 ✢1 ⚜3 ⚔ OR (LA) (AAB1) (BH) (BL1) (DD1)
(FEL1) (HG1) (CHL) (GHVP1) (JAn) (LEK1) (ÖSt1) (ÖEK1)
(OV1 m. Schw.) (RAN u. s. w.) (GSF1) (HSEH1)

Tag.	Mon.	Jahr.	
1	4	1815	geboren.
1	4	38	Eingetreten als einjähriger Freiwilliger in das Garde-Jäger-Bat.
	10	38	zur 2. Jäger-Abtheilung versetzt.
12	8	41	**Seconde-Lieutenant** im 1. Bat. (Stargard) 9. Landwehr-Regts.
14	8	42	Von der Infanterie zur Cavallerie dieses Bats. versetzt. — Rettungs-Medaille.
13	4	50	zur Cavallerie des 1. Bats. (Stendal) 26. Landwehr-Regts. versetzt.
		51	Ritterkreuz des Kgl. Hausordens v. Hohenzollern.
		52	Bei Formirung der Landw.-Cavallerie-Regimenter, zum 7. schweren Landwehr-Reiter-Regt. versetzt.
18	11	54	**Premier-Lieutenant.**
		58	Rechtsritter des Johanniter-Ordens.
28	10	59	Charakter als **Rittmeister.**
18	10	61	Charakter als **Major.**
		64	Schleswigsche Combattanten-Medaille. Ritter des Schwarzen Adler-Ordens.
15	9	65	In den Grafenstand erhoben.
		66	Feldzug gegen Oesterreich. Im grossen Hauptquartier Sr. Maj. des Königs. (Königgrätz.) Stern und Kreuz der Gross-Comthure des Kgl. Hausordens von Hohenzollern. Schwerter zum Ritterkreuz desselben Ordens.
20	9	66	zum **General-Major** befördert und zum Chef des 7. schweren Landwehr-Reiter-Regts. ernannt.
18	10	68	zum Chef des 1. Magdeburg Landw.-Regts. Nr. 26 ern. u. à la suite d. Magdeburg. Cür.-R. Nr. 7 gest.

Friedrich Carl Alexander von Rohrscheidt.
Commandant der Festung Königstein.

✠3 ⚔3 ✠

Tag.	Mon.	Jahr.	
3	6	1808	geboren.
1	10	24	Eingetreten in das 32. Infanterie-Regt.
14	6	26	Portepee-Fähnrich.
13	12	26	Seconde-Lieutenant.
		30/37	com. als Adjutant und Rechnungsführer beim 3. Bat. (Herzberg) 32. Landwehr-Regts.
		39/41	Lehrer an der 8. Divisionsschule.
14	6	1842	Premier-Lieutenant.
		42/46	com. als Compagnie-Führer beim 3. Bat. (Herzberg) 32. Landwehr-Regts.
		47/48	com. als Compagnie-Führer beim 4. combinirten Reserve-Bat.
14	9	1848	Hauptmann und Compagniechef.
14	11	54	Major.
16	6	55	In das 31. Infanterie-Regt. versetzt und zum Com. des 4. combinirten Reserve-Bats. ernannt.
7	2	56	Unter Entbindung von diesem Commando, als Com. zum 1. Bat. (Halberstadt) 27. Landwehr-Regts. versetzt.
31	5	59	Oberst-Lieutenant.
8	5	60	Führer d. neuformirten 19. combinirten Infanterie-Regts., dem späteren 4. Posenschen Infanterie-Regt. Nr. 59.
1	7	60	Com. dieses Regts.
18	10	61	Oberst.
18	4	65	zum Commandanten von Saarlouis ernannt.
18	6	65	Charakter als General-Major.
23	10	66	Unter Verleihung des Patents als General-Major, zum Commandanten der Festung Königstein im Königreich Sachsen ernannt.

Gustav von Pritzelwitz.
Commandeur der 34. Infanterie-Brigade.

✠2 ⚔ 🎖 (DD3) (RA2)

Tag.	Mon.	Jahr.	
1	1	1813	geboren.
13	8	30	Eingetreten in das Kaiser Franz-Grenadier-Regt.
14	4	32	**Seconde-Lieutenant.**
		42/47	Regiments-Adjutant.
13	5	1847	com. als Adjutant zur 1. Garde-Landwehr-Brigade.
6	4	48	**Premier-Lieutenant.**
12	4	49	com. als Adj. zum Commando der Garde-Infanterie.
17	7	51	zum Hauptmann à la suite des Regts. befördert, unter Belassung als Adjutant.
18	6	53	Als Compagniechef in das Kaiser Alexander-Gren.-Regt. versetzt, mit Patent vom 14. Sept. 1849.
20	9	56	**Major.**
10	11	57	Als 2. Com. zum 2. Bat. (Coblenz) 4. Garde-Landwehr-Regts. versetzt.
1	6	58	In das 29. Infanterie-Regt. versetzt.
19	6	60	com. in das Kriegsministerium.
6	10	60	In das Kriegsministerium versetzt als Chef der Abtheilung für das Bekleidungswesen.
18	10	61	**Oberst-Lieutenant.**
17	3	63	**Oberst.**
13	8	64	Com. des 3. Garde-Gren.-Regts. Königin Elisabeth.
		66	Feldzug 1866. Com. dieses Regts. (Soor und Trautenau, Königgrätz.) Rother Adler-Orden 2. Kl. mit Eichenlaub und Schwertern.
30	10	66	Com. der 42. Infanterie-Brigade.
31	12	66	**General-Major** mit Patent vom 30. Oktober 1866.
25	9	67	Unter zeitiger Ueberweisung als Contingents-Com. in den Grossh. Mecklenburg-Schwerinschen Dienst, zum Com. der 34. Infanterie-Brigade ernannt.

Alexander August Wilhelm von Pape.
Commandeur der 2. Garde-Infanterie-Brigade.

✠3 ✠ ✠ (RA2) (RSt1)

Tag.	Mon.	Jahr.	
2	2	1813	geboren.
17	4	30	Eingetr. in'das 2. Garde-Regt. z. F. als Avantageur.
15	6	31	**Seconde-Lieutenant.**
		39/46	Adjutant beim Füsilier-Bat.
15	1	1846	**Premier-Lieutenant.**
		49/50	com. bei der Schulabtheilung als Compagnieführer.
12	10	1850	**Hauptmann** und Compagniechef.
22	11	56	zum **Major** befördert und zum Director des Cadettenhauses zu Potsdam ernannt.
23	5	60	com. zum Garde-Reserve-Infanterie-Regt. als Führer eines Bats.
1	7	60	In das Garde-Füsilier-Regt. als Bats.-Com. vers.
18	10	61	**Oberst-Lieutenant.**
29	1	63	Com. des Ostpreussischen Füsilier-Regts. Nr. 33.
17	3	63	**Oberst.**
17	12	63	Als Com. zum 2. Garde-Regt. z. F. versetzt.
		66	Feldzug 1866. Com. des 2. Garde-Regts. z. F. bei der II. Armee. (Soor, Königinhof, Königgrätz.) Orden pour le mérite.
30	10	66	Com. der 2. Garde-Infanterie-Brigade.
31	12	66	**General-Major** mit Patent vom 30. Oktober 1866.
3	7	67	com. nach Stockholm zur Beiwohnung der Uebungen der Kgl. Schwedischen Truppen.

Adolph von Dorpowski.

Commandeur der 27. Infanterie-Brigade.

✠3 ✠2 ✠

Tag.	Mon.	Jahr.	
11	9	1811	geboren.
29	7	29	Als Seconde-Lieutenant aus dem Cadetten-Corps zum 16. Infanterie-Regt.
		33/36	com. zur Allg. Kriegsschule.
		37/40	Lehrer an der 14. Divisionsschule.
		40/41	com. zum Cadetten-Corps.
		42/45	com. zur topographischen Abth. des Generalstabes.
20	4	1844	Premier-Lieutenant.
19	12	48	Hauptmann und Compagniechef.
13	12	56	zum Major befördert und zum Director des Cadettenhauses zu Wahlstatt ernannt.
19	5	59	In das 12 Infanterie-Regt. versetzt.
18	10	61	Oberst-Lieutenant.
29	1	63	zum Com. des 7. Westphälischen Infanterie-Regts. Nr. 56 ernannt.
17	3	63	Oberst.
		66	Feldzug 1866. Com. des 56. Infanterie-Regts. bei der Elb-Armee. (Münchengrätz, Königgrätz.) Kgl. Kronen-Orden 2. Kl. mit Schwertern.
30	10	66	zum Com. der 27. Infanterie-Brigade ernannt.
31	12	66	General-Major mit Patent vom 30. Oktober 1866.

Ferdinand von Borcke.
Commandant von Rendsburg.

✠3 ✠3 ✠ ✠ (Öl.3)

Tag	Mon.	Jahr.	
14	1	1811	geboren.
1	9	28	Eingetreten in das Kaiser Franz-Grenadier-Regt.
18	12	29	Seconde-Lieutenant.
		41/48	Bataillons-Adjutant.
13	4	1847	Premier-Lieutenant.
		48	Feldzug gegen Dänemark. (Gefecht bei Schleswig.)
13	2	49	Hauptmann und Compagniechef.
13	12	56	Major.
18	10	61	Oberst-Lieutenant.
10	2	63	zum Com. des 5. Pommerschen Infanterie-Regts. Nr. 42 ernannt.
17	3	63	**Oberst**
		66	Feldzug 1866. Com. des 42. Infanterie-Regts. bei der I. Armee. (Gitschin, Königgrätz.) Kgl. Kronen-Orden 3. Kl. mit Schwertern.
30	10	66	Com. der 10. Infanterie-Brigade.
31	12	66	**General-Major** mit Patent vom 30. Oktober 1866.
22	3	68	zum Commandanten von Rendsburg ernannt.

Emil Graf von Hacke.

Commandeur der 3ö. Infanterie-Brigade.

🜲 3 or ✠ ✠ (MWK2b) (MMV) (ÖEK2.KD)

Tag.	Mon.	Jahr.	
5	2	1814	geboren.
10	8	31	Als Seconde-Lieutenant aus dem Cadetten-Corps zum 1. Garde-Regt. z. F.
		39/48	Adjutant beim Lehr-Infanterie-Bat.
14	1	1845	aggregirter Premier-Lieutenant.
19	4	46	einrangirt.
		49	Feldzug gegen Dänemark. (Alminde, Viuf, Veile, Horsens.)
10	5	49	Hauptmann und Compagniechef.
13	12	56	zum Major befördert und als Com. zum 3. Bat. (Geldern) 17. Landwehr-Regts. versetzt.
8	5	60	com. als Bataillonsführer zum neuformirten 17. comb. Infanterie-Regt, dem späteren 8. Westphälischen Infanterie-Regt. Nr. 57.
1	7	60	In dies Regt. als Com. des Füsilier-Bats. versetzt.
18	10	61	Oberst-Lieutenant.
10	2	63	zum Com. des Schles. Füsilier-Regts. Nr. 38 ern.
17	3	63	Oberst.
7	4	63	Als Com. zum 4. Brandenburgischen Infanterie-Regt. Nr. 24 versetzt.
		64	Feldzug gegen Dänemark. (Wilhoi, Stenderuper Holz, Rackebüll, Oster-Kirch, Düppel.) Rother Adler-Orden 3. Kl. mit Schwertern. (Sturm der Düppeler Schanzen, Einnahme von Alsen.) Orden pour le mérite.
		66	Feldzug gegen Oesterreich. Com. des 24. Infanterie-Regts. bei der I. Armee. (Königgrätz.)
30	10	66	zum Com. der 38. Infanterie-Brigade ernannt.
31	12	66	General-Major mit Patent vom 30. Oktober 1866.

Gustav von Rauch.

Commandeur der 21. Cavallerie-Brigade.

✠ 3 or ▨ (HEK1m.Schw.) (BCV2b) (BStMV2b) (LEK2m.St.) (RW4) (RSt2)

Tag	Mon.	Jahr	
30	1	1819	geboren.
1	3	36	Eingetreten in die Garde-Artillerie-Brigade.
8	8	38	Seconde-Lieutenant bei der Garde-Artillerie-Brig., mit Patent vom 23. September 1838.
30	5	41	Dem 2. Garde-Ulanen-Regt. aggregirt.
12	12	42	In das Regt. einrangirt.
		45/47	com. zum topographischen Bureau.
22	8	1848	Dem Regt. aggr. und als Attaché zur Gesandtschaft in Petersburg com.
12	7	51	Als Premier-Lieutenant in das 1. Garde-Ul.-R. vers.
17	6	52	zur Dienstleistung beim grossen Generalstabe com.
22	6	52	Rittmeister.
26	2	53	In den grossen Generalstab versetzt.
18	6	53	zum Generalstabe des VI. Armee-Corps com.
6	7	56	zum Generalstabe der 12. Division com.
16	12	56	Major.
19	10	58	com. zur Dienstleistung beim 1. Cürassier-Regt.
22	6	59	Bei der Mobilmachung als Generalstabsoffizier zur 7. Cavallerie-Division versetzt.
13	10	59	Bei d. Demobilmachung zum gr. Generalstabe vers.
12	5	60	zum Com. des 8. Husaren-Regts. ernannt.
18	10	61	Oberst-Lieutenant.
2	7	62	Als Com. zum 2. Westph. Husaren-Regt. Nr. 11 vers.
17	3	63	Oberst.
		66	Feldzug 1866. Com. des 11. Husaren-Regts. Divisions-Cav. der 16. Division (Elb-Armee). (Königgrätz, Mähr. Budwitz, Znaim, Jetzelsdorf, Schrick.) Rother Adler-Orden 3. Kl. mit Schwertern, Hohenzoll. Ehrenkreuz 1. Kl. m. Schwertern.
15	9	66	zum Com. der 16. Cavallerie-Brigade ernannt.
30	10	66	Com. der 21. Cavallerie-Brigade.
31	12	66	General-Major mit Patent vom 30. Oktober 1866.

15

Carl von Sandrart.

Commandeur der 22. Infanterie-Brigade.

🎖3s² ✠3 ✶ ✠ (RA2) (SF1)

Tag.	Mon.	Jahr	
9	6	1817	geboren.
15	11	33	Eingetreten in das 2. Infanterie-Regt.
9	6	34	Portepee-Fähnrich.
24	11	35	**Seconde-Lieutenant.**
		39/42	com. zur Allg. Kriegsschule.
		45-47	com. zur 8. Artillerie-Brigade.
18	3	1848	Strassenkampf in Berlin.
3	4	48	com. zur Schleswig-Holsteinschen Armee als Hauptmann u. Compagniechef im 1. Jäger-Corps.
8	6	49	zum Führer des 1. Jäger-Corps ernannt.
26	8	49	Com. des 5. Jäger-Corps.
		48/49	Feldzug gegen Dänemark. (Schlacht von Schleswig, Colding und Friedericia, Gefechte von Flensburg, Hadersleben (48), Hadersleben (49), Colding (49), Alminde, Gudsö, Belagerung von Friedericia.) Rother Adler-Orden 4. Kl. mit Schwertern (1853).
20	7	1848	**Premier-Lieutenant.**
17	4	50	Von der Schleswig-Holsteinschen Armee nach Preussen zurückberufen.
		50	com. zur topographischen Abtheilung des Generalstabes.
		50/51	Generalstabsoffizier der mobilen 9. Division und des Observations-Corps an der Mecklenburgischen Grenze.
		52/53	com. zur topographischen Abtheilung des Generalstabes.
9	11	1852	**Hauptmann.**
28	6	53	Unter Versetzung in den Generalstab, zum Generalstabe des IV. Armee-Corps com.
25	5	54	In den grossen Generalstab als Vermessungs-Dirigent versetzt.
30	12	56	**Major.**

Tag.	Mon.	Jahr.	
7	3	1857	com. zum Generalstabe der 4. Division.
18	3	58	com. zum Generalstabe des II. Armee-Corps.
	1	60	bis Mai beurlaubt, um den spanischen Krieg gegen Marokko mitzumachen. Im Stabe des Generals O'Donnel. (Schlachten bei Uad-Ras, Samsa und Gefecht bei Tetuan.) Ritterkreuz des spanischen St. Ferdinand-Ordens. Rother Adler-Orden 3. Kl. mit der Schleife u. Schwertern.
18	10	61	**Oberst-Lieutenant.**
2	9	62	In den grossen Generalstab als Chef der 2. Abtheilung versetzt.
17	3	63	**Oberst.**
9	1	64	zum Com. des 2. Pommerschen Grenadier-Regts. (Colberg) Nr. 9 ernannt.
		66	Feldzug 1866. Com. dieses Regts. bei der 4. Division (v. Herwarth) bei der I. Armee. (Königgrätz.) Kronen-Orden 3. Kl. m. Schwertern.
30	10	66	zum Com. der 23. Infanterie-Brigade ernannt.
31	12	66	**General-Major** mit Patent vom 30. Oktober 1866.

Gustav von Fabeck.
Commandeur der 37. Infanterie-Brigade.

✠3 ✠3 ✠ (BZL3a) (HG4) (ÖEEK2) (RW4) (RA2) (HSEH3:)

Tag.	Mon.	Jahr.	
23	10	1813	geboren.
11	8	31	Als Seconde-Lieutenant aus dem Cadetten-Corps zum 1. Garde-Regt. z. F.
19	4	46	**Premier-Lieutenant.**
10	5	49	**Hauptmann** und Compagniechef.
15	9	54	Com. der Leib-Compagnie.
30	12	56	**Major.**
11	8	57	Com. des 2. Bats (Magdeburg) 2. Garde-Ldw.-Regts
17	2	59	Com. des 5. Jäger-Bats.
20	9	61	Com. des Garde-Schützen-Bats.
18	10	61	**Oberst-Lieutenant.**
10	2	63	Com. des Pommerschen Füsilier-Regts. Nr. 34.
17	3	63	**Oberst.**
9	1	64	Com. des Kaiser Franz-Garde-Gren.-Regts. Nr. 2.
		66	Feldzug gegen Oesterreich. Com. des Kaiser Franz-Garde-Gren.-Regts. (II. Armee.) (Trautenau, Königgrätz.) Kronen-Orden 3. Kl. m. Schwertern.
30	10	66	Com. der 37. Infanterie-Brgiade.
31	12	66	**General-Major** mit Patent vom 30. Oktober 1866.

Carl von Kräwel.

Commandeur der 5. Artillerie-Brigade.

⚜2 ✠ (OV3a)

Tag.	Mon.	Jahr.	
22	1	1814	geboren.
11	8	31	Als Seconde-Lieutenant aus dem Cadetten-Corps zur Garde-Artillerie-Brigade.
		39/41	Brigade-Adjutant.
16	12	43	**Premier-Lieutenant.**
		48	Strassenkampf in Berlin. (Verwundet.)
11	9	49	In die 6. Artillerie-Brigade versetzt.
21	2	50	**Hauptmann** und Compagniechef.
22	1	52	In das Garde-Artillerie-Regt. versetzt.
27	5	52	zum Adjutanten bei der General-Inspection der Artillerie ernannt, unter Stellung à la suite des Regts.
16	9	52	zum persönlichen Adjutanten Sr. K. H. des Prinzen Adalbert von Preussen ernannt.
12	10	54	Unter Verbleib als Adjutant, in d. Garde-Artillerie-Regt. wieder einr., mit Patent v. 10. Nov. 1849.
3	6	56	zum Major ohne Patent befördert, unter Aggr. bei der Adjutantur.
19	3	57	Patent als **Major** und unter Entbindung von dem Adjutanten-Verhältniss, als Abtheilungs-Com. in das 5. Artillerie Regt. versetzt.
18	10	61	**Oberst-Lieutenant.**
17	3	63	**Oberst**
25	6	64	zum Com. des Brandenburgischen Feld-Artillerie-Regts. Nr. 3 ernannt, und dabei vorläufig mit der Führung des mobilen combinirten Feld-Artillerie-Regts. in Schleswig beauftragt.
		64	Feldzug gegen Dänemark.
	12	64	Bei der Demobilmachung in seiner Stellung als Com. des Brandenburgischen Feld-Artillerie-Regts. Nr. 3 bestätigt.
28	10	65	Daneben zum stimmführenden Mitgliede des General-Artillerie-Comité's ernannt.

Tag.	Mon.	Jahr.	
19	5	1866	zum Com. der 5. Artillerie-Brigade ernannt.
		66	Feldzug 1866. Com. der Artillerie des 5. Armee-Corps. (Nachod, Skalitz, Schweinschädel, Gradlitz, Königgrätz.) Rother Adler-Orden 2. Kl. mit Eichenlaub und Schwertern.
31	12	66	General-Major mit Patent vom 30. Oktober 1866.

Louis **Woide**.
Inspecteur des Train.

✠3 ✠ (RA2) (RSt1)

Tag.	Mon.	Jahr.	
28	2	1809	geboren.
1	10	25	Eingetreten in die Niederschlesische Artillerie-Brigade Nr. 5.
21	2	31	Seconde-Lieutenant in der 5. Artillerie-Brigade.
		35/38	com. zur Allg. Kriegsschule.
		41/46	Mitglied der Direction der Artillerie- und Ingenieurschule.
21	3	1843	Als **Premier-Lieutenant** in die 1. Artillerie-Brigade versetzt.
26	12	48	**Hauptmann** und Compagniechef bei der Feuerwerks-Abtheilung.
1	7	53	In das 4. Artillerie-Regt. versetzt.
1	12	55	Adjutant bei der General-Inspection der Artillerie.
		56/57	Neben dieser Stellung wiederum Mitglied der Direction der Artillerie- und Ingenieurschule.
2	4	1857	zum **Major** befördert, unter Belassung als Adjutant.
4	6	57	In das 6. Artillerie-Regt. als Abtheilungs-Com. versetzt.
18	10	61	**Oberst-Lieutenant.**
17	3	63	**Oberst.**
9	1	64	zum Inspecteur des Train ernannt.
21	3	65	Gleichzeitig stimmführendes Mitglied des General-Artillerie-Comité's.
1	1	66	zum Mitgliede des Gerichtshofes für Kompetenz-Konflikte ernannt.
31	12	66	**General-Major** mit Patent vom 30. Oktober 1866.

Rudolph Freiherr von Falkenstein.
Commandeur der 2. Infanterie-Brigade.

3 or (GHVP3a)

Tag.	Mon.	Jahr.	
27	6	1811	geboren.
1	8	28	Eingetreten in die 2. Compagnie des Garde-Schützen-Bats.
17	12	29	Seconde-Lieutenant im Garde-Schützen-Bat.
		38/42	com. bei der Garde-Unteroffizier-Compagnie.
		43/47	Bataillons-Adjutant.
19	4	1846	Premier-Lieutenant.
20	1	49	Hauptmann und Compagniechef.
14	4	57	zum Major befördert und zum Com. des 1 Jäger-Bats. ernannt.
22	6	61	Als Bataillons-Com. in das 4. Ostpreussische Infanterie-Regt. Nr. 5 versetzt.
18	10	61	Oberst-Lieutenant.
10	3	63	Mit der Führung des 1. Schlesischen Grenadier-Regts. Nr. 10 beauftragt.
17	3	63	zum Oberst befördert und zum Com. dieses Regts. ernannt.
		63	com. zur Grenzbewachung zum V. Armee-Corps. Cordon zwischen Kalisch und Kempten.
		64	Feldzug in Jütland. (Scharmützel bei Horsens.)
		66	Feldzug 1866. Com. des 10. Infanterie-Regts. VI. Armee-Corps (II. Armee). (Zukmantel 21. 6. Königgrätz.) Rother Adler-Orden 3. Kl. mit Schwertern.
30	10	66	zum Com. der 2. Infanterie-Brigade ernannt.
31	12	66	General-Major mit Patent vom 30. Oktober 1866.

Edmund Freiherr von Hanstein.
Commandeur der 44. Infanterie-Brigade.

✠3 ✠2 ✠ ✠ (WK2)

Tag.	Mon.	Jahr.	
17	11	1808	geboren.
10	5	25	Eingetreten in das 29. Infanterie-Regt.
13	2	27	Portepee-Fähnrich.
17	10	28	**Seconde-Lieutenant.**
		32/33	com. zur Allg. Kriegsschule.
		33/40	Bataillons-Adjutant.
		40/43	Regiments-Adjutant.
22	3	1843	com. als Adjutant zur 8. Landwehr-Brigade.
21	1	45	**Premier-Lieutenant.**
6	6	49	Von dem Commando als Adjutant entbunden.
18	8	49	**Hauptmann** und Compagniechef.
14	4	57	zum **Major** befördert und in das 26. Infanterie-Regt. versetzt.
18	10	61	**Oberst-Lieutenant.**
12	8	63	Mit der Führung des 1. Rheinischen Infanterie-Regts. Nr. 25 beauftragt.
22	9	63	zum **Oberst** befördert und zum Com. dieses Regts. ernannt.
		66	Feldzug 1866. Mit 2 Bataillonen des Regts. unter General v. Flies bei Langensalza, dann bei der Main-Armee als Führer einer combinirten Brigade. (Gefechte bei Waldaschach, Oerlenbach, Neukirchen, Sonderried, Uettingen, Rossbrunn. Beschiessung von Würzburg.) Kronen-Orden 2. Kl. mit Schwertern.
30	10	66	zum Com. der 28. Infanterie-Brigade ernannt.
31	12	66	**General-Major** mit Patent vom 30. Oktober 1866.
18	5	67	In seiner Eigenschaft als Brigade-Com. zur 44. Infanterie-Brigade versetzt.

Louis Hugo Alexander von Beeren.

Commandeur der 40. Infanterie-Brigade und des Herzoglich Braunschweigischen Contingents.

✠3 ✯3 ✠3 ⚔ ✠ (BrHL.2a)

Tag.	Mon.	Jahr.	
12	5	1811	geboren.
26	7	28	Eingetreten in das 32. Infanterie-Regt.
18	9	30	Seconde-Lieutenant.
		35/44	Bataillons-Adjutant.
		45/48	com. zum 32. Landwehr-Regt. als Compagnie-Führer.
12	12	1846	Premier-Lieutenant.
		49/50	com. zum 4. combinirten Reserve-Bat. als Compagnie-Führer.
9	11	1850	Hauptmann und Compagniechef.
14	4	57	zum Major befördert und als Com. zum 1. Bat. (Köln) 28. Landwehr-Regts. versetzt.
8	5	60	com. als Führer eines Bats. beim neuformirten 28. combinirten Infanterie-Regt., dem späteren 6. Rheinischen Infanterie-Regt. Nr. 68.
1	7	60	In dieses Regt. als Bataillons-Com. versetzt.
18	10	61	Oberst-Lieutenant.
1	7	62	In das 2. Thüringische Infanterie-Regt. Nr. 32 als Com. des Füsilier-Bats. versetzt.
7	4	63	Mit der Führung des 1. Ostpreussischen Grenadier-Regts. Nr. 1 beauftragt.
22	9	63	zum Oberst befördert und zum Com. dieses Regts. ernannt.
		66	Feldzug 1866. Com. des 1. Ostpreuss. Grenadier-Regts. Nr. 1 (II. Armee). (Trautenau, Königgrätz, Tobitschau.) Kronen-Orden 3. Kl. mit Schwertern.
30	10	66	zum Com. der 40. Infanterie-Brigade ernannt.
31	12	66	General-Major mit Patent vom 30. Oktober 1866.
1	10	67	Unter Beibehalt des Commandos der 40. Infanterie-Brigade, zum Com. des Herzoglich Braunschweigischen Contingents ernannt.

Carl Friedrich von Kettler.
Commandeur der 8 Infanterie-Brigade.

✠3sw ※2 ✤ ✤ (ÖEK2.KD)

Tag.	Mon.	Jahr.	
17	7	1812	geboren.
14	8	30	Als Seconde-Lieutenant aus dem Cadetten-Corps zum 13. Infanterie-Regt.
		38/40	com. zur 7. Artillerie-Brigade.
13	6	1841	bis 6. September Grenz-Commando in Vlotho an der Lippe-Detmoldschen Grenze.
23	1	44	**Premier-Lieutenant.**
2	5	44	bis September 1848 com. zum 1. Bat. (Münster) 13. Landw.-Regts. als Adj. u. Rechnungsführer.
27	11	48	bis 5. Januar 1849 Compagnie-Führer beim 7. combinirten Reserve-Bat. (Herford.)
19	12	48	**Hauptmann** und Compagniechef.
16	4	57	zum **Major** bef. u. in d. 17. Infanterie-Regt. versetzt.
1	12	57	zum Com. des Füs.-Bats. des 17. Inf.-Regts. ern.
12	1	58	Als Com. zum 1. Bat. (Münster) 13. Landw.-R. vers.
10	2	59	Daneben Director der combinirten Divisionsschule beim VII. Armee-Corps.
8	5	60	zum Führer des 1. Bats. des neuformirten 13. combinirten Infanterie-Regts. ernannt, dem späteren 5. Westphälischen Infanterie-Regt. Nr. 53.
1	7	60	In dieses Regt. als Bataillons-Com. versetzt.
18	10	61	**Oberst-Lieutenant.**
7	4	63	Mit der Führung d. 1. Posenschen Infanterie-Regts. Nr. 18 beauftr., unter Stellung à la suite desselben.
22	9	63	zum **Oberst** bef. u. zum Com. dieses Regts. ernannt.
		64	Feldzug gegen Dänemark. (Düppel, Gefechte am 28. März, 13. April, 18. April.) Orden pour le le mérite. Rother Adler-Orden 3. Kl. mit Schwertern. Oestrr. Eiserne Krone 2. Kl. mit Kriegsdek.
		66	Feldzug 1866. Com. des Infanterie-Regts. Nr. 18 (I. Armee.) (Gitschin, Königgrätz.) Kronen-Orden 2. Kl. mit Schwertern.
30	10	66	zum Com. der 8. Infanterie-Brigade ernannt.
31	12	66	**General-Major** mit Patent vom 30. Oktober 1866.

Job von Witzleben.
Commandeur der 7. Infanterie-Brigade.

✠3 ✠2 ✠ ✠ (RW4) (HSEH3a)

Tag.	Mon.	Jahr.	
13	8	1812	geboren.
10	8	31	Als Portepee-Fähnrich aus dem Cadetten-Corps zum 1. Garde-Regt. z. F.
19	1	32	zum aggr. Seconde-Lieutenant befördert.
22	5	34	In das Regt. einrangirt.
		42	zum Garde-Reserve-Bat. com.
19	4	46	**Premier-Lieutenant.**
14	8	49	**Hauptmann** und Compagniechef.
28	4	57	zum **Major** befördert und als Com. zum 3. Bat. (Potsdam) 20. Landwehr-Regts. versetzt.
11	8	57	Com. des 8 Jäger-Bats.
22	6	61	Als Com. des Füsilier-Bats. in das 17. Infanterie-Regt. versetzt.
18	10	61	**Oberst-Lieutenant.**
7	4	63	Mit der Führung des Schlesischen Füsilier-Regts. Nr. 38 beauftragt.
22	9	63	zum **Oberst** befördert und zum Com. des Regts. ernannt.
		66	Feldzug gegen Oesterreich. Com. des 38. Infanterie-Regts. (II. Armee.) (Skalitz, Schweinschädel, Gradlitz, Königgrätz.) Kronen-Orden 2. Kl. mit Schwertern.
30	10	66	Com. der 7. Infanterie-Brigade.
31	12	66	**General-Major** mit Patent vom 30. Oktober 1866.

Ferdinand Schulz.

Inspecteur der 2. Ingenieur-Inspection u. Präses der Prüfungs-Commission für Hauptleute und Premier-Lieutenants des Ingenieur-Corps.

✠3 ✣2 ✠ (GHL2b) (LEK3) (ÖEK2)

Tag.	Mon.	Jahr.	
19	6	1811	geboren.
1	8	28	Eingetreten in die 4. Pionier-Abtheilung.
26	12	31	Als Seconde-Lieutenant der 3. Ingenieur-Inspection aggregirt.
10	9	33	einrangirt.
		33/37	Bei der 7. Pionier-Abth., dort Adjutant 1836—37.
		38/43	Bei der Fortification in Mainz.
28	3	1844	**Premier-Lieutenant.**
		44/46	Adjutant der 5. Festungs-Inspection.
		1847	Bei der 1. Res.-Pionier-Compagnie in Luxemburg.
29	8	48	zum **Hauptmann** befördert und zum Com. der 2. Compagnie der 8. Pionier-Abtheilung ernannt.
		49	Feldzug in Baden. Com. der 2. Compagnie. (Gefechte von Philippsburg, Waghäusel, Durlach, Kuppenheim.)
2	12	52	Als Com. zur 4. Pionier-Abtheilung versetzt.
20	3	56	zum Platz-Ingenieur von Minden ernannt.
30	4	57	zum **Major** befördert und zum Stabe des Ingenieur-Corps versetzt, unter Verbleib in der bisherigen Stellung,
27	2	58	Als Genie-Direktor nach Luxemburg com.
8	2	61	Als Genie-Director nach Mainz com.
18	10	61	**Oberst-Lieutenant.**
22	9	63	**Oberst.**
28	10	63	zum Inspecteur der 5. Festungs-Inspection ern.
13	1	66	zum Inspecteur der 2. Pionier-Inspection ernannt.
		66	Feldzug 1866. 1. Ing.-Offizier d. VI. Armee-Corps. (Königgrätz.) Kronen-Orden 2. Kl. m. Schwertern.
31	12	66	**General-Major** mit Patent vom 30. Oktober 1866.
17	10	67	zum Inspecteur der 2. Ingenieur-Inspection ern.
9	11	67	Daneben zum Präses der Prüf.-Commiss. für Hauptleute u. Premier-Lieutenants des Ing.-Corps ern.

Emil von Berger.

Commandeur der 11. Infanterie-Brigade.

3sw 2 (BL3) (HG4) (MMV) (ÖEK2.KD) (SS3c)

Tag.	Mon.	Jahr.	
4	6	1813	geboren.
1	3	30	Eingetreten als Cadet in das Hannöversche 9. Infanterie-Regt.
4	4	30	Seconde-Lieutenant im Hannöv. 2. Infanterie-Regt.
6	4	39	In der Preussischen Armee angestellt als Seconde-Lieutenant aggr. dem 2. Garde-Regt. z. F. mit Patent vom 4. April 1830.
23	4	42	In das Regt. einrangirt.
14	9	43	Premier-Lieutenant.
		48	Feldzug gegen Dänemark als Adjutant beim General-Commando der Schleswig-Holsteinschen Truppen. (Schleswig, Düppel, Hardersleben, Gefechte bei Veille und bei Bau.)
8	5	49	bis 31. Januar 1850 Compagnie-Führer beim Lissaer Garde-Landwehr-Bat.
19	1	50	Hauptmann und Compagniechef.
10	11	50	bis 27. Januar 1851 Compagnie-Führer beim Cottbuser Garde-Landwehr-Bat.
12	5	57	Major.
18	10	61	Oberst-Lieutenant.
19	5	63	Mit der Führung des Leib-Grenadier-Regts. (1. Brandenb.) Nr. 8 beauftragt.
22	9	63	zum Oberst bef. und zum Com. dieses Regts. ern.
		64	Feldzug gegen Dänemark. (28. März Vorpostengefecht bei Düppel. Sturm auf Düppel.) Orden pour le mérite und rother Adler-Orden 3. Kl. mit Schwertern.
		66	Feldzug 1866. Com. des Leib-Grenadier-Regts. Nr. 8 bei der I. Armee. (Gitschin, Königgrätz.) Kronen-Orden 2. Kl. mit Schwertern.
30	10	66	zum Com. der 11. Infanterie-Brigade ernannt.
31	12	66	General-Major mit Patent vom 30. Oktober 1866.

Alexander **Stoltz.**
Commandeur der 15. Infanterie-Brigade.

			✠ 3 s² ✠ ✠ (LEK3) (SEK1) (SLVM) (ÖEK2.KD)
Tag.	Mon.	Jahr.	
19	11	1810	geboren.
9	6	27	Eingetreten in das 39. Infanterie-Regt.
17	4	30	Seconde-Lieutenant.
		36/39	com. zur Allg. Kriegsschule.
		41/42	com. zum Lehr-Infanterie-Bat.
19	10	1843	Premier-Lieutenant.
		45/47	com. zur topographischen Abth. des Generalstabes.
20	1	1849	Hauptmann und Compagniechef.
16	5	57	**Major.**
18	1	59	Als Com. zum 1. Bat. (Trier) 30. Landwehr-Regts. versetzt.
8	5	60	com. als Führer eines Bats. beim neuformirten 30. combinirten Infanterie-Regts., dem späteren 8. Rheinischen Infanterie-Regt. Nr. 70.
1	7	60	Als Bats.-Com. in dieses Regt. versetzt.
18	10	61	**Oberst-Lieutenant.**
9	1	64	Com. des 6. Westphäl. Infanterie-Regts. Nr. 55.
		64	Feldzug gegen Dänemark. (Belagerung der Düppeler Schanzen. Eroberung der Insel Alsen. Gefechte bei Rackebüll und Lillemölle.) Rother Adler-Orden 3. Kl. mit der Schleife und Schwertern.
25	6	64	**Oberst.**
		66	Feldzug 1866. Com. des 55. Infanterie-Regts. bei der Division v. Göben (Main-Armee). (Wiesenthal, Kissingen, Laufach, Aschaffenburg, Tauberbischofsheim, Gerchsheim, Würzburg.) Orden pour le mérite.
30	10	66	Com. der 15. Infanterie-Brigade.
18	4	67	**General-Major.**

Thilo von Trotha.

Commandeur der 18. Cavallerie-Brigade.

✠3 or ⚔ ✠ (HG3)

Tag.	Mon.	Jahr.	
19	2	1814	geboren.
1	8	31	Eingetreten als Unteroffizier in das 1. Garde-Ulanen-Regt. aus dem Cadetten-Corps.
20	6	32	Portepee-Fähnrich.
18	4	33	Als Seconde-Lieutenant zum 3. Husaren-Regt. versetzt.
1	10	40	com. zur Lehr-Eskadron.
20	2	45	**Premier-Lieutenant.**
		48	Feldzug in Schleswig. (Schleswig. Düppel.)
		49	Feldzug in Baden. (Ladenburg, Rastadt.)
13	11	49	**Rittmeister** und Eskadronschef.
16	5	57	zum **Major** befördert und als etatsmässiger Stabsoffizier in das 1. (Leib-) Husaren-Regt. versetzt.
14	6	59	Bei der Mobilmachung zum Com. des 6. Husaren-Regts. ernannt.
25	7	59	Bei der Demobilmachung mit der ferneren Führung dieses Regts. beauftragt.
12	5	60	zum Com. dieses Regts. definitiv ernannt.
18	10	61	**Oberst-Lieutenant.**
25	6	64	**Oberst.**
		66	Feldzug gegen Oesterreich. Com. des 6. Husaren-Regts (Divisions-Cav. beim VI. Armee-Corps.) (Königgrätz.) Rother Adler-Orden 3. Kl. mit Eichenlaub und Schwertern.
30	10	66	zum Com. der 18. Cavallerie-Brigade ernannt.
18	4	67	**General-Major.**

Wilhelm von Gayl.

Commandeur der 1. Infanterie-Brigade.

✠3 ✠3 ✠

Tag.	Mon.	Jahr.	
21	4	1814	geboren.
10	8	31	Als Seconde-Lieutenant aus dem Cadetten-Corps zum 2. Infanterie-Regt.
		35/38	com. zur Allg. Kriegsschule.
		41/42	com. zum Lehr-Infanterie-Bat.
22	5	1845	Premier-Lieutenant.
		44/48	com. als Adjutant und Rechnungsführer zum 3. Bat. (Anklam) 2. Landwehr-Regts.
		48/49	com. als Compagnie-Führer zum 2. Bat. (Stralsund) 2 Landwehr-Regts.
13	11	1849	Hauptmann und Compagniechef.
16	5	57	zum Major befördert; Januar 1858 zum Com. des Füsilier-Bats. ernannt.
	8	59	bis Mai 1860 mit der Führung des 2. Landwehr-Infanterie-Regts. (dem jetzigen Pommerschen Infanterie-Regt. Nr. 42) beauftragt.
18	10	61	Oberst-Lieutenant.
29	4	62	Als Com. zum See-Bat. versetzt.
9	1	64	Com. des 6. Rheinischen Infanterie-Regts. Nr. 68.
25	6	64	Oberst.
		66	Feldzug 1866. Com. des 68. Infanterie-Regts. bei der Division v. Canstein (Elb-Armee). (Münchengrätz, Königgrätz.) Kgl. Kronen-Orden 3. Kl. mit Schwertern.
5	3	67	Com. der 1. Infanterie-Brigade.
18	4	67	General-Major.

Ernst von Hartmann.

Commandeur der 6. Infanterie-Brigade.

🎖3or 🎖3 ✠ ✠ (MMV) (ÖEK2.Kl)

Tag.	Mon.	Jahr.	
4	3	1817	geboren.
12	8	35	Als **Seconde-Lieutenant** zum 13. Infanterie-Regt. aus dem Cadetten-Corps.
		39/40	com. zur Garde-Artillerie-Brigade.
		41/44	com. zur Allg. Kriegsschule.
		44/48	com. zur topographischen Abtheilung des Generalstabes.
6	4	1848	zum grossen Generalstabe com.
	6	48	bis Juli com. als Ordonanz-Offizier zum Generalkommissarius der Prov. Posen, General v. Pfuel.
19	12	48	Als **Premier-Lieutenant** in das 34. Infanterie-Regt. versetzt, unter Belassung in seinem Commando.
11	12	49	com. zur Dienstleistung beim Militär-Gouvernement der Rheinprovinz und Westphalen.
		49	Feldzug gegen Dänemark als Volontair. (Gefechte von Viuf, Alminde, Veile.)
31	1	50	Als **Hauptmann** in den Generalstab des VIII. Armee-Corps versetzt, unter Belassung in seinem bisherigen Commando.
23	11	50	zum grossen Generalstabe versetzt.
81	1	52	Als Compagniechef in das 21. Infanterie-Regt. versetzt.
27	12	55	bis 1. November 1856 Militär-Commissarius der Kreise Mogilno, Gnesen, Inowraclaw, behufs Verhinderung der Einschleppung der Rinderpest aus Polen. Rother Adler-Orden 4. Kl.
16	5	57	zum **Major** befördert und als Com. zum 3. Bat. (Havelberg) 24. Landwehr-Regts. versetzt.
8	5	60	com. als Führer des Füsilier-Bats. zum neuformirten 24. comb. Infanterie-Regt., dem späteren 8. Brandenburgischen Infanterie-Regt. Nr. 64.
1	7	60	In dieses Regt. als Bataillons-Com. versetzt.
18	10	61	**Oberst-Lieutenant.**

Tag.	Mon.	Jahr.	
15	12	1863	Mit der Führung des 7. Brandenburg. Infanterie-Regts. Nr. 60 beauftragt.
9	1	64	Com. dieses Regts.
		64	Feldzug gegen Dänemark. (Düppel, Alsen.) Orden pour le mérite. Rother Adler-Orden 3. Kl. mit Schwertern. Kronen-Orden 3. Kl. mit Schwertern. Mecklenburgisches Verdienstkreuz. Oesterr. Eiserne Krone 2. Kl. mit Kriegsdekoration.
25	6	64	Oberst.
		66	Feldzug gegen Oesterreich. Com. des Infanterie-Regts. Nr. 60 bei der Division v. Manstein (I. Armee). (Königgrätz.)
5	3	67	Com. der 6. Infanterie-Brigade.
18	4	67	General-Major.

August Ferdinand von Wegerer.
Commandeur der 35. Infanterie-Brigade.

✠ 3 or ✠

Tag.	Mon.	Jahr	
30	4	1812	geboren zu Silberberg in der Neumark.
30	7	29	Eingetreten als Portepee-Fähnrich in das 14. Infanterie-Regt. in Stargard in Pommern.
22	2	31	Als Seconde-Lieutenant zum 37. Infanterie-Regt. versetzt.
		35/37	com. zur Allg. Kriegsschule.
		39/48	Lehrer an der 16. Divisionsschule zu Trier.
		36/57	com. zum Lehr-Infanterie-Bat. in Potsdam.
14	7	1844	Premier-Lieutenant.
19	12	48	Hauptmann und Compagniechef.
23	5	57	zum Major befördert und in das 20. Infanterie-Regt. versetzt.
18	10	61	Oberst-Lieutenant.
9	1	64	Com. des Ostpreussischen Füsilier-Regts. Nr. 33.
25	6	64	Oberst.
		66	Feldzug gegen Oesterreich. Com. des 33. und des 34. Infanterie-Regts. als Füsilier-Brigade bei der Division v. Etzel (Elb-Armee). (Münchengrätz, Königgrätz.) Rother Adler-Orden 3. Kl. mit Schwertern.
11	4	67	Com. der 35. Infanterie-Brigade.
18	4	67	General-Major.

Friedrich Wilhelm **Ludwig**
Prinz von Hessen und bei Rhein, Grossh. H.

à la suite der Armee.

✱	(BdT) (BZL1) (BL1) (BrHL1) (GH) (CHL) (GHL1) (GHVP1) (RAd u.s.w.) (HSEH1)		
Tag.	Mon.	Jahr.	
12	9	1837	geboren.
22	1	59	Als **Hauptmann** à la suite des 1. Garde-Regts. z. F. angestellt.
18	10	61	**Major.**
3	10	62	zum **Oberst-Lieutenant** ernannt und zu den Offizieren à la suite der Armee versetzt mit der Uniform des 1. Garde-Regts. z. F.
18	6	65	**Oberst.**
18	10	67	**General-Major.**

George Victor
Fürst zu Waldeck und Pyrmont.
à la suite der Armee.

Tag	Mon.	Jahr	
14	1	1831	geboren.
19	12	67	zum **General-Major** à la suite der Armee ernannt.

Julius **Wolff.**

Inspecteur der Gewehrfabriken, von der Armee.

✠2 ✠

Tag.	Mon.	Jahr.	
25	3	1812	geboren.
29	7	29	Als **Seconde-Lieutenant** zum 3. Infanterie-Regt. aus dem Cadetten-Corps.
14	5	30	In das 39. Infanterie-Regt. versetzt.
1	2	41	com. zur Gewehr-Revisions-Commission in Saarn.
14	4	42	**Premier-Lieutenant.**
19	9	44	zum Mitglied der Gewehr-Prüfungs-Commission zu Potsdam ernannt, unter vorläufigem Verbleib in Saarn.
5	11	46	com. zur Gewehr-Prüfungs-Commission in Neisse.
6	5	47	zum **Hauptmann** von der Armee und Präses der Gewehr-Revisions-Commission in Neisse ernannt.
3	12	50	In das Kriegsministerium, Abtheil. für Artillerie-Angelegenheiten, versetzt.
2	12	53	**Major.**
10	5	55	zum Commandanten von Weichselmünde und Neufahrwasser ernannt.
18	1	59	zum Inspecteur der Gewehrfabriken ernannt.
31	5	59	**Oberst-Lieutenant.**
18	10	61	**Oberst.**
18	6	65	Charakter als General-Major, unter Versetzung zu den Offizieren von der Armee und Beibehaltung der bisherigen Dienststellung.
4	1	68	Patent als General-Major.

Günther Friedrich Carl
Fürst von Schwarzburg-Sondershausen.
à la suite der Armee.

Tag.	Mon.	Jahr.	
24	9	1801	geboren.
13	1	68	zum **General-Major** à la suite der Armee ernannt.

Hermann Otto Christian
Prinz zu Waldeck und Pyrmont.
à la suite der Armee.

Tag	Mon.	Jahr.	
12	10	1809	geboren.
30	11	26	Als **Seconde-Lieutenant** aggr. dem Garde-Dragoner-Regt. angestellt.
		28	In das Regt. einrangirt.
26	3	30	Der Abschied bewilligt. (Oberst und Com. der Fürstlich Waldeckschen Truppen.)
13	1	68	zum **General-Major** à la suite der Armee ernannt.

Louis von Blumenthal.

Commandeur der 26. Infanterie-Brigade.

✠3 ✠2 ✠

Tag.	Mon.	Jahr.	
1	8	1811	geboren.
30	7	29	Als **Seconde-Lieutenant** aggr. zum Garde-Reserve-Infanterie- (Landwehr-) Regt. aus dem Cadetten-Corps.
13	2	30	In das Regt. einrangirt.
		32/35	com. zur Allg. Kriegsschule.
		38/42	com. als Adjutant und Rechnungsführer zum 2. Bat. (Stettin) 1. Garde-Landwehr-Regts.
		43/45	com. zum topographischen Bureau.
19	4	1846	**Premier-Lieutenant.**
		49,50	com. bei der Schulabtheilung des Lehr-Infanterie-Bats. als Compagnie-Führer.
18	6	1850	**Hauptmann** und Compagniechef.
23	5	57	zum **Major** befördert und als Com. zum 2. Bat. (Düsseldorf) 17. Landwehr-Regts. versetzt.
8	5	60	com. als Führer zum 2. Bat. des neuformirten 17. comb. Infanterie-Regts., dem späteren 8. Westphälischen Infanterie-Regt. Nr. 57.
1	7	60	Als Bataillons-Com. in dieses Regt. versetzt.
18	10	61	**Oberst-Lieutenant.**
9	1	64	Com. des 6. Brandenburgischen Infanterie-Regts. Nr. 52.
25	6	64	**Oberst.**
		66	Feldzug 1866. Com. des 52. Infanterie-Regts. (II. Armee). (Nachod, Skalitz, Schweinschädel, Gradlitz, Königgrätz.) Kgl. Kronen-Orden 2. Kl. mit Schwertern.
22	6	67	zu den Offizieren von der Armee versetzt.
10	8	67	Com. der 26. Infanterie-Brigade.
22	3	68	**General-Major.**

Friedrich Wilhelm Ludwig von Wittich.

Beauftragt mit der Führung der 50. Infanterie-Brigade; von der Armee.

✠3 ✠ ✠ (RA2)

Tag.	Mon.	Jahr.	
15	10	1818	geboren.
12	8	35	Als Seconde-Lieutenant aus dem Cadetten-Corps zum 1. Infanterie-Regt.
		40/43	com. zur Allg Kriegsschule.
10	9	1844	com. als Adjutant zur 2. Division.
3	3	49	Als Premier-Lieutenant in das 5. Infanterie-Regt. versetzt, unter Verbleib als Adjutant.
		50	Generalstabs-Offizier der mobilen 1. Cav.-Division.
22	6	52	Hauptmann und als Adjutant zur 12. Division vers.
9	10	52	In die Adjutantur versetzt.
18	6	53	In das 20. Infanterie-Regt. versetzt, mit Patent vom 2. Juni 1852 und als Adjutant zum General-Commando des V. Armee-Corps com.
14	7	56	Als Compagniechef in das 34. Infanterie-Regt. versetzt, unter Entbindung von dem Verhältniss als Adjutant.
30	5	57	zum Major befördert und unter Versetzung in den Generalstab zur 9. Division com.
28	5	61	zum Generalstabe des V. Armee-Corps versetzt.
18	10	61	Oberst-Lieutenant.
5	3	63	Chef des Generalstabes des II. Armee-Corps.
17	5	64	Chef des Generalstabes des V. Armee-Corps.
25	6	64	Oberst.
		66	Feldzug 1866. Chef des Generalstabes des V. Armee-Corps (II. Armee). (Nachod, Skalitz, Schweinschädel, Gradlitz, Königgrätz) Orden pour le mérite.
30	10	66	Den Rang eines Brigade-Com. erhalten.
20	7	67	Com. der 5. Infanterie-Brigade.
22	3	68	General-Major.
22	5	68	zu den Offizieren von der Armee vers. u der Grossh. Hess. Div. als Brigade-Com. zur Disposition gest.
1	6	68	Mit der Führung der 50. Infanterie-Brigade beauftr.

Julius **Klotz**.
Inspecteur der 4. Ingenieur-Inspection.

✠ 3 ✠ 2 ✠ (RSt2 m. Kr.)

Tag.	Mon.	Jahr.	
23	9	1812	geboren.
1	4	30	Eingetreten in die 6. Pionier-Abtheilung.
27	12	31	zum **Seconde-Lieutenant**, aggr. der 2. Ingenieur-Inspection, ernannt.
		32	com. zur 5. Pionier-Abtheilung.
10	9	33	einrangirt.
		33/34	com. zur 3. Pionier-Abtheilung.
		1835	com. zur 5. Pionier-Abtheilung.
		36/37	Bei der Fortification in Glogau.
		38/41	Adjutant der 3. Pionier-Abtheilung.
		42/43	Bei der Fortification in Schweidnitz.
28	3	1844	**Premier-Lieutenant.**
		44/52	com. zur vereinigten Artillerie- u. Ingenieurschule, und zwar 1844/45 als 2. Aufseher, 1846/48 als Lehrer, 1848/52 als Lehrer und Mitglied der Studien-Commission.
29	8	1848	**Hauptmann.**
3	4	52	com. als Adjutant zur 1. Ingenieur-Inspection, unter Versetzung zu derselben.
1	5	52	Dabei Mitglied der Prüfungs-Commission für Ingenieur-Hauptleute und Premier-Lieutenants.
20	7	52	zum 1. Adjutanten der 1. Ingenieur-Inspection ernannt und derselben à la suite gestellt.
1	3	53	Mit Wahrnehmung des Commandos der 3. Pionier-Abtheilung beauftragt.
31	5	53	zum Com. dieser Abtheilung ernannt, unter Einrangirung in die 2. Ingenieur-Inspection.
29	5	56	zum Platz-Ingenieur von Neisse ernannt.
5	6	57	In dieser Stellung zum **Major** befördert, unter Versetzung zum Stabe des Ingenieur-Corps.
11	12	58	Behufs Verwendung als Lehrer an der Allg. Kriegsschule, von der Stellung als Platz-Ingenieur von Neisse entbunden.

Tag	Mon.	Jahr.	
6	1	1859	Zugleich zum Mitglied der Prüfungs-Commission für Ingenieur-Hauptleute und Premier-Lieutenants wiederum ernannt.
		60	Gleichfalls zur Artillerie- und Ingenieurschule als Mitglied der Studien-Commission und als Lehrer com.
10	5	61	com. zur Dienstleistung in das Kriegsministerium.
20	9	61	zum Chef der Abtheilung für Ingenieur-Angelegenheiten ernannt. Zugleich Mitglied der Ingenieur-Commission und Lehrer an der Kriegsakademie bis 1865.
18	10	61	Oberst-Lieutenant.
		62	Ferner zum Mitglied der Ober-Militär-Studien-Commission und der Studien-Commission für die Kriegsschulen ernannt.
25	6	64	Oberst.
14	1	68	zum Inspecteur der 4. Ingenieur-Inspection ernannt, unter Versetzung zum Ingenieur-Corps.
22	3	68	General-Major.

Friedrich Wilhelm von Schmeling.
Commandeur der 28. Infanterie-Brigade.

🎖3or ⚔ ✠

Tag.	Mon.	Jahr.	
4	11	1811	geboren.
29	7	29	Eingetreten als Portepee-Fähnrich aus dem Cadetten-Corps in das 14. Infanterie-Regt.
22	2	31	Seconde-Lieutenant
		34/36	com. zur Allg. Kriegsschule.
		38/42	Als Adjutant zum 2. combinirten Reserve-Bat. com.
19	4	1845	Als Adjutant zur 4. Infanterie-Brigade com.
13	11	47	Premier-Lieutenant.
		48	Feldzug gegen die Polnischen Insurgenten (Znin) als Adjutant der 4. Infanterie-Brigade.
1	6	50	Als Compagnie-Führer auf 4 Wochen zum 4. Infanterie-Regt. com.
19	9	50	Als Adjutant zur 5. Division com.
14	10	51	zum Hauptmann befördert und à la suite des 14. Infanterie-Regts. gestellt, unter Belassung als Adjutant.
8	1	52	In die Adjutantur versetzt.
18	6	53	Als Adjutant zum General-Commando des III. Armee-Corps com. und in Folge der Umgestaltung der Adjutantur in das 21. Infanterie-Regt. versetzt mit vordatirtem Patent v. 10. April 1851.
23	3	57	Auf 4 Wochen zur Dienstleistung beim 8. (Leib-) Infanterie-Regt. com.
6	6	57	zum Major befördert und als Com. zum Landwehr-Bat. (Wriezen) 35. Infanterie-Regts. versetzt.
1	7	60	Als Bataillons-Com. zum Brandenburgischen Füsilier-Regt. Nr. 35 versetzt.
18	10	61	Oberst-Lieutenant.
9	1	64	Als Com. zum Pommerschen Füsilier-Regt. Nr. 34 versetzt.
25	6	64	Oberst.

Tag.	Mon.	Jahr.	
		1866	Feldzug gegen Oesterreich. Com. des 34. Infanterie-Regts. bei der combinirten Füsilier-Brigade der 16. Division (Elb-Armee). (Münchengrätz, Königgrätz.) Schwerter zum rothen Adler-Orden 3. Kl. mit der Schleife.
18	5	67	Mit der Führung der 28. Infanterie-Brigade beauftragt.
10	8	67	zum Com. dieser Brigade ernannt.
22	3	68	**General-Major.**

Albert von der Osten.
Commandeur der 36. Infanterie-Brigade.

✠3 ✠3 ✠

Tag.	Mon.	Jahr.	
1	3	1811	geboren.
3	10	25	Eingetreten in das 14. Infanterie-Regt.
12	2	30	Seconde-Lieutenant im 14. Infanterie-Regt.
		38/44	Bataillons-Adjutant.
		45/49	Regiments-Adjutant.
13	11	1846	Premier-Lieutenant.
		48	Feldzug gegen die Insurgenten im Grossherzogthum Posen. (Trzemeszno.)
		49/50	Compagnie-Führer beim 2. comb. Reserve-Bat.
12	11	1850	Hauptmann und Compagniechef.
8	6	57	zum Major befördert und zum Com. des 1. Bats. (Stargard) 9. Landwehr-Regts. ernannt.
8	5	60	com. als Führer eines Bats. zum neuformirten 9. combinirten Infanterie-Regt., dem späteren 6. Pommerschen Infanterie-Regt. Nr. 49.
1	7	60	Als Bataillons-Com. in dieses Regt. versetzt.
18	10	61	Oberst-Lieutenant.
22	1	64	zum Com. des 8. Westphälischen Infanterie-Regts. Nr. 57 ernannt.
25	6	64	Oberst.
		66	Feldzug gegen Oesterreich. Com. des Infanterie-Regts. Nr. 57 bei der Division v. Münster (Elb-Armee). (Münchengrätz, Königgrätz.) Kgl. Kronen-Orden 3. Kl. mit Schwertern.
25	9	67	zum Com. der 36. Infanterie-Brigade ernannt.
22	3	68	General-Major.

Ferdinand Wilhelm Theodor von Natzmer.
Commandeur der 24. Infanterie-Brigade.

🎖3sw ✠

Tag.	Mon.	Jahr.	
26	5	1815	geboren.
7	8	32	Als Portepee-Fähnrich aus dem Cadetten-Corps zum 1. Garde-Regt. z. F.
16	12	32	Seconde-Lieutenant.
		41/48	Bataillons-Adjutant.
19	4	1846	zum aggr. Premier-Lieutenant befördert.
17	11	46	In das Regt. einrangirt.
19	1	50	Hauptmann und Compagniechef.
9	7	57	zum Major befördert und als Com. zum 3. Bat. (Neuhaldensleben) 26. Landwehr-Regts. vers.
18	1	59	Als Com. des Füsilier-Bats. in das 28. Infanterie-Regt. versetzt.
18	10	61	Oberst-Lieutenant.
21	11	64	Oberst mit Patent vom 25. Juni 1864 und zum Com. des 3. Niederschles. Infanterie-Regts. Nr. 50 ernannt.
		66	Feldzug gegen Oesterreich. Com. des Infanterie-Regts. Nr. 50 bei der Div. v. Zastrow (II. Armee). (Königgrätz.) Rother Adler-Orden 3. Kl. mit Schwertern.
5	11	67	zum Com. der 24. Infanterie-Brigade ernannt.
22	3	68	General-Major.

Alexander von Kraatz-Kaschlau.
Commandeur der 42. Infanterie-Brigade.

✠3 ✣ ✢ (LEK5) (ÖEK3) (HSEH2a) (OV2b m. Schw.)

Tag.	Mon.	Jahr.	
12	2	1817	geboren.
12	2	34	Eingetreten in das 4. Infanterie-Regt.
13	2	36	Seconde-Lieutenant im 4. Infanterie-Regt.
		39/42	com. zur Allg. Kriegsschule.
		46/47	com. zur topographischen Abth. des Generalstabes.
19	4	1849	**Premier-Lieutenant.**
25	9	49	zur Dienstleistung beim grossen Generalstabe com.
12	11	50	Als **Hauptmann** in den Generalstab versetzt und zum Generalstabe des IV. Armee-Corps com.
18	6	53	Als Compagniechef in das 30. Infanterie-Regt. versetzt, mit Patent vom 13. Februar 1850.
25	7	57	Als **Major** wiederum in den Generalstab versetzt und dem Commando der 13. Division zugetheilt.
18	10	61	**Oberst-Lieutenant.**
5	7	62	Als 1. Generalstabs-Offizier zum General-Commando des VII. Armee-Corps versetzt.
5	3	63	zum Chef des Generalstabes bei diesem Armee-Corps ernannt.
25	6	64	**Oberst.**
		66	Feldzug 1866. Chef des Stabes des Ober-Commandos der Main-Armee. (Gefechte bei Hammelburg, Aschaffenburg, Tauberbischofsheim, Hochhausen-Werbach, Helmstadt, Rossbrunn, Würzburg.) Orden pour le mérite.
30	10	66	Rang u. Competenzen eines Brigade-Com. erhalten.
20	7	67	zu den Offizieren von der Armee vorläufig versetzt.
25	9	67	zum Com. der 42. Infanterie-Brigade ernannt, unter Stellung à la suite des Generalstabes der Armee.
22	3	68	**General-Major.**

Curt Ludwig Adalbert von Schwerin.
Commandeur der 10. Infanterie-Brigade.

3sw ✠ ✠ (HSEH2a)

Tag.	Mon.	Jahr.	
4	4	1817	geboren.
14	8	34	Als Seconde-Lieutenant zum 2. Garde-Regt. z. F. aus dem Cadetten-Corps.
		44/49	Regiments-Adjutant.
14	11	1848	**Premier-Lieutenant.**
12	4	49	Als Adjutant zur 1. Garde-Landwehr-Brigade com.
4	5	52	Als Adjutant zur 2. Garde-Infanterie-Brigade com.
22	6	52	**Hauptmann.**
13	11	52	Von seinem Commando entbunden und zum Regt. zurückgetreten.
10	11	53	Compagniechef.
25	7	57	zum **Major** befördert, in den Generalstab versetzt und der 2. Division zugetheilt.
8	5	60	com. als Führer eines Bats. bei dem neuformirten combinirten 14. Infanterie-Regt., späterem 7. Pommerschen Infanterie-Regt. Nr. 54.
1	7	60	Als Bataillons-Com. in dieses Regt. versetzt.
18	10	61	**Oberst-Lieutenant.**
25	6	64	zum **Oberst** befördert und zum Com. des 2. Thüringischen Infanterie-Regts. Nr. 32 ernannt.
		66	Feldzug gegen Oesterreich. Com. des 32. Infanterie-Regts. bei der combinirten Division v. Beyer (Main-Armee). (Hammelburg, Werbach, Helmstadt, Rossbrunn.)
11	7	66	Führer der Brigade von Schachtmeyer, an Stelle des bei Hammelburg verwundeten Generals von Schachtmeyer. Rother Adler-Orden 3. Kl. mit Schwertern.
22	3	68	zum **General-Major** befördert und zum Com. der 10. Infanterie-Brigade ernannt.

17*

Otto von Scherbening.
Commandeur der 4. Artillerie-Brigade.

🎖 3 s² ✠

Tag.	Mon.	Jahr.	
6	10	1817	geboren.
1	10	33	Eingetreten in die 8. Artillerie-Brigade.
26	10	36	Seconde-Lieutenant in der 8. Artillerie-Brigade.
		42/44	com. zur Allg. Kriegsschule.
		45/46	Feuerwerks-Lieutenant.
27	12	1849	Premier-Lieutenant.
		46/50	Adjutant und Rechnungsführer bei der Festungs-Reserve-Artillerie-Abtheilung in Mainz.
		50/52	com. zur topographischen Abtheilung des Generalstabes und bei der Mobilmachung 1850/51 Com. einer Munitions-Kolonne.
2	3	1852	zur 4. Artillerie-Brigade versetzt.
18	6	53	Als Hauptmann in die 6. Artillerie-Brigade vers.
1	11	53	zum grossen Generalstabe versetzt.
30	5	57	Major ohne Patent.
4	8	57	Patent als Major und als Artillerie-Offizier des Platzes nach Wesel versetzt.
21	4	59	Als Abtheilungs-Com. zum 3. Artillerie-Regt. vers.
18	10	61	Oberst-Lieutenant.
		64	Feldzug gegen Dänemark. (Ueberfall der Insel Fehmarn.) Bei der Belagerung von Düppel Com. des linken Flügel-Angriffs, nach derselben Com. der Artillerie in Jütland.
25	6	64	zum Oberst befördert und als Com. zum Schles. Feld-Artillerie-Regt. Nr. 6 versetzt.
1	9	65	In den Adelstand erhoben.
		66	Feldzug 1866. Com. der Reserve-Artillerie des VI. Armee-Corps. (Schlacht bei Königgrätz und Beschiessung dieser Festung.) Rother Adler-Orden 3. Kl. mit Schwertern.
2	10	66	zum Com. der 4. Artillerie-Brigade ernannt.
22	3	68	General-Major.

Walter von Bothmer.

Commandeur der 3. Infanterie-Brigade.

✠3 ✠2 ✠ (RA2)

Tag.	Mon.	Jahr.	
23	5	1811	geboren.
29	7	29	Als Portepee-Fähnrich aus dem Cadetten-Corps zum 36. Infanterie-Regt.
15	4	30	Seconde-Lieutenant.
		36/39	com. zur Allg. Kriegsschule.
20	1	1844	Premier-Lieutenant..
24	10	48	Hauptmann und Compagniechef.
11	8	57	zum Major befördert und zum Com. des 2. Bats. (Torgau) 32. Landwehr-Regts. ernannt.
8	5	60	com. als Führer des 2. Bats. zum neuformirten 32. combinirten Infanterie-Regt., dem späteren 4. Thüringischen Infanterie-Regt. Nr. 72.
1	7	60	Als Bataillons-Com. in dieses Regt. versetzt.
18	10	61	Oberst-Lieutenant.
25	6	64	zum Oberst befördert und zum Com. des 4. Magdeburgischen Infanterie-Regts. Nr. 67 ernannt.
		66	Feldzug 1866. Com. des 67. Infanterie-Regts. bei der Division v. Fransecky (I. Armee). (Münchengrätz, Königgrätz, Blumenau.) Kgl. Kronen-Orden 2. Kl. mit Schwertern.
8	2	68	Mit der Führung der 3. Infanterie-Brigade beauftr.
22	3	68	zum General-Major befördert und zum Com. dieser Brigade ernannt.

Thassilo Krug- von Nidda.
Commandeur der 3. Cavallerie-Brigade.

✠3 ✠4 ✠2 ✠ (RA2) (GSF3a)

Tag	Mon.	Jahr.	
25	4	1814	geboren.
10	8	31	Als Portepee-Fähnrich zum 6. Cürassier-Regt. aus dem Cadetten-Corps.
11	8	32	Seconde-Lieutenant.
12	3	44	zum 8. Cürassier-Regt. als aggr. versetzt.
		45	com. zur Dienstleistung bei der 4. Artillerie-Brig.
2	6	46	In das 8. Cürassier-Regt. einrangirt.
16	7	46	Premier-Lieutenant.
		49	Feldzug in Baden als Adjutant bei der Division des Generals v. Schack. (Gefecht am Federbach, vor Rastatt, vor Einschliessung der Festung.) Rother Adler-Orden 4. Kl. mit Schwertern.
13	11	49	Rittmeister und Eskadronschef.
11	8	57	Als Major und etatsmässiger Stabsoffizier zum 9. Husaren-Regt. versetzt.
12	5	60	Mit der Führung des neuformirten 2. combinirten Dragoner-Regts., späterem Magdeburgischen Dragoner-Regt. Nr. 6 beauftragt.
1	7	60	zum Com. dieses Regts. ernannt.
18	10	61	Oberst-Lieutenant.
25	6	64	Oberst.
		66	Feldzug 1866. Com. des Dragoner-Regts. Nr. 6 bei der combinirten Cavallerie-Brigade v. Fliess (Main-Armee). Als Führer einer combinirten Brigade (2 Eskadrons 10. Landwehr-Husaren-, 1 Eskadron 9. Husaren- und 6. Dragoner-Regt.). (Cavallerie-Gefecht bei den Ilettstedter Höfen vor Würzburg am 26. Juli.) Kgl. Kronen-Orden 2. Kl. mit Schwertern.
12	9	66	zum Com. der 3. Cavallerie-Brigade ernannt.
22	3	68	General-Major.

Friedrich Graf von Brandenburg.

General à la suite Sr. Majestät des Königs und Commandeur der 1. Garde-Cavallerie-Brigade.

✠3 ✠2 ✠3 ✠ ✠ (RW4) (RA2) (RSt3)

Tag.	Mon.	Jahr.	
30	3	1819	geboren.
1	7	36	Eingetreten in das Regiment der Gardes du Corps.
28	3	37	Seconde-Lieutenant.
11	5	48	Premier-Lieutenant.
13	2	51	Rittmeister und Chef der 6 Compagnie.
15	4	52	zum Com. der Leib-Compagnie ernannt.
17	10	54	Com. der 3. Eskadron und Chef der 5. Compagnie.
11	8	57	Major und etatsmässiger Stabsoffizier.
14	6	59	Bei der Mobilmachung zum Com. des Regts. der Gardes du Corps ernannt.
25	7	59	Bei der Demobilmachung zum Führer dieses Regts. ernannt.
12	5	60	Com. des Regts. der Gardes du Corps.
18	10	61	Oberst-Lieutenant und neben der Stellung als Regiments-Com. zum Flügel-Adjutanten Sr. Maj. des Königs ernannt.
25	6	64	
		66	Oberst.
17	9	66	Feldzug 1866. Com. des Regts. der Gardes du Corps bei der schweren Cavallerie-Brigade des Garde-Corps. (Skalitz, Schweinschädel, Königgrätz.) Kgl. Kronen-Orden 2. Kl. mit Schwertern.
30	10	66	Unter Belassung in den bisherigen Stellungen, den Rang als Brigade-Com. erhalten.
22	3	68	zum Com. der 1. Garde-Cavallerie-Brigade ernannt, unter Verbleib als Flügel-Adjutant.
			General-Major, unter Ernennung zum General à la suite Sr. Maj. des Königs und Belassung als Brigade-Com.

Bernhard von Kessel.

General à la suite Sr. Majestät des Königs und Commandeur der
1. Garde-Infanterie-Brigade.

☨3 ✠ ✠ (HEK2 m. Schw.) (GHVP2a) (MMV) (PC2) (RW3)
(RA2mBr) (RSt2)

Mon.	Jahr.	
11	1817	geboren.
8	35	Als Seconde-Lieutenant aus dem Cadetten-Corps zum 1. Garde-Regt. z. F.
	38	zum combinirten Garde-Reserve-Bat. com.
	44/49	Bataillons-Adjutant.
5	1849	Premier-Lieutenant.
	50/53	Als Compagnie-Führer zur Schul-Abtheilung com.
6	1852	Hauptmann.
3	53	zum Com. der Schul-Abtheilung ernannt, unter Stellung à la suite des Regts.
8	57	zum Major befördert und zum Com. des 1. Bats. (Aachen) 25. Landwehr-Regts. ernannt.
1	58	In das 1. Garde-Regt. z. F. versetzt.
9	61	zum Com. des Lehr-Infanterie-Bats. ernannt, unte___ ___girung beim Regt.
	61	Obers___ ___nt.
	63	Mit ___ des 1. Garde-Regts. z. F. beauftr.
	63	zur ___ s Regts. ernannt.
	64	Ob___
	66	F___ Com. des 1. Garde-Regts. z. F. ___rmee. (Soor, Königinhof, König-___n pour le mérite.
	66	___g als Regiments-Com., zum Flügel-___ Sr. Maj. des Königs ernannt.
	67	___ng der 1. Garde-Infanterie-Brigade sowie mit Wahrnehmung der Ge-___r Commandantur von Potsdam.
	6_	___-Major, Com. der 1. Garde-Infanterie-___nd zum General à la suite Sr. Maj. ___gs ernannt.

Wilhelm **Graf von Brandenburg.**

General à la suite Sr. Majestät des Königs und Commandeur der 3. Garde-Cavallerie-Brigade.

✠3 ✠2 ✠3 ✠ ✠ (HG4) (NL3) (ÖEK2) (RW3) (RA2mBr)

Tag.	Mon.	Jahr.	
30	3	1819	geboren.
1	7	36	Eingetreten in das Garde-Cürassier-Regt.
28	3	37	aggr. Seconde-Lieutenant.
19	9	38	In das Regt. einrangirt.
		46/50	Regiments-Adjutant.
19	12	1848	**Premier-Lieutenant.**
22	6	52	Rittmeister.
11	7	54	Eskadronschef.
11	8	57	zum **Major** befördert, mit Beibehalt der Eskadron.
12	1	58	Als etatsmässiger Stabsoffizier in das 2. Garde-Ulanen-Regt. versetzt.
14	6	59	Mit der Führung dieses Regts. für die Dauer der Mobilmachung der Armee beauftragt.
25	7	59	Bei der Demobilmachung mit der ferneren Führung beauftragt.
12	5	60	zum Com. des 2. Garde-Ulanen-Regts. ernannt.
18	10	61	zum **Oberst-Lieutenant** befördert und unter Belassung in seinem Dienstverhältniss zum Flügel-Adjutanten Sr. Maj. des Königs ernannt.
25	6	64	**Oberst.**
		66	Feldzug gegen Oesterreich. Com. des 2. Garde-Ulanen-Regts. bei der 1. leichten Cavallerie-Brigade des Cavallerie-Corps der 1. Armee. (Königgrätz.) Kgl. Kronen-Orden 2. Kl. mit Schwertern.
17	9	66	zum Com. der 5. Cavallerie-Brigade ernannt.
24	9	66	Unter Belassung in seinen Stellungen, dem 2. Garde-Ulanen-Regt. à la suite gestellt.
14	1	68	Com. der 3. Garde-Cavallerie-Brigade.
22	3	68	**General-Major**, unter Ernennung zum General à la suite Sr. Maj. des Königs, mit Belassung in dem Verhältniss als Brigade-Com.

Bernhard von Kessel.

General à la suite Sr. Majestät des Königs und Commandeur der
1. Garde-Infanterie-Brigade.

✠3 ✠ ✠ (HEK2 m. Schw.) (GHVP2a) (MMV) (PC2) (RW3)
(RA2mBr) (RSt2)

Tag.	Mon.	Jahr.	
20	11	1817	geboren.
12	8	35	Als Seconde-Lieutenant aus dem Cadetten-Corps zum 1. Garde-Regt. z. F.
		38	zum combinirten Garde-Reserve-Bat. com.
		44/49	Bataillons-Adjutant.
10	5	1849	Premier-Lieutenant.
		50/53	Als Compagnie-Führer zur Schul-Abtheilung com.
22	6	1852	Hauptmann.
12	3	53	zum Com. der Schul-Abtheilung ernannt, unter Stellung à la suite des Regts.
11	8	57	zum Major befördert und zum Com. des 1. Bats. (Aachen) 25. Landwehr-Regts. ernannt.
6	11	58	In das 1. Garde-Regt. z. F. versetzt.
20	9	61	zum Com. des Lehr-Infanterie-Bats. ernannt, unter Aggregirung beim Regt.
18	10	61	Oberst-Lieutenant.
7	3	63	Mit der Führung des 1. Garde-Regts. z. F. beauftr.
2	5	63	zum Com. dieses Regts. ernannt.
25	6	64	Oberst
		66	Feldzug 1866. Com. des 1. Garde-Regts. z. F. bei der II. Armee. (Soor, Königinhof, Königgrätz.) Orden pour le mérite.
31	12	66	Unter Belassung als Regiments-Com., zum Flügel-Adjutanten Sr. Maj. des Königs ernannt.
18	5	67	Mit der Führung der 1. Garde-Infanterie-Brigade beauftragt, sowie mit Wahrnehmung der Geschäfte der Commandantur von Potsdam.
22	3	68	zum General-Major, Com. der 1. Garde-Infanterie-Brigade und zum General à la suite Sr. Maj. des Königs ernannt.

Siegmar Friedrich **Graf zu Dohna.**
Commandeur der 16. Cavallerie-Brigade.

✠3 or ✠ ✠ (OV2b) (RSt3)

Tag.	Mon.	Jahr.	
29	12	1818	geboren.
26	3	37	Eingetreten in das Garde-Dragoner-Regt.
17	8	37	Portepee-Fähnrich.
17	1	38	Seconde-Lieutenant im Garde-Dragoner-Regt.
		42/45	com. zur Allg. Kriegsschule.
1	3	1848	bis 5. Januar 1849 Regiments-Adjutant.
13	3	49	Premier-Lieutenant.
		49/51	com. zur topographischen Abtheilung des Generalstabes.
1	4	1853	bis 15. Juni com. zum Stamm des 1. und 2. Garde-Landwehr-Cavallerie-Regts.
18	6	53	zur Dienstleistung beim grossen Generalstabe com.
12	7	53	Rittmeister.
1	11	53	In den grossen Generalstab versetzt.
25	5	54	zum Generalstabe des III. Armee-Corps com.
13	4	57	bis 13. Juni zur Dienstleistung beim 3. Husaren-Regt. com.
30	5	57	Unter Ernennung zum Major ohne Patent, in den grossen Generalstab versetzt.
11	8	57	Patent als Major und in das Regt. der Gardes du Corps als Com. der 1. Eskadron und Chef der 2. Compagnie versetzt.
21	5	58	zum etatsmässigen Stabsoffizier ernannt.
14	6	59	Bei der Mobilmachung zum Com. des 1. Garde-Landwehr-Cavallerie-Regts. ernannt.
25	7	59	Bei der Demobilmachung mit der ferneren Führung dieses Regts. beauftragt.
19	11	59	Unter Entbindung von dem Verhältniss als Regiments-Com., in sein früheres Verhältniss als etatsmässiger Stabsoffizier zurückgetreten.
12	5	60	Com. des 3. Cürassier-Regts.
18	10	61	Oberst-Lieutenant.
25	6	64	Oberst.

Tag	Mon.	Jahr.	
		1866	Feldzug gegen Oesterreich. Com. des 3. Cürassier-Regts. bei der Reserve-Cavallerie-Brigade des I. Armee-Corps (II. Armee-Corps). (Trautenau, Königgrätz.) Schwerter zum rothen Adler-Orden 3. Kl.
30	10	66	zum Com. der 16. Cavallerie-Brigade ernannt.
22	3	68	General-Major.
28	7	68	In seiner Eigenschaft als Brigade-Com. zur 13. Cavallerie-Brigade versetzt.

Carl Ludwig **Freiherr von Schlotheim.**
Chef des Generalstabes des VIII. Armee-Corps.

✠3 ❋ 🎖 (MWK2) (MMV) (RSt2mKr) (TM2)

Tag.	Mon.	Jahr.	
22	8	1818	geboren.
1	7	35	Eingetreten in das 12. Husaren-Regt.
11	9	36	**Seconde-Lieutenant.**
		42/48	Regiments-Adjutant.
21	3	1848	com. als Adjutant zur 8. Cavallerie-Brigade.
		49	Feldzug in Baden. Adjutant der Reserve-Cavallerie des II. Armee-Corps der Rhein-Armee. (Gefecht bei Ladenburg, am Federbach, Rauenthal, Belagerung von Rastatt.)
22	6	52	**Premier-Lieutenant.**
6	12	53	zum **Rittmeister** befördert, unter Entbindung von der Stellung als Adjutant.
		54/55	Als Eskadronschef zum 12. Landw.-Hus.-Regt. com.
30	10	1855	In d. Generalstab vers. u. zum II. Armee-Corps com.
30	6	57	Unter Beförderung zum Major ohne Patent, zum grossen Generalstabe versetzt.
15	8	57	Patent als **Major.**
27	8	57	zum Generalstabe der 1. Garde-Division com.
10	11	57	zum Generalstabe der 2. Garde-Division com.
22	6	59	zum Generalstabe der 2. Garde-Cav.-Division com.
12	5	60	Mit der Führung des neuformirten combinirten Garde-Dragoner-Regts., späterem 2. Garde-Dragoner-Regt., beauftragt.
1	7	60	zum Com. dieses Regts. ernannt.
18	10	61	**Oberst-Lieutenant.**
25	6	64	**Oberst.**
14	12	65	zum Chef des Generalstabes des VIII. Armee-Corps ernannt, unter Versetzung in den Generalstab.
		66	Feldzug 1866. Chef d. Generalstabes d. Elb-Armee. (Hübnerwasser, Münchengrätz, Königgrätz.) Ord. pour le mérite. Grossh. Meckl. Mil.-Verd.-Kreuz.
30	10	66	Den Rang als Brigade-Com. erhalten.
22	3	68	**General-Major.**

Richard von Mirus.

Commandeur der 15. Cavallerie-Brigade.

✠3 ✠2 ✠ (BrHL3) (MMV) (HSEH3a) (RSt2mKr)

Tag.	Mon.	Jahr.	
17	10	1812	geboren.
6	9	31	Eingetreten in das 10. Husaren-Regt.
9	3	33	**Seconde-Lieutenant.**
		40/41	com. zur Lehr-Eskadron.
		43/47	Regiments-Adjutant.
29	3	1847	com. als Adjutant zur 4. Cavallerie-Brigade.
10	7	47	**Premier-Lieutenant.**
9	10	47	Als Adjutant zur 4. Division com.
		48	Feldzug gegen die polnischen Insurgenten. (Gefechte bei Tzremesno und bei Wreschen.)
18	12	51	**Rittmeister** und Eskadronschef, unter Entbindung von der Stellung als Adjutant.
27	8	57	Als **Major** in den grossen Generalstab versetzt.
12	1	58	com. zum Generalstabe der 1. Garde-Division.
5	10	58	Zugleich zum Director der Divisionsschule in Potsdam ernannt.
22	6	59	Bei der Mobilmachung als Generalstabsoffizier zur 1. Garde-Infanterie-Division com.
28	6	59	zum Com. des 2. Garde-Landwehr-Cavallerie-Regts. ernannt.
25	7	59	Bei der Demobilmachung mit der ferneren Führung dieses Regts. beauftr., zugleich zum Generalstabsoffizier der 1. Garde-Infanterie-Division ernannt, dem Garde-Husaren-Regt. attachirt und in vorkommenden Fällen mit der Vertretung des Commandeurs dieses Regts. beauftragt.
19	11	59	Unter Aufhebung dieser Commandos, zum grossen Generalstabe versetzt.
12	5	60	Mit der Führung des neuformirten combinirten Garde-Ulanen-Regts., späterem 3. Garde-Ulanen-Regt., beauftragt.
1	7	60	zum Com. dieses Regts. ernannt.
18	10	61	**Oberst-Lieutenant.**

Tag	Mon.	Jahr.	
25	6	1864	**Oberst.**
		66	Feldzug 1866. Com. des 3. Garde-Ulanen-Regts. (Divisions-Cavallerie der 2. Garde-Division), Com. der Avantgarde der 2. Garde-Division bei der II. Armee. (Hutberg, Cervenahora (verwundet), Trautenau, Königinhof, Königgrätz.) Comthurkreuz des Kgl. Hausordens von Hohenzollern mit Schwertern. Grossh. Mecklenburg. Militär-Verdienst-Kreuz. Erhebung in den Adelstand.
30	10	66	zum Com. der 15. Cavallerie-Brigade ernannt.
22	3	68	**General-Major.**

Bruno Graf Neidhardt- von Gneisenau.
Commandeur der 31. Infanterie-Brigade.

✠3 ✸2 ✠ (RA2) (NA2b) (NDK)

Tag.	Mon.	Jahr.	
3	5	1811	geboren.
1	6	30	Eingetreten in das 1. Cürassier-Regt.
21	1	32	zur 2. Jäger-Abtheilung übergetreten; am 16. Juni Portepee-Fähnrich.
11	3	33	Seconde-Lieutenant in der 2. Jäger-Abtheilung.
	4	38	zur 1. Jäger-Abtheilung versetzt.
	4	46	com. in das Bureau der Inspection der Jäger und Schützen.
	4	46	bis November 1850 Adjutant bei der Inspection der Jäger und Schützen.
4	2	47	zum **Premier-Lieutenant** befördert, unter Aggr. beim Garde-Jäger-Bat. und unter Belassung in seinem Commando.
	11	48	In das Garde-Jäger-Bat. einrangirt, unter Verbleib als Adjutant.
18	6	50	zum **Hauptmann** befördert und als Compagniechef in das Garde-Schützen-Bat. versetzt.
25	7	54	In das 3. Jäger-Bat. versetzt.
24	10	57	zum **Major** bef. u. zum Com. des 2. Jäger-Bats. ern.
13	4	61	Der Abschied bewilligt mit dem Charakter als **Oberst-Lieutenant**, behufs Uebertritts in den Herzogl. Nassauischen Dienst, mit der Zusicherung der Wiederanstellung.
13	4	61	Oberst u. Com. d. Herzogl. Nassauischen 2. Regts.
30	12	64	Dort verabschiedet.
31	12	64	Mit Patent vom 25. Juni 1864 als **Oberst** in der preuss. Armee wieder angestellt und zum Com. des 4. Thüring. Infanterie-Regts. Nr. 72 ernannt.
		66	Feldzug 1866. Com. des Infanterie-Regts. Nr. 72 bei der Division v. Horn (I. Armee). (Liebenau, Münchengrätz, Königgrätz, Blumenau.) Kgl. Kronen-Orden 2. Kl. mit Schwertern.
22	3	68	**General-Major** und Com. der 31. Infanterie-Brigade.

Albert von Flemming.

Commandeur der 8. Cavallerie-Brigade.

✠3 ✠3 ✠ ✠

Tag.	Mon.	Jahr.	
10	6	1812	geboren.
13	8	30	Als Portepee-Fähnrich aus dem Cadetten-Corps zum 5. Husaren-Regt.
25	5	31	Seconde-Lieutenant.
		39/41	com. als Cavallerie-Stamm-Offizier zum 2. Bat. (Cöslin) 9. Landwehr-Regts.
		1847	com. als Eskadrons-Führer zum 1. Bat. (Conitz) 21. Landwehr-Regts.
		48	com. zur Lehr-Eskadron.
11	5	48	Premier-Lieutenant.
		49	com. als Eskadrons-Führer zum 1. Bat. (Conitz) 21. Landwehr-Regts.
12	2	50	Rittmeister und Eskadronschef.
27	11	57	zum **Major** befördert und als etatsmässiger Stabsoffizier zum 8. Husaren-Regt. versetzt.
14	6	59	Bei der Mobilmachung zum Com. des 8. Landwehr-Husaren-Regts. ernannt.
28	7	59	Mit der ferneren Führung dieses Regts. beauftr.
19	11	59	zum 8. Husaren-Regt. zurückgetreten.
12	5	60	Als Com. zum 5. Husaren-Regt (Blüchersche Husaren) versetzt.
18	10	61	**Oberst-Lieutenant.**
25	6	64	**Oberst.**
		66	Feldzug 1866. Com. des 5. Husaren-Regts. (Divisions-Cavallerie der 3. Division v. Werder bei der I. Armee.) (Münchengrätz, Gitschin, Königgrätz.) Kgl. Kronen-Orden 3. Kl. mit Schwertern.
30	10	66	Com. der 8. Cavallerie-Brigade.
22	3	68	**General-Major.**

Carl von Zglinitzki.
Commandeur der 4. Infanterie-Brigade.

🎖3sw ✠ (CHW2b)

Tag.	Mon.	Jahr.	
22	5	1815	geboren.
7	8	32	Als Seconde-Lieutenant aus dem Cadetten-Corps zum 2. Garde-Regt. z. F.
		42	com. zum combinirten Garde-Reserve-Bat.
14	7	46	Premier-Lieutenant.
		47/49	com. zur Garde-Unteroffizier-Compagnie.
17	1	1852	Hauptmann und Compagniechef.
16	5	57	In gleicher Eigenschaft in das 2. Infanterie-Regt. versetzt, mit vordatirtem Patent.
22	12	57	Major.
27	3	58	zum 2. Com. des 1. Bats. (Königsberg) 1. Garde-Landwehr-Regts. ernannt.
12	3	59	Als Com. des Fusilier-Bats. in das 30. Infanterie-Regt. versetzt.
18	10	61	Oberst-Lieutenant.
13	8	64	Mit der Führung des 2. Schlesischen Grenadier-Regts. Nr. 11 beauftragt.
21	11	64	zum Com. dieses Regts. ernannt.
18	6	65	Oberst.
		66	Feldzug 1866. Com. des 2. Schles. Grenadier-Regts. Nr. 11 bei dem Corps des General v. Manteuffel (Main-Armee). (Langensalza, Uettingen, Rossbrunn, Würzburg.) Rother Adler-Orden 3. Kl. mit Schwertern.
22	3	68	zum General-Major befördert und unter Versetzung zu den Offizieren von der Armee, mit den Competenzen eines Brigade-Commandeurs, zur Vertretung des beurlaubten Commandeurs der 4. Infanterie-Brigade, nach Danzig com.
5	5	68	zum Com. der 4. Infanterie-Brigade ernannt.

Otto Julius Wilhelm Maximilian von Strubberg.
Commandeur der 30. Infanterie-Brigade.

✠3 ✠4 ✠3 ✠3 ✠ (BZL3b)(ÖL3)(RA2mBr)(RSt2)(TM2)

Tag.	Mon.	Jahr.	
16	9	1821	geboren.
8	8	39	Als Seconde-Lieutenant zum 30. Infanterie-Regt. aus dem Cadetten-Corps.
		42/43	Bataillons-Adjutant.
		43/46	com. zur Allg. Kriegsschule.
		46/49	zum Cadetten-Corps com.
		1849	Feldzug in Baden. (Waghäusel, Bruchsal, Durlach (verwundet), Oberweier und Bischweier, Kuppenheim.) Rother Adler-Orden 4. Kl. mit Schwertern.
		50/51	com. zur topographischen Abtheilung im grossen Generalstabe.
22	6	1852	Premier-Lieutenant.
1	4	52	Auf 2 Jahre nach Paris com.
25	5	54	Als Hauptmann in den grossen Generalstab vers.
1	4	55	Lehrer bei der vereinigten Artillerie- und Ingenieur-Schule.
19	5	55	zum Generalstabe des VIII. Armee-Corps com.
18	7	55	com. zum Militär-Gouvernement am Rhein und in Westphalen, unter Versetzung in den grossen Generalstab.
2	1	58	Als Compagniechef in das 25. Infanterie-Regt. versetzt, mit vordatirtem Patent (11. Sept. 1850).
16	3	58	Major.
17	4	58	Com. des 8. combinirten Reserve-Bats.
15	6	59	com. zur Dienstleistung als persönlicher Adjutant Sr. K. H. des Prinz-Regenten, unter Aggr. beim 25. Infanterie-Regt.
7	1	61	zum Flügel-Adjutant Sr. Maj. des Königs ernannt.
18	10	61	Oberst-Lieutenant.
		62/65	Daneben Lehrer an der Kriegsakademie.
		63	Mitglied der internationalen Militär-Commission im Fürstenthum Serbien.

Tag.	Mon.	Jahr.	
		1864	Feldzug gegen Dänemark. (Erstürmung der Düppeler Schanzen.) Kgl. Hausorden von Hohenzollern, Ritterkreuz mit Schwertern.
18	4	65	zum Com. des 4. Garde-Grenadier-Regts. Königin ernannt, unter Belassung als Flügel-Adjutant.
18	6	65	**Oberst.**
		66	Feldzug gegen Oesterreich. Com. des 4. Garde-Grenadier-Regts. (II. Armee). (Soor-Trautenau, Königgrätz.) Schwerter zum Kgl. Kronen-Orden 3. Kl.
22	3	68	zum **General-Major** befördert und zum Com. der 30. Infanterie-Brigade ernannt.

Kraft

Prinz zu Hohenlohe-Ingelfingen.

General à la suite Sr. Majestät des Königs, Commmandeur der Garde-Artillerie-Brigade, Mitglied des General-Artillerie-Comité u. der Prüfungs-Commission für Artillerie-Premier-Lieutenants.

✠3 ✠3 ✠$2s^2$ ✠ ✠ (BZL2bm.E.u.Schw.) (FEL3) (MMV) (ÖEK2.KD) (RA2mBr) (RSt2)

Tag.	Mon.	Jahr.	
2	1	1827	geboren.
24	4	45	Als Seconde-Lieutenant aggr. der Garde-Artillerie-Brigade angestellt.
		45/46	com. zur Artillerie- und Ingenieur-Schule.
12	10	1846	Unter Verleihung des Johanniter-Ordens zum Artillerie-Offizier ernannt.
		51/53	com. zur Allg. Kriegsschule.
19	4	1853	zum Premier-Lieutenant befördert, unter Aggr. bei der Brigade.
1	7	54	zur Wahrnehmung der militärischen Geschäfte bei der Gesandtschaft in Wien com.
5	10	54	Als Hauptmann dem Generalstabe aggr., unter Verbleib bei der Gesandtschaft in Wien.
8	1	56	zum Flügel-Adjutant Sr. Maj. des Königs ernannt, unter Entbindung von dem Commando in Wien.
22	6	58	**Major.**
18	10	61	**Oberst-Lieutenant.**
		64	Feldzug gegen Dänemark: com. beim G.-F.-M. v. Wrangel. Ritterkreuz des Kgl. Hausordens von Hohenzollern mit Schwertern.
25	6	64	zum Com. des Garde-Feld-Artillerie-Regts. ern., unter Belassung als Flügel-Adjutant.
		65	Neben dieser Stell. Mitglied des Gen.-Art.-Comité.
18	6	65	**Oberst.**
		66	Feldzug gegen Oesterreich. Com. des Garde-Feld-Artillerie-Regts. u. der Garde-Reserve-Artillerie (II. Armee). (Königinhof, Königgrätz.) Comthurkreuz des Kgl. Hausordens von Hohenzollern mit Schwertern.

Tag.	Mon.	Jahr.	
14	1	1868	zum Com. der Garde-Artillerie-Brigade ernannt, unter Verbleib als Flügel-Adjutant.
10	3	68	Daneben zum Mitgliede der Prüfungs-Commission für Artillerie-Premier-Lieutenants ernannt.
22	3	68	zum **General-Major** befördert, unter Ernennung zum General à la suite Sr. Maj. des Königs und unter Belassung in den sonstigen Dienstverhältnissen.

Heinrich XIV.
Fürst Reuss jüngere Linie.
à la suite der Armee.

✠1 (SR) (GSF1) (HSEH1)

Tag.	Mon.	Jahr.	
28	5	1832	geboren.
9	8	53	Als Seconde-Lieutenant à la suite des 1. Garde-Regts. z. F. angestellt.
28	6	59	Der Abschied mit dem Charakter als **Hauptmann** und der Regiments-Uniform bewilligt.
16	1	61	Charakter als **Major**.
2	5	61	zu den Offizieren à la suite der Armee mit der Uniform des 1. Garde-Regts. z. F. versetzt.
22	9	65	Charakter als **Oberst-Lieutenant**.
22	3	68	zum **General-Major** à la suite der Armee ernannt.

Heinrich XXII.
Fürst Reuss ältere Linie.
à la suite der Armee.

Tag.	Mon.	Jahr.	
28	3	1846	geboren.
22	3	68	zum **General-Major** à la suite der Armee ernannt.

Heinrich von Koblinski.
Commandeur der 5. Infanterie-Brigade.

✠3sw ✠4 ✠

Tag.	Mon.	Jahr.	
25	11	1810	geboren.
27	7	27	Eingetreten in das 12. Infanterie-Regt.
12	2	31	Seconde-Lieutenant im 12. Infanterie-Regt.
28	5	31	In das 37. Infanterie-Regt. versetzt.
		38/43	Bataillons-Adjutant.
22	4	1843	Premier-Lieutenant.
22	7	43	In das 9. Infanterie-Regt. versetzt durch Tausch, mit Patent vom 9. Mai 1843.
		45/47	Als Compagnie-Führer zum 1. Bat. (Stargard) 9. Landwehr-Regts. com.
		1848	Postencommandant der Verschanzung bei Pölitz.
		48/49	com. als Compagnie-Führer zum 2. combinirten Reserve-Bat.
4	1	1850	Hauptmann und Compagniechef.
5	1	58	zum Major befördert und als Com. zum 2. Bat. (Bromberg) 14. Landwehr-Regts. versetzt.
8	5	60	In das 14. Infanterie-Regt. versetzt und als Führer des 2. Bats. zum neuformirten 14. combinirten Infanterie-Regt., dem späteren 7. Pommerschen Infanterie-Regt. Nr. 54, com.
1	7	60	In dieses Regt. als Bataillons-Com. versetzt.
18	10	61	Oberst-Lieutenant.
21	11	64	Com. des 5. Ostpreuss. Infanterie-Regts. Nr. 41.
18	6	65	Oberst.
		66	Feldzug 1866. Com. des 41. Infanterie-Regts. (Trautenau, Königgrätz, Tobitschau.) Rother Adler-Orden 3. Kl. mit Schwertern und der Schleife.
6	6	68	zum Com. der 5. Infanterie-Brigade ernannt.
23	7	68	General-Major, mit Patent vom 3. Juli 1868.

Wilhelm von Malachowski.
Commandeur der 21. Infanterie-Brigade.

✠3 ✠3 ✠

Tag.	Mon	Jahr.	
14	7	1815	geboren.
7	8	32	Als Seconde-Lieutenant zum 31. Infanterie-Regt. aus dem Cadetten-Corps.
		38/41	com. zur Allg. Kriegsschule.
	7/9	1840	com. zur Dienstleistung bei der Pionier-Compagnie in Mainz.
		41/45	com. zum Cadetten-Corps.
10	4	1845	Als Premier-Lieutenant in das Cadetten-Corps versetzt.
	7/8	46	com. zur Dienstleistung beim Garde-Jäger-Bat.
	7/8	49	zum Garde-Artillerie-Regt. com.
25	9	49	In das 19. Infanterie-Regt. versetzt.
12	11	50	Hauptmann und Compagniechef.
		56	com. nach Spandau zum Schiessen mit dem Minié-Gewehr. Im August nach Breslau com., zur Ausbildung einer combinirten Compagnie mit dem Minié-Gewehr.
9	1	58	Major.
18	10	61	Oberst-Lieutenant.
18	12	64	Als Com. in das 3. Oberschles. Infanterie-Regt. Nr. 62 versetzt.
18	6	65	Oberst.
		66	Feldzug 1866. Com. des 62. Infanterie-Regts. (bei der comb. Brigade des General-Major v. Knobelsdorff). Kronen-Orden 3. Kl.
9	6	68	zum Com. der 21. Infanterie-Brigade ernannt.
23	7	68	General-Major mit Patent vom 3. Juli 1868.

Leo **Baron von der Osten-** gen. **Sacken.**
Commandeur der 25. Infanterie-Brigade.

✠3 ✠4 ✠3 ✠ (ÖEK2.KD) (RA2)

Tag.	Mon.	Jahr.	
23	8	1811	geboren.
23	8	27	Eingetreten in das 18. Infanterie-Regt.
14	9	29	Seconde-Lieutenant im 18. Infanterie-Regt.
		32/35	com. zur Allg. Kriegsschule.
21	12	1833	In das 9. Infanterie-Regt. versetzt durch Tausch.
		38	Lehrer an der 3. Divisions-Schule.
		39/40	Bataillons-Adjutant.
30	3	1840	com. als Adjutant zur 3. Landwehr-Brigade.
20	8	44	**Premier-Lieutenant.**
14	10	47	Als Adjutant zur 3. Infanterie-Brigade com.
12	10	49	Als Adjutant zur 5. Infanterie-Brigade com.
5	3	50	**Hauptmann** und Compagniechef, unter Entbindung von dem Verhältniss als Adjutant.
12	1	58	zum **Major** befördert und als 2. Com. zum 3. Bat. (Graudenz) 1. Garde-Landwehr-Regts. versetzt.
10	5	60	com. als Bataillons-Führer zum neuformirten 1. comb. Garde-Regt., dem späteren 3. Garde-Regt. z. F.
1	7	60	Als Bataillons-Com. in dieses Regt. versetzt.
18	10	61	**Oberst-Lieutenant.**
		64	Feldzug in Schleswig. Schwerter zum rothen Adler-Orden 4. Kl. u. den Oesterr. Orden der eisernen Krone 2. Kl. mit der Kriegsdekoration.
21	11	64	Com. des 4. Garde-Regts. z. F.
18	6	65	**Oberst.**
		66	Feldzug 1866. Com. des 4. Garde-Regts. z. F. (zugetheilt der comb. Division v. Horn des II. Reserve-Armee-Corps).
7	7	68	Com. der 25. Infanterie-Brigade.
23	7	68	**General-Major** mit Patent vom 3. Juli 1868.

Hermann von Fabeck.

Commandeur der 24. Infanterie-Brigade.

✠ 3 sw ✠ (HSEH2a)

Tag.	Mon.	Jahr.	
19	1	1816	geboren.
6	8	33	Als Seconde-Lieutenant aus dem Cadetten-Corps zum Kaiser Alexander-Grenadier-Regt.
30	5	40	bis 25. Mai 1849 com. bei der Schulabtheilung des Lehr-Infanterie-Bats.
14	3	48	Premier-Lieutenant.
		49	Auf 4 Monate als Compagnie-Führer zum 2. Bat. (Breslau) 3. Garde-Landwehr-Regts. com.
18	6	50	Hauptmann.
12	1	58	Major.
15	6	59	Com. des 2. Bats.
15	8	61	Com. des Füsilier-Bats.
18	10	61	Oberst-Lieutenant.
27	5	64	Unter Stellung à la suite des Regts., mit dem Range u. Prärogativen eines Preuss. Regiments-Commandeurs zu dem Herzogl. Sachsen-Coburg-Gothaischen Contingent, behufs Uebernahme der Stellung als Com. desselben, nach Gotha com.
18	6	65	Oberst.
		66	Feldzug 1866: Com. des Herzogl. Sächs. Coburg-Gothaischen Contingents. (Langensalza: Com. der Avantgarde, Gefechte bei Oerlenbach, bei Hundheim Com. eines selbstständigen Seiten-Detachements, und bei Rossbrunn. Rother Adler-Orden 3. Kl. mit Schwertern und Schleife. Comthurkreuz des Herzogl. Sächs. Ernestinischen Hausordens 1. Kl.
25	9	67	zum Com. des 6. Thüringischen Infanterie-Regts. Nr. 95 ernannt.
7	7	68	Com. der 24. Infanterie-Brigade.
23	7	68	General-Major mit Patent vom 3. Juli 1868.

Hermann von Michaelis.

Commandant von Erfurt.

🎖3sw ✠3 ✠ ✠ (ÖFJ2)

Tag.	Mon.	Jahr.	
20	3	1813	geboren.
10	8	31	In das Kaiser Franz-Grenadier-Regt. eingetreten.
19	1	32	Seconde-Lieutenant aggr. dem Kaiser Franz-Grenadier-Regt.
18	4	33	In das Regt. einrangirt.
		38/39	com. zur Schulabtheilung des Lehr-Infanterie-Bats.
		40/43	Bataillons-Adjutant.
13	1	1848	**Premier-Lieutenant.**
		48	Strassenkampf in Berlin.
17	7	51	**Hauptmann.**
11	5	52	Compagniechef.
12	1	58	**Major.**
		58/64	Daneben Garnison-Repräsentant von Berlin.
18	10	1861	**Oberst-Lieutenant.**
21	11	64	Com. des 8. Pommerschen Infanterie-Regts. Nr. 61.
18	6	65	**Oberst.**
		66	Feldzug 1866. Com. des 61. Infanterie-Regts. (I. Armee). (Gitschin, Königgrätz.) Rother Adler-Orden 3. Kl. mit Schwertern.
14	7	68	Commandant von Erfurt.
23	7	68	**General-Major** mit Patent vom 3. Juli 1868.

Emil von Woyna.

Commandeur der 39. Infanterie-Brigade.

✠ 3 s² ✠ 4 ✠

Tag.	Mon.	Jahr.	
29	6	1812	geboren.
11	4	29	In das 17. Infanterie-Regt. eingetreten.
14	10	31	Seconde-Lieutenant im 17. Infanterie-Regt.
		37	com. zum Lehr-Bat.
		41/49	Bataillons-Adjutant.
19	4	1845	Premier-Lieutenant.
		50	com. als Compagnie-Führer zum 7. combinirten Reserve-Bat.
16	12	51	Hauptmann und Compagniechef.
12	1	58	zum Major befördert und als Com. zum 2. Bat. (Borcken) 13. Landwehr-Regts. versetzt.
8	5	60	com. als Bataillons-Führer zum neuformirten 13. comb. Infanterie-Regt., dem späteren 5. Westphälischen Infanterie-Regt. Nr. 53.
1	7	60	Als Bataillons-Com. in dieses Regt. versetzt.
18	10	61	Oberst-Lieutenant.
		64	Feldzug in Schleswig. Rother Adler-Orden 4. Kl. mit Schwertern.
18	4	65	Com. des 8. Rheinischen Infanterie-Regts. Nr. 70.
18	6	65	Oberst.
		66	Feldzug 1866. Com. des 70. Infanterie-Regts. bei der comb. Division v. Beyer (Main-Armee). (Hammelburg, Helmstadt, Uettingen, Rossbrunn.) Rother Adler-Orden 3. Kl. mit Schwertern.
14	7	68	Com. der 39. Infanterie-Brigade.
23	7	68	General-Major mit Patent vom 3. Juli 1868.

Rudolph von Wartenberg.
Commandeur des Cadetten-Corps.

✠3 ✠3 ✠ (AAB2b) (CHW3) (MWK2b) (RA2) (HSEH2a) (SEK1)

Tag.	Mon.	Jahr.	
18	12	1816	geboren.
5	8	33	Als aggr. Seconde-Lieutenant aus dem Cadetten-Corps zum Kaiser Franz-Grenadier-Regt., mit Patent vom 18. Dezember 1833.
16	6	36	In das Regt. einrangirt.
		37/39	com. zur Allg. Kriegsschule.
		40/41	com. zur Dienstleistung bei dem Cadetten-Corps.
		46/48	com. zum topographischen Bureau.
		1848	Strassenkampf in Berlin.
23	4	48	Gefecht bei Schleswig.
13	5	48	**Premier-Lieutenant.**
2	10	49	com. auf 1 Jahr als Führer des ältesten Sohnes des Fürsten von Schwarzburg-Sondershausen.
22	6	52	**Hauptmann.**
12	10	52	Compagniechef.
19	5	55	Als Compagniechef in das Cadetten-Corps vers.
22	11	56	Mit den Functionen als etatsmässiger Stabsoffizier beauftragt, unter Entbindung von der Führung einer Compagnie.
15	6	57	Charakter als Major.
12	1	58	Patent als **Major**.
19	8	58	zum Mitgliede der Studien-Commission des Cadetten-Corps und der Ober-Militär-Studien-Commission ernannt.
18	10	61	**Oberst-Lieutenant.**
22	9	63	Als Bataillons-Com. in das Kaiser Alexander-Garde-Grenadier-Regt. Nr. 1 versetzt.
3	7	64	zur Dienstleistung bei dem Herzogl. Sachsen-Altenburgischen Contingent, behufs Uebernahme der Stellung als Com. desselben, nach Altenburg com., unter Stellung à la suite des Kaiser Alexander-Garde-Grenadier-Regts.

Tag.	Mon.	Jahr.	
18	6	1865	**Oberst.**
		66	Feldzug 1866 in Bayern beim II. Reserve-Armee-Corps.
25	9	67	zum Com. des 7. Thüringischen Infanterie-Regts. Nr. 96 ernannt.
9	1	68	Com. des Cadetten-Corps.
23	7	68	**General-Major** mit Patent vom 3. Juli 1868.

Friedrich von Kessler.

Commandeur der 15. Infanterie-Brigade.

🎖3s² 🎖3 ✠ (MMV)

Tag.	Mon.	Jahr.	
10	3	1814	geboren.
18	11	32	Eingetreten auf Avantage beim 12. Infanterie-Regt.
15	2	35	Seconde-Lieutenant.
		42/43	Lehrer an der 5. Divisionsschule.
		44/46	Lehrer an der Ritterakademie zu Liegnitz.
		1847	Wiederum Lehrer an der 5. Divisionsschule.
		48	Strassenkampf in Berlin.
		48	Feldzug in Schleswig und Jütland. (Gefecht bei Schleswig 23. 4., Kanonade von Friedericia 8. 5., Gefecht bei Düppel 5. 6.)
5	10	48	Premier-Lieutenant.
		49	Feldzug in Jütland. (Viuf, Alminde, Veile.)
22	6	52	Hauptmann.
		53/54	com. als Compagnie-Führer zum 2. Bat. (Spremberg) 12. Landwehr-Regts.
6	6	1854	Compagniechef.
6	3	58	zum Major befördert und zum Com. des 2. Bats. (Jülich) 25. Landwehr-Regts. ernannt.
8	5	60	In das 28. Infanterie-Regt. versetzt und als Führer des 2. Bats. zum neuformirten 25. combinirten, späteren 5. Rhein. Infanterie-Regt. Nr. 65, com.
1	7	60	Als Bataillons-Com. in dieses Regt. versetzt.
18	10	61	Oberst-Lieutenant.
12	4	62	Als Com. des 2. Bats. zum 4. Brandenburgischen Infanterie-Regt. Nr. 24 versetzt.
		64	Feldzug in Schleswig. (14. 3. Gefecht bei Rackebüll, 17. 3. Gefecht bei Düppel, Belagerung der Schanzen, Uebergang nach Alsen als Führer der Kolonne B. der Avantgarde.) Ritterkreuz des Kgl. Hausord. von Hohenzollern mit Schwertern.
9	4	64	In den Adelstand erhoben wegen seines tapferen Verhaltens vor dem Feinde. Mecklenburgisches Militär-Verdienstkreuz.

Tag.	Mon.	Jahr.	
18	4	1865	Com. des 4. Posenschen Infanterie-Regts. Nr. 59.
18	6	65	**Oberst.**
8	9	65	bis ult. 1865 als Commandant des Kieler Hafens nach Kiel com.
		66	Feldzug 1866. Com. des 59. Infanterie-Regts. bei dem Corps des General-Lieutenants v. Manteuffel (Main-Armee). (Hausen, Uettingen und Rossbrunn, Würzburg.) Rother Adler-Orden 3. Kl. mit Schwertern und der Schleife.
23	7	68	**General-Major** mit Patent vom 3. Juli 1868, unter Versetzung zu den Offizieren von der Armee.
10	10	68	zum Com. der 15. Infanterie-Brigade ernannt.

Emil von Tresckow.
Commandeur der 2. Cavallerie-Brigade.

✠3 ✦ ✠ (RW3) (RA2mBr) (RSt2mKr) (HSEH3a)

Tag.	Mon.	Jahr.	
21	5	1810	geboren.
1	6	25	Eingetreten in das 7. Cürassier-Regt. auf Avantage.
14	12	27	Portepee-Fähnrich.
15	3	29	Seconde-Lieutenant.
		44/48	com. zum 1. Bat. (Stendal) 26. Landwehr-Regts.
23	6	1846	Premier-Lieutenant.
13	4	50	Rittmeister und Eskadronschef.
9	3	58	Major mit Beibehalt der Eskadron.
27	3	58	Als etatsmässiger Stabsoffizier in das 4. Ulanen-Regt. versetzt.
14	6	59	Bei der Mobilmachung zum Com. des 4. Landwehr-Ulanen-Regts. ernannt.
25	7	59	Bei der Demobilmachung mit der ferneren Führung dieses Regts. beauftragt und mit Beibehalt der Uniform des Landwehr-Ulanen-Regts. in das Verhältniss als etatsmässiger Stabsoffizier zum 4. Ulanen-Regt zurückgetreten.
12	5	60	zum Com. des 1. Ulanen-Regts. ernannt.
18	10	61	Oberst-Lieutenant.
18	6	65	Oberst.
		66	Feldzug 1866. (Nachod, verwundet.) Orden pour le mérite.
30	10	66	zum Com. der 2. Cavallerie-Brigade ernannt.
23	7	68	General-Major mit Patent vom 3. Juli 1868.
18	11	68	In seiner Eigenschaft als Brigade-Com. zur 18. Cavallerie-Brigade versetzt.

Hermann von Redern.

Commandeur der 20. Cavallerie-Brigade.

3s²or (MG2) (ÖI.3) (ÖEK3.KD)

Tag.	Mon.	Jahr	
5	10	1819	geboren.
18	8	36	Als aggr. Seconde-Lieutenant aus dem Cadetten-Corps zum Garde-Dragoner-Regt., mit Patent vom 5. Oktober 1836.
16	6	38	In das Regt. einrangirt.
		42/45	com. zur Allg. Kriegsschule.
		46/47	zum Besuche d. Universität nach Berlin beurlaubt.
26	10	1847	Premier-Lieutenant.
15	4	52	Rittmeister und Eskadronschef.
28	4	57	Als Adjutant zur 14. Division com.
16	3	58	Unter Beförderung zum Major und Aggr. beim Generalstabe der Armee, zur Gesandtschaft in Wien com.
		59	Feldzug in Italien im Oesterr. Armee-Hauptquart. (Schlacht von Magenta und von Solferino.) Rother Adler-Orden 4. Kl mit Schwertern. Oesterr. eiserne Krone mit Kriegsdekoration.
24	12	60	zum Com. des Neumärkischen Dragoner-Regts. Nr. 3 ernannt, unter Entbindung von dem Commando bei der Gesandtschaft in Wien.
18	10	61	Oberst-Lieutenant.
		63/64	Mit dem 3. Drag.-Regt. an die Poln. Grenze com.
18	6	1865	Oberst.
14	12	65	Com. des 2. Garde-Dragoner-Regts.
		66	Feldzug 1866. Com. des 2. Garde-Dragoner-Regts. bei der 2. leichten Cavallerie-Brigade des Cavallerie-Corps der I. Armee. (Turnau, Münchengrätz, Königgrätz, Tischnowitz.) Rother Adler-Orden 3. Kl. mit Schwertern und mit Schwertern am Ringe.
30	10	66	zum Com. der 20. Cavallerie-Brigade ernannt.
23	7	68	General-Major mit Patent vom 3. Juli 1868.

Carl Ernst Oskar **von Sperling.**

Chef des Generalstabes des VI. Armee-Corps.

3sw (BZL3b) (CHW4) (LFK5) (MMV) (RSt2mKr) (HSEH2b)

Tag.	Mon.	Jahr.	
31	1	1814	geboren zu Cölleda.
18	10	32	Eingetreten als Avantageur in das 31. Inf.-Regt.
14	3	33	Portepee-Fähnrich.
12	3	35	Seconde-Lieutenant.
		38/41	com. zur Allg. Kriegsschule.
		42/46	Bataillons-Adjutant.
		45/47	Lehrer an der 8. Divisionsschule.
		47/48	com. zur topographischen Abtheilung des Generalstabes.
		1848	Strassenkampf in Berlin und Erfurt.
		48	com. zur Garde-Artillerie-Brigade.
		49	Feldzug in Baden. Adjutant der mobilen Infanterie-Brigade der Division v. Schack. (Ladenburg, am Federbach, Ausfall von Rastatt, Cernirung von Rastatt.) Badenscher Orden des Zähringer Löwen 3. Kl.
		49	Regiments-Adjutant.
10	9	49	zum Premier-Lieutenant befördert, unter Versetzung zum 29 Infanterie-Regt. und gleichzeitiger Commandirung als Adjutant zur 15. Div.
16	11	52	zum Hauptmann befördert mit Pat. v. 22. Juni 1852.
16	4	57	Als Compagniechef in das 32. Infanterie-Regt. versetzt, unter Entbindung von dem Commando als Adjutant.
31	1	58	In den Generalstab versetzt und dem grossen Generalstabe zugetheilt.
16	3	58	Major.
8	5	58	zum Generalstabe der 7. Division versetzt.
29	10	59	zum Generalstabe des IV. Armee-Corps versetzt.
		60/61	com. mit Aufträgen nach Italien. (Beiwohnung der Belagerung von Gaëta.)
18	10	61	Oberst-Lieutenant.

Tag	Mon.	Jahr	
15	5	1862	zur Dienstleistung bei dem General-Commando des VII. Armee-Corps com.
26	6	62	Von dieser Dienstleistung entbunden.
5	7	62	zum General-Commando des I. Armee-Corps vers.
8	2	63	com. zur Dienstleistung bei dem Stabe des Generals der Infanterie v. Werder, Oberbefehlshaber des I., II., V. und VI. Armee-Corps.
5	3	63	zum Chef des Generalstabes des VI. Armee-Corps ernannt.
		64	Feldzug gegen Dänemark. (Expedition gegen die Insel Föhr, 17—18. Juli; Seegefecht bei Wyk 18 Juli, an Bord des Blitz; Wegnahme der Flotille des dän. Capitains Hammer, 19. Juli, an Bord des Blitz) Rother Adler-Orden 3. Kl. mit Schwertern und der Schleife.
18	6	65	Oberst.
		66	Feldzug 1866. Chef des Generalstabes des VI. Armee-Corps (II. Armee). (Königgrätz, Beschiessung v. Königgrätz.) Orden pour le mérite. Mecklenburgisches Militär-Vesdienstkreuz.
23	7	68	General-Major mit Patent vom 3. Juli 1868.

Johann Leonhard Otto **von Stückradt.**

Commandant von Thorn.

✠3 ✠2 ✠ (RSt1)

Tag	Mon.	Jahr	
2	8	1803	geboren.
29	8	17	Eingetreten in das 1. Infanterie-Regt.
30	5	21	Seconde-Lieutenant im 1. Infanterie-Regt.
		26/28	com. zur Allg. Kriegsschule.
		30/40	Regiments-Adjutant.
27	11	1837	Premier-Lieutenant.
30	3	40	com. als Adjutant zur 2. Infanterie-Brigade.
16	9	42	Als Adjutant zur 2. Division versetzt.
30	3	44	zum Hauptmann befördert mit Patent vom 20. Nov. 1843 und dem 4. Infanterie-Regt. aggr., unter Belassung in dem Verhältniss als Adjutant.
18	9	44	Als Compagniechef in das 4. Infanterie-Regt. vers.
22	11	49	zum Major befördert und als Com. zum 1. Bat. (Poln. Lissa) 19. Landwehr-Regts. versetzt.
14	6	54	Com. des 3. Jäger-Bats.
12	7	55	Oberst-Lieutenant.
16	5	57	Als Bataillons-Com. in das 8. (Leib-) Infanterie-Regt. versetzt.
3	6	58	Commandant von Magdeburg.
22	11	58	Oberst.
10	5	61	Commandant von Thorn.
18	10	61	Charakter als General-Major.

Gustav

Prinz zu Ysenburg- und Büdingen.

à la suite der Armee.

✠2 ✠ ✠ (BrHL1) (HG1) (NL2) (OV!) (PG3a)

Tag.	Mon.	Jahr.	
17	2	1813	geboren.
25	2	31	In der Preussischen Armee angestellt als Portepee-Fähnrich im Garde-Dragoner-Regt. Bisher K. Sächsischer Cadet.
20	12	31	Seconde-Lieutenant.
17	12	38	com. zur Dienstleistung bei Sr. K. H. dem Prinzen Friedrich von Preussen.
11	2	43	Ausgeschieden und dem Regt. aggr., unter Verbleib in seinem Commando.
1	8	43	Premier-Lieutenant.
4	8	46	Charakter als Rittmeister.
26	10	47	Rittmeister.
8	3	51	Von dem Verhältniss als Adjutant Sr. K. H. des Prinzen Friedrich von Preussen entbunden und à la suite des Garde-Dragoner-Regts. geführt.
13	7	54	Charakter als Major.
15	7	55	Patent als Major.
31	5	59	Oberst-Lieutenant.
18	10	61	Oberst.
18	6	65	Charakter als General-Major, unter Versetzung zu den Offizieren à la suite der Armee.

Adolph Wilhelm Philipp Erdmann
von Blanckensee.
Commandant von Torgau.

✠3 ✠2 ✠ (RA2) (RSt2) (HSEH2b)

Tag	Mon	Jahr	
29	11	1812	geboren.
13	8	30	Als Seconde-Lieutenant zum Garde-Jäger-Bat. aus dem Cadetten-Corps.
		42/44	Examinator bei der 1. Garde-Divisionsschule.
		1845	com. zur Gewehr-Fabrik in Potsdam.
19	4	46	**Premier-Lieutenant.**
21	11	48	**Hauptmann und Compagniechef.**
17	7	52	In das 5. Jäger-Bat. versetzt.
26	7	56	zum **Major** befördert und in das 17. Infanterie-Regt. versetzt.
23	11	58	Com. des 6. Jäger-Bats.
18	10	61	**Oberst-Lieutenant.**
29	1	63	Com. des 3. Magdeburg. Infanterie-Regts. Nr. 66.
17	3	63	**Oberst.**
		66	Feldzug gegen Oesterreich. Com. des Infanterie-Regts. Nr. 66 bei der Division v. Fransecky (I. Armee). (Münchengrätz, Königgrätz, Blumenau.) Kgl Kronen-Ord. 2. Kl. mit Schwertern.
15	9	66	Commandant von Torgau.
31	12	66	Charakter als **General-Major.**

Nikolas

Prinz von Nassau.

à la suite der Armee.

(GHL1) (NgL) (NA1) (NL1) (LEK1) (ÖL1) (RAd u.s w.) (HSEH1) (WK1)

Tag.	Mon.	Jahr.	
20	9	1832	geboren.
16	3	67	In der Preussischen Armee mit dem Charakter als **General-Major** à la suite der Armee angestellt.

Ludwig
Fürst zu Bentheim.
à la suite der Armee.

✠ (CHL) (DD1) (HG1) (GSF1)

Tag.	Mon.	Jahr.	
1	8	1812	geboren.
18	3	67	In der Preussischen Armee mit dem Charakter als General-Major à la suite der Armee angestellt. Bisher Hannöverscher General-Major à la suite der Gardes du Corps.

Gustav Adolph von Ziegler.
Commandant von Minden.

✠ 3 ✠ ✠ (GHl.3a)

Tag.	Mon.	Jahr.	
8	8	1808	geboren in Berlin.
20	10	24	Eingetreten in das Kaiser Franz-Grenadier-Regt.
5	2	26	Seconde-Lieutenant.
		30/33	com. zur Allg. Kriegsschule.
		37/43	Rechnungsführer beim 1. Bat.
		37/46	Lehrer an der combinirten Garde-Divisionsschule.
14	12	1841	Premier-Lieutenant.
31	3	46	Als Hauptmann und Compagniechef in das 17. Infanterie-Regt. versetzt.
		49	Feldzug in Baden. (Philippsburg, Waghäusel, Bischweyer (verwundet), Kuppenheim.) Rother Adler-Orden 4. Kl. mit Schwertern. Grossh. Hess. Ludwigs Orden, Ritterkreuz 1. Kl.
10	3	53	Major.
21	6	55	Als Com. zum 7. comb. Reserve-Bat. com.
1	4	56	Von diesem Commando entbunden und zum Com. des 1. Bats. 17. Infanterie-Regts. ernannt.
16	4	57	zum Com. des Landwehr-Bats. (Neuss) 39. Infanterie-Regts. ernannt.
22	5	58	Oberst-Lieutenant.
23	6	59	Bei der Mobilmachung à la suite des Kaiser Franz-Garde-Grenadier-Regts. gestellt und zum Commandanten von Colberg ernannt.
25	7	59	Bei der Demobilmachung mit der Fortführung der Commandantur-Geschäfte in Colberg beauftragt.
12	5	60	zum 2. Commandanten von Coblenz und Ehrenbreitstein ernannt.
18	10	61	Charakter als Oberst.
9	1	64	Unter Verleihung eines Patents als Oberst, zum Commandanten von Minden ernannt.
18	4	67	Charakter als General-Major.

Moritz Franz Friedrich
Prinz zu Sachsen-Altenburg.

à la suite des 7. Thüringischen Infanterie-Regts. Nr. 96.

✻ (AAB1) (HG1) (OX1) (SR) (GSF1) (HSEH1)

Tag	Mon.	Jahr	
24	10	1829	geboren.
26	4	51	Als Seconde-Lieutenant aggr. dem Garde-Husaren-Regt. angestellt. (Bisher Unter-Lieutenant in K. Bayerischen Diensten.)
15	7	52	In das Regt. einrangirt.
14	2	54	zum Premier-Lieutenant befördert, unter Aggr. beim Garde-Husaren-Regt.
4	9	55	zum Rittmeister befördert und à la suite des Regts. gestellt.
13	8	59	Unter Beförderung zum Major und Belassung der Uniform des Garde-Husaren-Regts., zu den Offizieren à la suite der Armee versetzt.
25	6	64	Oberst-Lieutenant.
31	12	66	Charakter als Oberst.
4	12	68	Unter Verleihung des Charakters als General-Major, à la suite des 7. Thüringischen Infanterie-Regts. Nr. 96 gestellt.

Erklärung der Ordenszeichen

und

Namen-Register

mit Angabe einiger Berichtigungen und der Veränderungen während des Druckes.

Bezeichnung
der
Orden und Ehrenzeichen.

A. Vaterländische Orden und Ehrenzeichen.

Schwarzer Adler-Orden mit der Kette.

Schwarzer Adler-Orden.

Rother Adler-Orden Grosskreuz mit Eichenlaub und Schwertern und mit Schwertern am Ringe.

— Grosskreuz mit Eichenlaub und Schwertern.

— Grosskreuz ohne Eichenlaub mit Schwertern.

— Grosskreuz mit Eichenlaub und Schwertern am Ringe.

— Grosskreuz ohne Eichenlaub mit Schwertern am Ringe.

— Grosskreuz mit Eichenlaub.

— Grosskreuz ohne Eichenlaub.

1 Rother Adler-Orden 1. Klasse mit Eichenlaub u. Schwertern und mit Schwertern am Ringe.

1 — mit Eichenlaub und Schwertern.

1 — ohne Eichenlaub mit Schwertern.

1 — mit Eichenlaub und Schwertern am Ringe.

1 — ohne Eichenlaub mit Schwertern am Ringe.

1 — mit Eichenlaub.

1 — ohne Eichenlaub.

2 m. St. Rother Adler-Orden 2. Kl. mit dem Stern, Eichenlaub u. Schwertern u. mit Schwertern am Ringe.

2 m. St. — mit dem Stern, Eichenlaub und Schwertern.

2 m. St. — mit dem Stern ohne Eichenlaub mit Schwertern.

2 m. St. — mit dem Stern, Eichenlaub und Schwertern am Ringe.

2 m. St. — mit dem Stern, ohne Eichenlaub mit Schwertern am Ringe.

2 m. St. — mit dem Stern und Eichenlaub.

2 m. St. — mit dem Stern ohne Eichenlaub.

2 Rother Adler-Orden 2. Kl. mit Eichenlaub u. Schwertern und mit Schwertern am Ringe.

2 — mit Eichenlaub und Schwertern.

2 — ohne Eichenlaub mit Schwertern.

2 — mit Eichenlaub und Schwertern am Ringe.

2 — ohne Eichenlaub mit Schwertern am Ringe.

2 — mit Eichenlaub.

2 — ohne Eichenlaub.

3 Rother Adler-Orden 3. Kl. mit der Schleife und Schwertern und mit Schwertern am Ringe.

3 — mit der Schleife und Schwertern.

3 — ohne Schleife mit Schwertern.

3 — mit der Schleife und Schwertern am Ringe.

3 — ohne Schleife mit Schwertern am Ringe.

3 — mit der Schleife.

3 — ohne Schleife.

4 Rother Adler-Orden 4. Kl. mit Schwertern.

4 Rother Adler-Orden 4. Kl.

1 Kronen-Orden 1. Kl. mit Schwertern mit dem Emaillebande des Rothen Adler-Ordens mit Eichenlaub und Schwertern am Ringe.

1 — mit Schwertern mit dem Emaillebande des Rothen Adler-Ordens mit Eichenlaub.

1 — mit dem Emaillebande des Rothen Adler-Ordens mit Eichenlaub und Schwertern am Ringe.

1 — mit dem Emaillebande des Rothen Adler-Ordens mit Eichenlaub.

1 — mit dem Emaillebande des Rothen Adler-Ordens ohne Eichenlaub.

1 — mit Schwertern.

1 — mit Schwertern am Ringe.

1 —

2m.St. Kronen-Orden 2. Kl. mit dem Stern u. Schwertern.

2m.St. — mit dem Stern und Schwertern am Ringe.

2m.St. — mit dem Stern.

2 — mit Schwertern.

2 — mit Schwertern am Ringe.

2 —

3 Kronen-Orden 3. Kl. mit Schwertern.

3 — mit Schwertern am Ringe.

3 —

4 Kronen-Orden 4. Kl. mit Schwertern.

4 —

1 Königl. Hausorden von Hohenzollern, Stern der Gross-Comthure mit Schwertern.

1 — Stern der Gross-Comthure mit Schwertern am Ringe.

306

1 Königl. Hausorden von Hohenzollern, Stern der Gross-Comthure.

1 — Gross-Comthurkreuz mit Schwertern.

1 — Gross-Comthurkreuz mit Schwertern am Ringe.

1 — Gross-Comthurkreuz.

2 — Stern der Comthure mit Schwertern.

2 — Stern der Comthure mit Schwertern am Ringe.

2 — Stern der Comthure.

2 — Comthurkreuz mit Schwertern.

2 — Comthurkreuz mit Schwertern am Ringe.

2 — Comthurkreuz.

3 — Ritterkreuz mit Schwertern.

3 — Ritterkreuz.

3 — Adler der Ritter.

Stern des Ordens pour le mérite.

Orden pour le mérite mit Eichenlaub. } m. Kr.: mit der Krone.
„ „ ohne Eichenlaub.

1 Eisernes Kreuz 1. Klasse } Ehr.-S. Ehren-Senior.
2 „ „ 2. „

2w. Eisernes Kreuz 2. Kl. am weissen Bande.

Johanniter-Ord., Rechts-Ritter } H-M: Herrenmeister.
„ „ Ehren-Ritter } Ehr.-C.: Ehren-Commendator
C.: Commendator.

Dienstauszeichnungs-Kreuz.

Militär-Verdienst-Kreuz.

(LD1.2.) Landwehr-Dienstauszeichnung 1., 2. Klasse.

○A. Allgemeines Ehrenzeichen.

○R. Rettungs-Medaille am Bande.

(HEK1.2.3.) Fürstl. Hohenzollernsches Ehrenkreuz 1., 2., 3. Kl.
(HsVM)   „   „   silberne Verdienst-Medaille.

Bei dem Rothen Adler-Orden, dem Königlichen Kronen-Orden und dem Königlichen Hausorden von Hohenzollern bedeutet:

s2. am zweimal schwarz und dreimal weissgestreiften Bande.
w. am weissen Bande.
m. Joh. mit dem Johanniter-Kreuz.

Bei der 3. Klasse des Rothen Adler-Ordens bedeutet:
sw. mit der Schleife von schwarz und weissem Bande.
or. mit der Schleife von weiss und orangefarbenem Bande.

B. Fremde Orden und Ehrenzeichen.

Herzoglich Anhaltische.

(AAB1.2a.u.b.3a.u.b.) Albrecht des Bären Orden: Grosskreuz, Com. 1. u. 2. Kl., Ritter 1. u. 2. Kl, (g. u. s. M.) goldene und silberne Medaille.
(ADK) Dienstauszeichnungs-Kreuz.
(AR) Rettungs-Medaille.
(AABgM) goldene Medaille.
(AABsM) silberne Medaille.

Grossherzoglich Badensche.

(BV1.2a.u.b.3.) Militär. Carl Friedrich-Verdienst-Orden: Grosskreuz, Com.-Kreuz 1. u. 2. Kl., Ritterkreuz.
(BgM) goldene (BsM) silberne Carl Friedrich-Militär-Verdienst-Medaille.
(BdT) Orden der Treue: Grosskreuz.
(BZL1.2a.u.b.3a.u.b.) Orden vom Zähringer Löwen: Grosskreuz, Com.-Kreuz 1. u. 2. Kl. und Ritterkreuz 1. u. 2. Kl., mit und ohne Eichenlaub.

Königlich Bayerische.
(BH) St. Hubertus-Orden.
(BMJ1.3.) Militär. Max Joseph-Orden: Grosskreuz, Ritterkreuz.
(BCV1.2a.u.b.3) Civil-Verdienst-Orden der Krone: Grosskreuz, Grosscomth.-Kreuz, Comth.-Kreuz, Ritterkreuz.
(BStMV1.2a.u.b.3a.u.b.) St. Michael-Verdienst-Orden: Grosskreuz, Grosscomth.-Kreuz, Comth.-Kreuz, Ritterkreuz 1. u. 2. Kl.

Königlich Belgische.
(BL1.2a.u.b.3.4.) Leopold-Orden: Grosskreuz, Gross-Offizier-Kreuz, Com.-Kreuz, Offizier-Kreuz, Ritterkreuz.

Kaiserlich Brasilianische.
(BrsC1.3.) Cruzeiro- (Südkreuz) Orden: Grosskreuz, Ritterkreuz.
(BrsR1.2a.u.b.3.4.5.) Rosen-Orden: Grosskreuz, Grossdignitar-, Dignitar-, Comthur-, Offizier-, Ritterkreuz.

Herzoglich Braunschweigische.
(BrHL1.2a.u.b.3.4.) Heinrich des Löwen Orden: Grosskreuz, Com.-Kreuz 1. u. 2. Kl., Ritterkreuz, Verdienst-Kreuz 1. Kl.
(BrMEZ) Militär-Ehrenzeichen.
(BrDK) Dienstauszeichnungs-Kreuz.
(BrRM) Rettungs-Medaille.

Königlich Dänische.
(DE) Elephanten-Orden.
(DD1.2a.u.b.3.) Danebrog-Orden: Grosskreuz, Com.-Kreuz 1. u. 2. Grades, Ritterkreuz.
(DM) Danebrogsmann.

Kaiserlich Französische.
(FEL1.2.3.4.5.) Ehren-Legion: Grosskreuz, Gross-Offizier, Commandeur, Offizier, Ritter.

Orden vom heiligen Grabe.
(OhGr)

Königlich Griechische.
(GE1.2a.u.b.3.4 gK) Erlöser-Orden: Grosskreuz, Gross-Com.-Kreuz, Com.-Kreuz, Offizier-Kreuz, Ritterkreuz, goldenes Kreuz.

Königlich Grossbritannische.
(GH) Hosenband-Orden.
(GB1) Bath-Orden: Grosskreuz.
(GRM) Rettungs-Medaille.

Königlich Hannoversche.
(HStG) Sanct Georg-Orden.
(HG1.2a.u.b.3.4.) Guelphen-Orden: Grosskreuz, Com.-Kreuz 1. u. 2. Kl., Ritterkreuz 3. u 4. Kl.
(HEA1.2a.u.b.3a.u.b.) Ernst August-Orden: Grosskreuz, Com.-Kreuz 1. u. 2. Kl., Ritterkreuz 1. u. 2. Kl.
(HWK) Wilhelms-Kreuz.
(HAEz) Allgemeines Ehrenzeichen.
(HWM1.2.) Wilhelms-Medaille: goldene, silberne.
(HRM) Rettungs-Medaille.

Kurfürstlich Hessische.
(CHL) Löwen-Orden.
(CHW1.2a.u.b.3.4.) Wilhelms-Orden: Grosskreuz, Com.-Kreuz 1. und 2. Kl., Ritterkreuz 4. Kl.
(CHEH) Eiserner Helm.
(CHMV) Militär-Verdienst-Orden.
(CHDK) Dienstkreuz.
(CHsDK) silbernes Verdienstkreuz.

Grossherzoglich Hessische.
(GHL1.2a.u.b.3a.u.b.) Ludwigs-Orden: Grosskreuz, Com.-Kreuz 1 u. 2. Kl., Ritterkreuz 1. u. 2. Kl.
(GHVP1.2a.u.b.3a.u.b.) Verdienst-Orden Philipps des Grossmüthigen: Grosskreuz, Comthurkreuz 1. u. 2. Kl., Ritterkreuz 1. u. 2. Kl. (wird an Offiziere etc. mit Schwertern verliehen).
(GHAE) Allgem. Ehrenzeichen für Rettung von Menschenleben.

Königlich Italienische.
(JAn) Annunciaten-Orden.
(JM u. L1.2a.u.b.3.4.) St. Mauritius- und Lazarus-Orden: Grosskreuz, Comthurkreuz 1. u. 2. Kl., Offizier-Kreuz, Ritterkreuz.
(JMOS1.2.) Militär-Orden von Savoyen: Grosskreuz, Comthur-Kreuz.
(JK1.2.3.) Orden der Italienischen Krone: Grosskreuz, Commandeurkreuz, Ritterkreuz.
(JgTM) goldene Tapferkeits-Medaille.

Fürstlich Lippe-Detmoldische.
(LVM) Militär-Verdienst-Medaille.
(LDK) Dienstkreuz.

Fürstlich Schaumburg-Lippesche.
(SLVM) Militär-Verdienst-Medaille.
(SLDK) Dienstkreuz.

Maltheser-Orden.
(M1.2.) Grosskreuz, Ritterkreuz.

Grossherzoglich Mecklenburgische.
(MWK1.2a.u.b.3.4.a.u.b.) Orden der Wendischen Krone: Grosskreuz, Gross-Comthurkreuz, Comthurkreuz, Ritterkreuz, Verdienstkreuz a. in Gold, b. in Silber.
(MMV) Militär-Verdienst-Kreuz.
(MDK) Dienstauszeichnungs-Kreuz.
(MVM) Verdienst-Medaille.
(MED) Ehren-Degen.
(MAEz) Allgemeines Ehrenzeichen.

Kaiserlich Mexikanische.
(MG1.2.3.4.) Guadalupe-Orden: Grosskreuz, Com.-Kreuz, Offizierkreuz, Ritterkreuz.

Herzoglich Nassauische.
(NgL) Hausorden vom goldnen Löwen.
(NA1.2.a.u.b.3.4.) Verdienst-Orden Adolphs von Nassau, Grosskreuz, Comthurkreuz 1. u. 2. Kl., Ritterkreuz, 4. Kl. (wird an Offiziere etc. mit Schwertern verliehen).
(NDK) Dienstauszeichnungskreuz.

Königlich Niederländische und Grossherzoglich Luxemburgische.
(NMW1.) Militär-Wilhelms-Orden: Grosskreuz.
(NL1.2.3.4.) Löwen-Orden: Grosskreuz, Com.-Kreuz, Ritterkreuz 1. und 2. Kl.
(LEK1.2.3.4.5.) Orden der Eichen-Krone: Grosskreuz, Gross-Offizierkreuz, Com.-Kreuz, Offizierkreuz, Ritterkreuz.

Kaiserlich-Königlich Oesterreichische.
(ÖGV) Goldenes Vliess.
(ÖSt1.2) St. Stephans-Orden: Grosskreuz, Com.-Kreuz.
(ÖMT2.3.) Maria-Theresien-Orden: Com.-Kreuz, Ritterkreuz.
(ÖL1.2.3.) Leopold-Orden: Grosskreuz, Com.-Kr., Ritterkreuz.
(ÖEK1.2.3.) Eiserne Krone: 1., 2. und 3. Kl.
(ÖFJ1.2 3.) Franz Joseph-Orden: Grosskreuz, Com.-Kreuz, Ritterkreuz.
(ÖMV) Militär-Verdienstkreuz.
(ÖgVK) Goldenes Verdienst-Kreuz.
(ÖsVK) silbernes Verdienst-Kreuz.
(ÖgVM) Goldene Verdienst-Medaille.
(ÖgVM) goldene Tapferkeits-Medaille.
(ÖsTM1.2.) Silberne Tapferkeits-Medaille; 1. und 2. Kl.

Grossherzoglich Oldenburgische.
(OV1.2a.u.b.3a.u.b.) Haus- und Verdienst-Orden: Ehren-Grosskreuz, Ehren-Grosscomthur-, Ehrencomthur-Kreuz, Ehrenritter-Kreuz 1. und 2. Kl.
(OEz1.2.) Allgemeines Ehrenzeichen 1. und 2. Kl.
(ODK) Dienstkreuz.

Päpstliche.
(PC) Christus-Orden.
(PGr1.3.) St. Gregorius-Orden: Grosskreuz, Ritterkreuz.
(PP1.2.) Pius-Orden: Grosskreuz, 2. Kl.
(PgSp) Goldener Sporn.

Persische.
(PSuL1.3.) Sonnen- und Löwen-Orden 1. und 3. Kl.

Herzoglich Parmaische.
(PG1.2.3a.u.b.) Constantinischer St. Georg-Orden: Grosskreuz, Com.-Kreuz, Ritterkreuz 1. und 2. Kl.
(PL1.2.3a.u.b.) St. Ludwigs-Orden: Grosskreuz, Com.-Kreuz, Ritterkreuz 1. und 2. Kl.

Königlich Portugiesische.
(PC1.2.3.) Christus-Orden: Grosskreuz, Com.-Kr., Ritterkreuz.
(PBd'A1.2.) Militär-Orden San Bento d'Aviz: Grosskreuz, Com. Kreuz.
(PT1.2.3.4.) Thurm- und Schwert-Orden: Grosskreuz, Comthur-Kreuz, Offizier-Kreuz, Ritterkreuz.

Fürstlich Reussische.
(RgK) Goldenes Ehrenkreuz.
(RDK) Dienstkreuz.

Kaiserlich Russische.
(RAd) St. Andreas-Orden.
(RAN) St. Alexander Newsky-Orden.
(RWA) Weisser Adler-Orden.
(RG4.5.) St. Georgen-Orden: 4, 5. Kl.
(RW1.2.3.4.) St. Wladimir-Orden: 1., 2., 3., 4. Kl.
(RA1.2.3.4.5.) St. Annen-Orden: 1., 2., 3., 4. Kl., Ehrenzeichen.
(RSt.1.2.3.) St. Stanislaus-Orden: 1., 2., 3. Kl.
(RSM) silberne Medaille.
(RgRM) goldene Rettungs-Medaille.

Königlich Sächsische.
(SR) Orden der Rauten-Krone.
(SH1.2a.u.b3.gM.sM) Militär. St. Heinrichs-Orden. Grosskreuz, Com.-Kreuz 1. und 2. Kl., Ritterkreuz, goldene und silberne Medaille.
(SV1.2a.u.b.3.gM.s.M) Verdienst-Orden: Grosskreuz, Comthur-Kreuz 1. u. 2. Kl, Ritterkreuz, goldene und silberne Medaille.
(SA1.2a.u.b 3.4.gM.sM) Albrechts-Orden: Grosskreuz, Comthur-Kreuz 1. und 2. Kl., Ritterkreuz, Ehrenkreuz, goldene und silberne Medaille.
(SgRM.SsRM) Goldene und silberne Rettungs-Medaille.

Grossherzoglich Sachsen-Weimarsche.
(GSF1.2a.u.b.3a.u.b.) Falken-Orden: Grosskreuz, Com.-Kreuz 1. und 2. Kl, Ritterkreuz 1. und 2. Kl.
(GSDK1.2.) Dienstkreuz 1. und 2. Kl.

Herzoglich Sachsen-Ernestinische.
(HSEH1.2a.u.b.3a.u.b.4) Haus-Orden: Grosskreuz, Com.-Kreuz 1. und 2. Kl., Ritterkreuz 1. und 2. Kl. (wird an Offiz. etc. mit Schwertern verliehen), Verdienstkreuz.
(HSDK) Dienstkreuz.

Fürstlich Schwarzburgische.
(SEK1.2.3.) Ehrenkreuz 1., 2. und 3. Kl.
(SDK) Dienstkreuz.

Königlich Schwedische.

(SSer) Seraphinen-Orden.
(SCXIII) Orden Carl XIII.
(SS1.2.3.a.b.c.) Schwert-Orden: Commandeur des Grosskreuzes. Com.-Kr., Ritter vom Grosskreuze 1. und 2. Kl., Ritterkreuz.
(SW2.3) Wasa-Orden: Com.-Kreuz, Ritterkreuz.
(SN2.3.) Nordstern-Orden: Com.-Kreuz, Ritterkreuz.
(NO1.2.3.) Norwegischer Orden des heiligen Olaf: Grosskreuz, Com.-Kreuz, Ritterkreuz.

Königlich Sicilianische.

(Sic.J) St. Januar-Orden.
(Sic.F1.3.) St. Ferdinands-Orden: Grosskreuz, Ritterkreuz.
(Sic.G1.2.3.) St. Georg-Orden: Grosskreuz, Com.-Kreuz, Ritterkreuz.
(Sic.3.) Orden beider Sicilien: Ritterkreuz.
(Sic.Fr.2.3.) Orden Franz I.: Com.-Kreuz, Ritterkreuz.

Königlich Spanische.

(SGV) Goldenes Vliess.
(SF1) St. Fernando-Orden: 1. (jüngste) Kl.: Ritterkreuz.
(SC1.2.3.) Carls III. Orden: Grosskreuz, Com.-Kreuz 1. Kl., Ritterkreuz.
(SJ1.2.3.) Isabella-catholica-Orden: Grosskreuz, Com.-Kreuz, Ritterkreuz.
(SJoh) Orden St. Johannes von Jerusalem.
(SEK) Ehrenkreuz.

Grossherzoglich Toscanische.

(TSt) St. Stephans-Orden.
(TJ) St. Josephs-Orden.
(TMV1.3b) Milit.-Verdienstorden, Grosskreuz, Ritterkreuz 2. Kl.

Grossherrlich Türkische.

(TNJ) Nischan-Iftechar.
(TM1.2.3.4.5.) Medjidié-Orden: 1., 2., 3., 4, 5. Kl.
(TO1.3.4.) Osmanie-Orden 1., 3., 4. Kl.
(TES) Ehrensäbel.
(TgM) Goldene Medaille.

Tunesische.

(TH) Hausorden.
(TJft2.3.4.) Iftikhar, Com.-Klasse, Offizier-Klasse, 4. Klasse.

Fürstlich Waldecksche.

(WV1.2.)   Verdienst-Orden 1. und 2. Kl.
(WM)   Verdienst-Medaille.

Königlich Württembergische.

(WK1.2.3.)   Kronen-Orden: Grosskreuz, Com.-Kreuz, Ritterkreuz.
(WF1. 2a. u. b. 3.)   Friedrichs-Orden: Grosskreuz, Com.-Kreuz
 1. und 2. Kl., Ritterkreuz.

---

mBr.: mit Brillanten.
mSt.: mit dem Stern.
mKr.: mit der Krone.
mE.: mit Eichenlaub.
mSchw.: mit Schwertern.
mSchw.a.R.: mit Schwertern am Ringe.
KD.: Kriegs-Dekoration.
mgK.: mit goldener Kette.

Namen-Register

mit Angabe einiger Berichtigungen und der Veränderungen während des Druckes.

(Abgeschlossen am 22. März 1869.)

A.

	Seite
v. Alvensleben, Gustav, Gen. d. Inf. (SEK1) . . .	67
„ Werner, Gen.-Lt.	96
„ Herrmann, Gen.-Lt. ✠2m.St. . .	119
„ Constantin, Gen.-Lt.	134
v. Anhalt, Erbprinz Friedrich H., Gen.-Lt. (GH1) . .	123

B.

	Seite
v. Baden, Grossherzog Friedrich K. II., Gen. d. Cav.	27
„ Prinz Wilhelm Grossh. H., Gen.-Lt. . . .	169
Frhr. v. Barnekow, Gen.-Lt.	125
v. Beeren, Gen.-Maj.	234
v. Below, Gen.-Maj. ✠2 (LD2)	203
v. Bentheim, Gen.-Lt. ✠2m.St.	113
zu Bentheim, Fürst Ludwig, Gen.-Maj.	298
zu Bentheim-Tecklenburg-Rheda, Prinz Adolph, Gen.-Lt.	163
v. Berger, Gen.-Maj.	238
Gr. v. Bismarck-Bohlen, Gen.-Lt. ✠2m.St. . .	122
Gr. v. Bismarck-Schönhausen, Gen.-Maj. ✠Ehr.-C. (LD2) (BL1m.Schw.) (BrIIL1) (GE1) (JAN) (MWK1) (OV1m.Kr.u.Schw.) (RAdu.s.w.) (SR) (TO1) (TH)	218
v. Blanckensee, Gen.-Maj. Gen.-Maj.	296
v. Blumenthal, Leonh., Gen.-Lt. ✠2s²m.St. (RA1u.s.w.)	138
„ Louis, Gen.-Maj.	250

Seite

v. Bojanowski, Gen.-Lt., gestorben 112
v. Bonin, Gen. d. Inf. 46
  (HSEH1) (GHL1); (SV2b) statt (SCV2b).
v. Borcke, Friedrich, Gen. d. Inf. 84
  24. 12. 68 zum Gouverneur von Danzig ernannt.
v. Borcke, Ferdinand, Gen.-Maj. 223
v. Bose, Gen.-Lt. ✠ 2 m. St. 135
v. Bothmer, Ernst, Gen.-Maj. 190
  „ Walter, Gen.-Maj. 261
v. Boyen, Gen.-Lt. 99
Gr. v. Brandenburg, Friedrich, Gen.-Maj. 263
  „ Wilhelm, Gen.-Maj. 264
v. Brauchitsch, Gen. d. Inf. 45
  Präses der General-Ordens-Commission. (ÖL1). 3. 4. 38 (statt
  1. 4. 58) Flügel-Adjutant Sr. Maj. des Königs.
von Braunschweig, Herzog Wilhelm, II., Gen. d. Cav. 14
v. Bredow, Gen.-Maj. 212
Bar. v. Buddenbrock, Gen.-Lt. 137
v. Budritzki, Gen.-Maj. ✠ 2 (BrHL1). 200

C.

Frhr. v. Canstein, Gen.-Lt. 95
v. Colomier, Gen.-Lt. 142
v. Croy, Prinz Philipp, Gen.-Lt. 149

D.

v. Decker, Gen.-Maj. 206
Gr. zu Dohna, Gen.-Maj. 266
  Com. der 13. (statt 16.) Cavallerie-Brigade.
v. Dorpowski, Gen.-Maj. 222

E.

v. Etzel, Gen.-Lt. (BZL1) 91

F.

v. Fabeck, Gustav, Gen.-Maj. 128
  „ Herrmann, Gen.-Maj. 283

	Seite
v. Falckenstein, Vogel-, Gen. d. Inf.	50

4. 8. 68 auf seinen Wunsch von dem Commando des L. A.-C. entbunden und einstweilen zu den Offizieren von der Armee vers.

Frhr. v. Falckenstein, Gen.-Maj.	232
v. Flemming, Gen.-Maj.	272
v. Frankenberg, Gen.-Lt.	115
v. Frankonberg-Ludwigsdorff, Gen.-Maj.	214
v. Fransecky, Gen.-Lt.	97

(HEK1m.Schw.); 1848: Schleswig, Oversee, Düppel und Bierning K., Seggelund; 1850—55: Militärische Missionen und Commandos nach Frankreich, Ober-Italien, Russland, Belgien und Holland; 1857: Militärische Mission nach Carlsruhe; 1863: Bundes-General, Inspizirung des Grossh. Badischen Contingents; 1864 statt 1866 den Rothen Adler-Orden 2. Kl. mit Stern u. Schwertern am Ringe; 1867 und 1868 com. zur Inspizirung der K. Sächsischen Infanterie-Regimenter und Brigaden.

v. Freihold, Gen.-Lt.	132

G.

v. Gayl, Gen.-Maj.	241
v. Gersdorff, Gen.-Lt. (GSF1) (HSEH1)	135
v. Gerstein-Hohenstein, Gen.-Maj. ✠2	216
v. Glümer, Gen.-Maj. ✠2	197
Gr. v. Gneisenau, Neidhardt-, Gen.-Maj. ✠3	271
v. Goeben, Gen.-Lt.	102
Gr. v. d. Goltz, Gen.-Maj.	179
v. Gordon, Gen.-Lt.	130
v. Grabow, Gen. d. Inf. gestorben	16
Gr. v. d. Groeben, Gen. d. Cav.	20

Statt 2. Schles. Ul.-Regt.: Schles. Ul.-Regt. Nr. 2.; statt Kowaiski: Klowaiski.

Gr. v. d. Groeben, Gen.-Maj.	180
v. Gross- gen. v. Schwarzhoff, Gen.-Maj.	175

H.

Gr. v. Hacke, Gen.-Maj.	224
Hann- v. Weyhern, Gen.-Lt.	110
v. Hanneken, Gen.-Lt.	126

Frbr. v. Hannstein, Gen.-Maj. 233
v. Hartmann, Julius, Gen.-Lt. 144
    „   Ernst, Gen.-Maj. 242
Herkt, Gen.-Lt. 170
Herwarth v. Bittenfeld, Eberhard, Gen. d. Inf. . . 42
    „   „   Hans, Gen. d. Inf. . . . 79
    „   „   Friedrich Adrian, Gen. d. Inf. 82
v. Hesse, Gen.-Lt. 167
    26. 2. 68. zur Disposition gestellt. Gestorben.
v. Hessen-Cassel, Prinz Friedrich Wilhelm H., Gen.
                                  d. Cav. 15
v. Hessen-Cassel, Prinz Friedrich H., Gen.-Lt. . . 88
    6. 2. 67 durch den Tod seines Vaters Landgraf v. Hessen.
v. Hessen und bei Rhein, Prinz Ludwig, Gen.-Maj. 245
v. Hindersin, Gen. d. Inf. 64
    Mitglied der Landes-Vertheidigungs-Commission. (BZL1 m.Schw.)
    statt (BZL2b).
v. Hoffmann, Gen.-Maj. ☩2 196
zu Hohenlohe-Ingelfingen, Prinz Adolph, Gen. d. Cav. 77
    (LD2) statt (LA).
zu Hohenlohe-Ingelfingen, Prinz Kraft, Gen.-Maj. 276
zu Hohenlohe-Oehringen, Herzog von Ujest, Fürst
                             Hugo, Gen.-Lt. 146
zu Hohenlohe-Waldenburg, Herzog von Ratibor,
                             Prinz Victor, Gen.-Lt. 147
zu Hohenzollern-Hechingen, Fürst Friedrich Wil-
                          helm H., Gen. d. Inf. 39
    Chef des 2. Westpreuss. Landwehr-Regts. Nr. 7.
zu Hohenzollern-Sigmaringen, Fürst Carl Anton
                           K. H., Gen. d. Inf. 38
    68. bei der Umformung der Ingenieur-Commission zum stellver-
    tretenden Präses der Landes-Vertheidigungs-Commiss. ern.
v. Holleben, Gen.-Lt. ☩1 90

J.

v. Jacobi, Gen.-Lt. 101

K.

	Seite
v. Kameke, Gen.-Lt.	171

    Mitglied der Landes-Vertheidigungs-Commission.

v. Kaphengst, Gen.-Lt. 153
v. Kessel, Gen.-Maj. 265
v. Kessler, Gen.-Maj. 288
v. Kettler, Gen.-Maj. 235
v. Kirchbach, Gen.-Lt. 105
v. Kleist, Gen.-Maj. 195
Klotz, Gen.-Maj. (BZL2b) 252
v. Koblinski, Gen.-Maj. 280
v. Kraatz-Kaschlau, Gen.-Maj. 258
v. Kräwel, Gen.-Maj. 229
Krug- v. Nidda, Gen.-Maj. 262
v. Kummer, Gen.-Lt. (RA5) 159

L.

v. Loën, Gen.-Maj. 182

    (OV2); 25. 7. 68 bis 1. 1. 69 Mitglied des Competenz-Gerichtshofes.

v. Loewenfeld, Gen.-Lt. 111

M.

v. Malachowski, Gen.-Maj. ✠3 281
v. Maliszewski, Gen.-Lt. 161
v. Manstein, Gen. d. Inf. 76

    19. 9. 68 zum Chef des Schlesw. Infanterie-Regts. Nr. 84 ern.

Frhr. v. Manteuffel, Gen. d. Cav. 62

    8. 4. 68. Unter Belassung als Gen.-Adjutant Sr. Maj. des Königs zum commandirenden General des I. Armee-Corps ern.

v. Mecklenburg-Schwerin, Grossherzog Friedrich Franz K. II., Gen. d. Inf.   24

    10. 10. 68 zum Inspecteur der 5. Armee-Abth. ern.

zu Mecklenburg-Schwerin, Herzog Wilh., Gen.-Maj. 185

    31. 10. 68 auch à la suite des 1. Mecklenburg. Dragoner-Regts. Nr. 17 zu führen.

Seite

v. Mecklenburg-Strelitz, Grossherzog Friedrich Wilhelm K. H., Gen. d. Cav. 34
v. Meyerfeld, Gen.-Maj. 188
v. Michaëlis, Gen.-Maj. 281
v. Mirbach, Gen.-Maj. (HEK1) 213
v. Mirus, Gen.-Maj. 269
Frhr. v. Moltke, Gen. d. Inf. 53
    Mitglied der Landes-Vertheidigungs- statt Ing.-Commission. (BV1); (JMOS1) (statt: (JMO1)
Gr. v. Mouts, Gen. d. Inf. 78

N.

v. Nassau, Herzog Adolph H., Gen. d. Cav. 25
    „   Prinz Nikolas, Gen.-Maj. 297
v. Natzmer, Gen.-Maj. 257
    20. 6. 68 gestorben.
der Niederlande, Prinz Friedrich, K. H. Gen. d. Inf. 13
    Ehr.-C.

O.

v. Obernitz, Gen.-Maj. ✠ 2. 207
    42—45 statt 43—45 com. z. Allg. Kriegsschule; 45—49 statt 46—48 Regts.-Adjutant, 24. 7. 49. statt 21. 7. 49. Prem.-Lieutenant; 6. 6. 65 Mitglied der Studien-Commission der Kriegs-Acad.; 10. 5. 67 als Milit. Bevollmächtigter an den Kgl. Württemberg. Hof com.
v. Oldenburg, Grossherzog Peter K. H., Gen. d. Cav. 39
v. Ollech, Gen.-Lt. 123
v. d. Osten, Gen.-Maj. 256
Bar. v. d. Osten- gen. Sacken, Gen.-Maj. 282

P.

v. Pape, Gen.-Maj. ✠ 2 (SS1) 221
v. Parma, Herzog Karl II. K. H., Gen.-Lieut. . . . 87
v. Peucker, Gen. d. Inf. ✠ 1 Ehr.-S. 50
    (BZL1m.g.K.)
v. Plonski, Gen. d. Inf. (HSEH1) statt: (HSEH2) . . 63
v. Podbielski, Gen.-Lt. 156
    (OV1). Mitglied der Landes-Vertheidigungs-Commission.

	Seite
v. Preussen, des Königs Majestät	3
Se. Majestät sind nicht Chef des 2., sondern des 6. bayerischen Infanterie-Regts.	
v. Preussen, Kronprinz K. H., Gen. d. Inf.	57
Chef des 1. Ostpreuss. Gren.-R. Nr. 1. Kronprinz, statt: (Kronprinz); Präses der Landes-Vertheidigungs-Commission. (BV1) (JMOS1) (WK1)	
v. Preussen, Prinz Carl K. H., Gen.-Feldzeugm. (GE1)	8
„ Prinz Albrecht K. H., Gen. d. Cav. (OV1)	18
„ Prinz Adalbert K. H., Admiral ✠ statt: ✠	22
„ Prinz Friedrich Carl K. H., Gen. d. Cav.	40
„ Prinz Alexander K. H., Gen. d. Inf. . .	44
„ Prinz Georg K. H., Gen. d. Cav. . . .	59
„ Prinz Albrecht K. H., Gen.-Maj. ✠ Ehr.-C.	186
v. Pritzelwitz, Gen.-Maj.	220
v. Prondzynski, Gen.-Lt. (TM1)	93
v. Pückler-Muskau, Fürst Herrmann, Gen. Lt . .	164
Gr. v. Pückler, Gen.-Lt. (LD2) (GE1) (JMuL1) (SN1)	165

R.

v. Rauch, Gen.-Maj.	225
Gr. v. Rodern, Gen.-Lt. (LD2)	168
v. Redern, Gen.-Maj.	291
Reuss jüngere Linie, Fürst Heinrich XIV. D., Gen.-Maj.	278
„ ältere Linie, Fürst Heinrich XXII. D., Gen.-Maj.	279
Bar. v. Rheinbaben, Gen.-Lt.	154
v. Röder, Julius, Gen.-Lt.	108
2. Z. 68 in Genehmigung seines Abschiedsgesuches zur Disposition gestellt.	
v. Röder, Heinrich, Gen.-Lt.	166
v. Rohrscheidt, Gen.-Maj.	219
v. Roon, Gen. d. Inf.	55
(BV1) statt (BV2a)	
v. Rosenberg-Gruszczynski, Gen.-Lt.	118
✠ 2 m. St. statt ✠ 2	

S.

	Seite
v. Sachsen, Grossherzog Carl Alexander K. H., Gen. d. Cav.	26
zu Sachsen, Herzog Joseph H., Gen. d. Inf.	35
zu Sachsen-Altenburg, Herzog Ernst H., Gen. d. Inf.	52
„ „ Prinz Moritz, Gen.-Maj.	300
zu Sachsen-Coburg-Gotha, Herzog Ernst II. H., Gen. d Cav.	28
zu Sachsen-Meiningen-Hildburghausen, Herzog Bernhard H., Gen. d. Inf.	35
zu Sachsen-Meiningen-Hildburghausen, Herzog Georg H., Gen.-Lt.	75
v. Sandrart, Gen.-Maj.	226
v. Schachtmeyer, Gen.-Maj.	201
zu Schaumburg-Lippe, Fürst Adolph, Gen. d. Cav.	80
v. Scherbening, Gen.-Maj.	260
v. Schimmelmann, Gen.-Maj.	176
v. Schleswig-Holstein-Sonderburg-Augustenburg, Prinz Woldemar, Gen. d. Cav.	60
Frhr. v. Schlotheim, Gen.-Maj. (BZL2am.Schw.)	268
v. Schmeling, Gen.-Maj.	254
v. Schmidt, Gen.-Maj.	193
v. Schoeler, Gen.-Lt. ✠2m.St.	116
v. Schoen, Gen.-Maj. ✠2	205
Bar. Schuler-v. Senden, Gen.-Maj.	217

Com. der 17. (statt 27.) Infanterie-Brigade.

Schulz, Gen.-Maj.	237
Schwartz, Gen.-Lt.	140

27. 7. 68 bis 1. 1. 69 Mitglied des Competenz-Gerichtshofes.

v. Schwarzburg-Rudolstadt, Fürst Albert D., Gen. d. Cav.	158

3. 7. 68 Charakter als General der Cavallerie.
22. 3. 69 zum Chef des Westphäl. Drag.-Regts. Nr. 7 ern.

v. Schwarzburg-Sondershausen, Fürst Günther D., Gen.-Maj.	248

22. 3. 69 zum Chef d. 3. Thüring. Infanterie-Regts. Nr. 71 ern.

	Seite
v. Schwarzkoppen, Gen.-Lt. ✠2 m. St.	124
v. Schwerin, Gen.-Maj. (GHVP2b)	259
v. Selchow, Gen.-Maj.	211
zu Solms-Braunfels, Prinz Bernhard, Gen. d. Cav.	81
gestorben.	
zu Solms-Braunfels, Prinz Wilhelm, Gen.-Lt. . .	162
gestorben.	
v. Sperling, Gen.-Maj.	292
v. Steinmetz, Gen. d. Inf.	48
Gr. zu Stolberg-Wernigerode, Wilhelm, Gen.-Lt. ✠	127
Gr. zu Stolberg-Wernigerode, Eberhard, Gen.-Maj.	209
(LD2)	
Stoltz, Gen.-Maj.	239
10. 10. 68 zur Disposition gestellt.	
v. Stosch, Gen.-Maj. (GHL2a)	199
v. Strubberg, Gen.-Maj.	274
v. Stückradt, Alexander, Gen.-Maj.	191
„ Otto, Gen.-Maj.	294
v. Stülpnagel, Gen.-Lt.	148

T.

v. Thiedemann, Gen.-Maj.	178
v. Tresckow, Herrmann, Gen.-Maj. (GHVP1) (JMuL1)	183
„ Udo, Gen.-Maj. ✠2 ✠3	210
„ Emil, Gen.-Maj.	290
v. Trotha, Gen.-Maj.	240
10. 9. 68 zur Disposition gestellt.	
v. Tümpling, Gen. d. Cav.	71

U.

v. Uechtritz, Gen.-Lt. (WK2)	104

V.

v. Voigts-Rhetz, Gen. d. Inf.	69
22. 6. 68 zum Chef des 3. Hannöverschen Infanterie-Regts. Nr. 79 ernannt.	

W.

	Seite
zu Waldeck und Pyrmont, Fürst Georg Victor D., Gen.-Maj.	246
zu Waldeck und Pyrmont, Prinz Herrmann D., Gen.-Maj.	249
Gr. v. Waldersee, Gen. d. Cav. ✠1	29
v. Wartenberg, Gen.-Maj.	286
v. Wegerer, Gen.-Maj.	244
v. Woltzien, Gen.-Lt. (ODK)	150
v. Werder, Gen.-Lt.	107
v. Wittich, Gen.-Maj.	251
Wittich, Gen.-Maj. ✠2	192
v. Witzleben, Gen.-Maj.	236
v. Wnuck, Gen.-Lt.	121

2. 10. 68 zur Disposition gestellt.

v. Woide, Gen.-Maj.	231
Wolff, Gen.-Maj.	247
v. Woyna, Gen.-Maj.	285
Gr. v. Wrangel, Gen.-Feldmarschall	6
Frhr. v. Wrangel, Gen.-Lt.	151
v. Württemberg, Prinz August K. H., Gen. d. Cav. (BdT)	33
v. Württemberg, Herzog Eugen K. H., Gen.-Lt.	89
v. Wussow, Gen. d. Inf.	36

19. 1. 69. Unter Belassung in dem Verhältniss als General-Adjutant Sr. Maj. des Königs und als Chef des 3. Pomm. Infanterie-Regts. Nr. 14 in den Ruhestand versetzt.

Y.

zu Ysenburg- und Büdingen, Prinz Gustav, Gen.-Maj.	295

Z.

v. Zastrow, Gen. d. Inf.	73
v. Zglinitzki, Gen.-Maj.	273
v. Ziegler, Gen.-Maj.	290

www.ingramcontent.com/pod-product-compliance
Lightning Source LLC
Chambersburg PA
CBHW030015240426
43672CB00007B/953